Adolf Wrede

Die Einfuhrung der Reformation im Lüneburgischen durch Herzog Ernst den Bekenner

Adolf Wrede

Die Einfuhrung der Reformation im Lüneburgischen durch Herzog Ernst den Bekenner

ISBN/EAN: 9783743460898

Hergestellt in Europa, USA, Kanada, Australien, Japan

Cover: Foto ©Lupo / pixelio.de

Manufactured and distributed by brebook publishing software (www.brebook.com)

Adolf Wrede

Die Einfuhrung der Reformation im Lüneburgischen durch Herzog Ernst

den Bekenner

Die Einführung
der
Reformation im Lüneburgischen
durch
Herzog Ernst den Bekenner.

Der philosophischen Fakultät der Georg-Augusts-Universität

zu Göttingen

am 4. Juni 1886

gekrönte Preisschrift.

Von

Adolf Wrede,
aus Gross-Freden.

> Motto: In Schule und Litteratur mag man kirchliche und politische Geschichte von einander sondern, in dem lebendigen Dasein sind sie jeden Augenblick verbunden und durchdringen einander.
>
> Ranke.

Göttingen, 1887.

Druck der Dieterich'schen Univ.-Buchdruckerei.

(W. Fr. Kästner).

Urteil der Fakultät.

Statt der vorschriftsmässigen Inhaltsübersicht [1]), deren Fehlen indess nur als ein unwesentlicher Mangel bezeichnet werden kann, geht der Darstellung eine umfassende Übersicht „über die Quellen und Litteratur" mit der Bestimmung voraus, „einen Überblick über die allmähliche Entwickelung und Erweiterung" des in Frage stehenden Forschungsgebietes zu geben. Schon diese litterarisch-kritische Einleitung zeigt, dass der Verfasser seine Aufgabe mit wissenschaftlichem Geiste erfasst und an deren Lösung mit der rechten Methode, sowie mit hingebendem Fleisse herangetreten ist.

Hatte die Fakultät es als wünschenswert bezeichnet, dass ausser den weit zerstreuten, gedruckten Quellen auch die leicht zugänglichen Akten des k. Staatsarchivs in Hannover benutzt würden, so ist der Verfasser der vorliegenden Abhandlung noch einen sehr bemerkenswerten Schritt weiter gegangen: er hat ausser den Akten des genannten Archivs auch eine Menge bisher zum Teil unbenutzter Urkunden des Stadtarchivs zu Lüneburg, sowie eine Reihe von Handschriften der öffentlichen Bibliotheken zu Lüneburg, Wolfenbüttel, Hannover und Göttingen herangezogen.

Des so in erfreulicher Weise vermehrten Quellenmaterials ist der Verfasser (Dank seiner ausdauernden Arbeitskraft) bis in die Einzelheiten Herr geworden; aber während er mit sorgfältig abwägender Kritik eine Fülle von Detailfragen behandelt, verliert er den Zusammenhang der Ereignisse und die leitenden Gesichtspunkte nicht aus dem Auge. Der Stoff ist wohlgegliedert, die Darstellung schlicht und anschaulich; nur hie und da lässt eine Unebenheit im Stil die letzte Feile vermissen.

Von der Menge des Neuen, das die Abhandlung bietet, dient manches zur Bereicherung unserer Kenntniss von dem reformatorischen Wirken des Herzogs Ernst selbst, anderes lässt seine geistlichen und weltlichen Mitarbeiter in neuem Lichte erscheinen, nicht geringer sind die Aufschlüsse, die wir über den Widerstand erhalten, den der Rat der Stadt Lüneburg und noch mehr die Klöster des Landes leisteten. Dem nüchternen und besonnenen Urteil des Verfassers wird man in der Regel beistimmen können, und wenn etwa die Frage, ob der Reichstag von 1526 einen so wichtigen Einschnitt in der Reformationsgeschichte des Landes bilde, in anderem Sinne beantwortet werden muss [2]), so hat doch auch hier eine unhaltbare, durch Ranke begründete Auffassung die quellenmässige Darlegung der Thatsachen nicht beeinträchtigt.

Nach dem Allen darf die vorliegende Arbeit als eine wissenschaftliche Leistung bezeichnet werden, die bestimmt erscheint, in der Litteratur der Braunschweig-Lüneburgischen Landesgeschichte, wie in der Litteratur der Reformationsgeschichte eine achtungswerte Stelle einzunehmen.

---

1) Wurde hinzugefügt. 2) Wurde geändert.

Dem Andenken

meiner Eltern.

Inhalt.

Quellen und Bearbeitungen	1
Einleitung: Die Hildesheimer Stiftsfehde und das Fürstentum Lüneburg	13
I. Abschnitt: Die Einführung der Reformation im Fürstentum Lüneburg bis zum Jahre 1530	18
Die Söhne Heinrichs des Mittleren	18
Die Lage des Fürstentums und die ständischen Verhältnisse	22
Die kirchlichen Verhältnisse des Fürstentums	27
Erste Regungen des Luthertums. Die Barfüsser in Celle	31
Die ersten Massregeln gegen die Klöster und die Landtage zu Celle und Uelzen	41
Widerstand der Prälaten und der Stadt Lüneburg gegen die Forderungen des Herzogs	56
Erstes aktives Vorgehen des Herzogs in Sachen der Religion	60
Die Landtage des Jahres 1527	74
Folgen des Landtages vom August 1527	85
Einsetzung lutherischer Prediger in den Klöstern und die Übernahme der Verwaltung der Klostergüter durch den Herzog	93
II. Abschnitt: Die Reformation der Stadt Lüneburg und der Widerstand der Klöster	110
Vorgänge in Lüneburg bis zur Ankunft des Urbanus Rhegius	110
Der Ratschlag zu Notdurft der Klöster	127
Urbanus Rhegius	132
Erster Aufenthalt des Urbanus Rhegius in Lüneburg	138
Das Kloster St. Michaelis	146
Bardowik und Ramelsloh	163
Zweiter Aufenthalt des Urbanus Rhegius in Lüneburg	179
Die Streitigkeiten des Herzogs mit der Stadt Lüneburg	195
Das Fürstentum und die Klöster seit der Ankunft des Urbanus Rhegius	205

Die vorliegende Arbeit wurde, nachdem mir für dieselbe von der philosophischen Fakultät der Preis zuerkannt war, noch in einigen Punkten erweitert und verbessert, besonders durch Benutzung der Gebhardischen Sammlung in Hannover.

Den Beamten der von mir besuchten Bibliotheken und Archive sage ich für ihre freundliche und liebenswürdige Unterstützung an dieser Stelle meinen besten Dank.

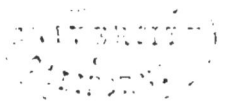

Quellen und Bearbeitungen.

Der Darstellung der „Einführung der Reformation im Lüneburgischen durch Herzog Ernst den Bekenner" will ich eine kurze Übersicht über die Quellen und Litteratur vorausschicken, wobei es mir natürlich nicht so sehr darauf ankommen kann, sämtliche diesen Gegenstand nur flüchtig berührenden Bücher oder die in Zeitschriften, wie dem „Vaterländischen Archiv" und seinen Fortsetzungen, dem „Hannoverschen Magazin", den „Annalen der braunschweig-lüneburgischen Churlande" u. dgl. verstreuten Artikel namhaft zu machen, als vielmehr darauf, einen Überblick über die allmähliche Entwicklung und Erweiterung unserer Kenntniss dieses Gebietes zu geben.

Eine einheitliche Bearbeitung des Gegenstandes — das muss vorausgeschickt werden — ist erst sehr spät versucht worden und auch dann nur als Teil von grösseren Werken, während die meisten der in Frage kommenden Schriften nur Lokalgeschichten sind, oder sich auf das Leben Ernsts überhaupt, nicht aber besonders auf seine Thätigkeit als Reformator beziehen.

Die Litteratur des späteren 16. und des 17. Jahrhunderts ist in Bezug auf unser Gebiet von keiner allzugrossen Bedeutung. Die älteste Chronik von Braunschweig-Lüneburg, die für uns in Betracht kommt, ist die von Bünting[1]. Sie hat ja insofern Wert, als sie manche anekdotenhafte Züge aus dem Leben des Herzogs uns überliefert hat, aber sie bezieht sich mehr auf die Teilnahme Ernsts an der religiösen Bewegung in Deutschland, auf seine Verhandlungen mit den anderen evangelischen Fürsten zum Schutze des Glaubens, als auf die Reformation des Fürstentums selbst. Hamelmann (Historia renati evangelii per West-

---

[1] M. H. Bünting, Neue vollständige braunschweig-lüneburgische Chronik. 1584 und 1596 (letztere Auflage von mir benutzt).

phaliam)¹) hat doch wenigstens die Schriften des Urbanus Rhegius²) und die der Ausgabe seiner Werke vorgesetzte dürftige Lebensbeschreibung Urbans durch seinen Sohn Ernst benutzt; seine sonstigen Nachrichten sind besser als die Büntings, aber sein Buch hat für das Fürstentum Lüneburg doch bei weitem nicht den Wert, den es für die Reformationsgeschichte anderer Territorien hat. Aus ihm stammen die dürftigen Nachrichten in Pomarius' „Chronik der Sachsen und Niedersachsen" (1589), die dann auch der Überarbeiter und Fortsetzer desselben, Dresser, (Sächsisches Chronicon, 1596) aufgenommen hat. Auch Chytraeus bietet im 12. Buch seiner „Saxonia" (1610) ausser der bislang nicht bekannten Nachricht über den Streit des Herzogs mit der Stadt Lüneburg um das Kloster St. Michaelis nichts wesentlich Neues, aber er sowohl wie Hamelmann haben sich in der späteren Zeit eines grossen Ansehens erfreut.

Wichtig wegen seines Einflusses auf die folgende Litteratur und daher hier zu nennen ist das Werk Seckendorfs (Commentarius historicus et apologeticus de Lutheranismo etc. 1692). Aus ihm wird sehr viel geschöpft, und der Rahmen für die äussere Thätigkeit des Fürsten ist meist ihm entnommen, aber er bringt doch auch wenig beachtete, gute Nachrichten über innere Verhältnisse des Fürstentums. Neben ihm werden vereinzelt Sleidans Buch „de statu religionis et rei publicae Carolo V caesare" und später Müllers „Historie von der evangelischen Stände Protestation und Appellation" (1705) gebraucht.

Die specialgeschichtlichen Werke dieser Zeit, wie Meiboms und Sagittarius'³) Geschichte von Bardowik, werden bald überholt und bieten gerade für unser Gebiet wenig. Lossius' Luneburga⁴), schon wegen der Form — es ist eine poetische Verherrlichung der Stadt Lüneburg und ihrer Versöhnung mit dem Herzoge — zur vorsichtigen Benutzung mahnend, ist nur in wenigen Fällen als wirkliche Quelle heranzuziehen. Manche gute, in jener Zeit unbekannte Nachricht bringt Sagittarius⁵) aus der ungedruckten Lüneburger Chronik von

---

1) Die erste Ausgabe ist von 1587 (Gött. Bibl.), sie ist abgedruckt in: Hamelmanni opera genealogico-historica. Lemgoviae 1711 (nach dieser Ausgabe citiere ich).
2) Urbani Rhegii opera. 2 Bände, von denen der eine die deutschen, der andere die lateinischen Schriften enthält, beide erschienen zuerst Nürnberg 1562.

3) Meibomii Bardewicum sive historia urbis Bardewic. 1613.
Sagittarius, Historia urbis Bardewic. 1674.
4) Lossius, Luneburga Saxoniae. 1566.
5) Sagittarius, Memorabilia historiae Luneburgensis, zuerst Jena 1682.

Schomaker¹). Auch Zeiler, der in seiner Topographie²) zu den Städten und Klöstern des Fürstentums geschichtliche Notizen giebt, ist hierher zu rechnen.

Eine ganz neue Epoche leitet dagegen in der Kenntnis unseres Stoffes das Buch von Schlöpke ein: Chronicon oder Geschichte der Stadt und des Stiftes Bardowik (Lübeck 1704). Er bringt viel unbekanntes Material aus dem Archiv des Stiftes Bardowik an das Licht³), seine Stellung als Rektor dort ermöglichte ihm dies. Er benutzte die Schomakersche Chronik, sowie die damals noch ungedruckte Chronik des Cyriacus Spangenberg⁴), die gerade für Bardowik von Bedeutung ist. Auch standen ihm, wie es scheint, aus dem Stadt-Archiv zu Lüneburg einige Urkunden zur Verfügung. Er kennt das sogenannte „Artikel-Buch"⁵) und den „Ratslag to nodtrofft der kloster"⁶) wenigstens dem Namen nach. Das Buch bildet bis heute eine der Hauptquellen, und man hat immer wieder aus ihm abgeschrieben; bei dem Zurückgreifen auf die Originalquellen, soweit mir dies möglich war, habe ich seine Nachrichten im wesentlichen als zuverlässig erkannt; der Wert des Buches wird erhöht durch eine Reihe abgedruckter Urkunden. Freilich lässt sich auch ein Mangel an Kritik nicht verkennen, der zu Fehlern geführt hat, die man bis heute nachgeschrieben und geglaubt hat.

Die Säcularfeier der Reformation weckte den Trieb, sich mit der Geschichte jener Zeit und der Männer, die damals gewirkt hatten, zu beschäftigen, und so sehen wir auch über das Fürstentum Lüneburg und das Leben Ernsts jetzt mehrere Schriften entstehen. Zunächst ist hier zu nennen ein Programm über Her-

---

1) Die Chronik — noch heute ungedruckt — geht bis zum Jahre 1561. Verfasser ist Jacobus Schomaker, Propst von St. Johann in Lüneburg und Canonicus von Bardowik. Er stammte aus einer Lüneburger Patricier-Familie und starb 1563 (Götting. Bibl.).

2) Zeiler, Topographia und eigentliche Beschreibung der Herzogtümer Braunschweig-Lüneburg bey M. Merian. Frankfurt 1654.

3) Er legt zu Grunde die Nachrichten eines alten gleichzeitigen Capittelbuches, von dem sich für die Reformationszeit Abschriften im Kgl. Staats-Archiv zu Hannover befinden, das aber schon in der Mitte des vorigen Jahrhunderts verloren war.

4) Die Chronik der Verdener Bischöfe des Cyriacus Spangenberg wurde von einem seiner Nachkommen mit einer kurzen Fortsetzung versehen und 1720 herausgegeben.

5) Artikel darinne etlike mysbruke by den Parren des Förstendomes Lüneburg entdecket und dar gegen gude ordenynge angegeven werden mit bewysinge und vorklarynge der schrift. 1527. (Wolfenbüttler Bibliothek). — Abgedruckt mit Weglassung des Schriftbeweises und des Unwichtigern der Vorrede bei Richter, die evangelischen Kirchenordnungen des 16. Jahrhunderts. Bd. I. p. 70 ff.

6) Radtslagh to nodtrofft der kloster des Förstendoms Lüneborch, Gades wort unde Ceremonien belangen. 1530 (Wolfb. Bibl.).

1*

zog Ernst, von Wernsdorf vom Jahre 1717. Dasselbe ist nur kurz und wenig wert. Benutzt sind nur die am leichtesten zugänglichen sekundären Quellen[1]). Weit besser ist das Büchlein von Bertram: das Leben Ernesti Herzogs zu Braunschweig-Lüneburg (1719). Es gehört dasselbe zu einer Reihe von Biographien Ernsts[2]), an deren Spitze die, von Bertram und später vielfach benutzte, „Oratio de Ernesto duce" Melanchthons[3]) von 1557 steht. Das Buch von Bertram beruht zum Teil auf Schlöpke, aber er hat doch verschiedene, bisher wenig gekannte Quellenschriften wieder hervorgezogen; die zwischen den Barfüssern und den verordneten Predigern zu Celle gewechselten Briefe, die 1527 durch den Druck veröffentlicht wurden[4]), hat er benutzt; bekannt dem Namen nach ist ihm die Schrift Wolf Cyclops gegen die Barfüsser zu Celle (1524)[5]).

Auch Rehtmeier schildert uns in seiner Chronik[6]) das Leben Ernsts, aber bei genauerem Vergleichen dessen, was er giebt, mit Bertrams eben erwähntem Buche zeigt es sich, dass von dort ganze Seiten samt den Anmerkungen herübergenommen sind; nur da, wo er auf die Beziehungen des Herzogs zu der

---

1) Gottlieb Wernsdorfius, ord. Theol. in academia Wittembergensi Decanus Lecturis salutem plurimam dicit eosdemque ad audiendam orationem auspicalem a maxime venerabili candidato d. XXIII. Aug. recitandam . . . invitat. (Ohne Jahr und Ort. Dresd. Bibl.). Hier zuerst der Inmatriculations-Vermerk über Ernst aus der Wittenberger Matrikel.

2) Die in Prauns Bibliotheca Brunsvico-Luneburgensis unter Nr. 299 erwähnte Schrift: Lomarus, Encomiasticum in laudem Ernesti ducis (Hamburg 1589) würde hierher zu rechnen sein, ich habe sie jedoch nicht zu Gesicht bekommen können und habe sie auch gar nicht citiert gefunden. — Auch das bei Praun Nr. 303 angeführte „Gespräch im Reiche der Toten zwischen Friedrich I von Dänemark und Ernst dem Bekenner" habe ich nicht erhalten können.

3) Oratio de Ernesto duce recitata in Academia Wittebergensi ab Henrico Paxmanno. Unter dem Namen Paxmanns ging sie lange Zeit, bis durch die Ausgabe der Werke Melanchthons die Autorschaft des letzteren zweifellos festgestellt wurde. Sie ist abgedruckt bei Guden, Dissertatio de Ernesto duce und im Corpus Reformatorum. XII, p. 230 ff.

4) Handelyng twyschen den Barvoten tho Zcelle ynn Sassen und den verordneten Predigern darsulvest de Mysse belangen. Grundt und orsake worümb dorch Förstlyke overicheit bemelten Barvoten de gemeinschop des Volkes vorboden. Affschrifft der vorgesolden unchristliken vorschryvyng, ynn welcker de barvoten all ohre guden wercke den andern myldichlick uthdelen. Mit vorleggynge dersulven. 1527 (Hannov. Kgl. Bibl.).

5) Ein geistlicher kampff | und Scharmutzel, uber V beschlusz | und artickeln, das Gotlich wort be- | langende, zwischen Wolff Cyclop | von Zwickaw der Ertzeney-doctor etc. | Unnd den aller Geystlichsten Vetern, | Heynrich Marquardi der parfussser | Minister, Mathias Teuffel von Nort | heym Gardian sampt allenn ynnen mithbrüdern, tzu Newen Zcelle Im | Luneborger Lande, jn nebst vorschy | nener Marterwochen, schryfftlichen | begriffen und vorfasszet Im | MDXXIIII | Maydeburgk. . 4½ Bb. 4°. J. f.: Gedruckt In der Löblichen unnd Christlichenn | Stat Maydeburgk durch Hans Knappe der Junger | Im M.D.XXIIII. Jare. Erst nach langem Bemühen fand ich die Schrift in der Gräfl. Bibliothek zu Wernigerode und der Hzgl. Bibl. zu Gotha.

6) Rehtmeier, Braunschweig-Lüneburgische Chronik. 1722. Bd. 2.

Stadt Braunschweig kommt, wird er selbständig und bringt dafür aus dem Archiv des Rates unbekannte Urkunden. Der Text in der „Historie des braunschweig-lüneburgischen Hauses" von Pfeffinger (3 Bände. 1731—34) ist nur ein schlechter Auszug aus Rehtmeier, der hier nicht in Betracht kommen kann; nur die in den Anmerkungen verstreuten Nachrichten und Urkunden sind für die Geschichte einzelner Klöster und adliger Geschlechter des Fürstentums nicht ohne Wert, und nur darum erwähne ich das Buch. Das sämtliche vorhandene Material benutzt Guden in der 1730 erschienenen „Dissertatio saecularis de Ernesto duce"[1]. Lange steht diese Schrift unübertroffen da, wertvolle Urkunden, die sich auf Vermittlungsversuche des Herzogs in religiösen Fragen mit süddeutschen Theologen beziehen, sowie die oben genannte Rede Melanchthons sind im Anhange abgedruckt. Aber hier sowenig wie bei den früher erschienenen Büchern kann man von einer genügenden Behandlung der uns interessierenden Frage reden. Die Quellenschriften werden meist nur erwähnt und nicht weiter für die Darstellung verwertet, über ihren Inhalt erfährt man nicht mehr, als man etwa aus ihrem Titel schliessen kann. Man stützt sich auf Quellen zweiten Ranges; die Autorität Hamelmanns oder Seckendorfs wird von Bertram gegen die unangenehme Wahrheit der Schomakerschen Chronik in das Feld geführt; und daran hat man bis in unsere Zeit festgehalten.

Über die Generalsuperintendenten des Fürstentums Lüneburg sind zwei Büchlein erschienen, beide zuerst im Jahre 1726[2]. Während das eine derselben, die poetische Lobrede Markards auf die Generalsuperintendenten zu Celle, für uns seiner grossen Dürftigkeit wegen nichts bietet, giebt Bytemeister doch etwas mehr, aber auch nichts Selbständiges[3].

Nach dem Werke von Schlöpke wurde die Lokalgeschichtschreibung fort-

---

1) Dissertatio saecularis de Ernesto duce etc. in memoriam Augustanae confessionis exhibita in illustri Gymnasio Gottingensi a⁰ 1730 ab Henr. Phil. Gudenio.

2) Bytemeister, Commentarius de vita scriptis et meritis supremorum Praesulum in ducatu Luneburgico. 1726 (Emendationes et supplementum. 1730).

Markardus, Gloria Superintendentium generalium Ducatus Luneburgici. 1726.

3) Beide haben eine gemeinsame Reihenfolge der Generalsuperintendenten: 1) Gotschalk Kruse 1524—27 (über ihn schöpft Bytemeister seine Kenntnis aus Rehtmeiers braunschweigischer Kirchengeschichte (1707); 2) Heinrich Bock — 1532, 3) Urbanus Rhegius — 1541, 4) Martin Undermark. Richtig ist ja daran, dass Rhegius nicht sofort nach seiner Ankunft in Celle Landessuperintendent wurde, aber weder Kruse noch Bock hat dies Amt jemals bekleidet. Noch Spangenberg in seiner Beschreibung der Stadt Celle hält an dieser Einteilung fest (1826).

gesetzt von dem bereits genannten Bertram in dem Buche „Evangelisches Lüneburg" (1719). Es ist eine Kirchengeschichte der Stadt Lüneburg seit der Reformation, eine sehr anerkennenswerte Leistung besonders wegen der Veröffentlichung mehrerer, die Reformation betreffender Berichte und Urkunden. Die Schrift Undermarks gegen Augustin von Getelen[1]) kennt der Verfasser, er benutzt die Rede Bacmeisters über Lucas Lossius[2]) von 1585, die wertvolle Nachrichten uns überliefert hat. Historisch freilich ist sehr vieles zu vermissen; auch hier wieder das Beiseiteschieben der besser unterrichteten Schomakerschen Chronik; die dadurch in die Reformationsgeschichte der Stadt Lüneburg gebrachte Verwirrung ist erst in unserer Zeit aufgedeckt und gebessert worden.

Für die Zeit bis 1530 liefert das Festprogramm des Johanneums zu Lüneburg von Schmidt[3]) einen sehr anerkennenswerten Beitrag, dagegen bezeichnet das Buch von Wallis „Abriss der Reformationsgeschichte von Lüneburg" (1836) keinen grossen Fortschritt, obwohl es weiter geht als das eben genannte. Hier wie bei Schmidt sind ausser dem bei Bertram abgedruckten Bericht und der Schomakerschen Chronik noch zwei andere handschriftliche Chroniken von Lüneburg benutzt, auf die ich später zurückkommen werde.

Das Buch von Lyssmann „historische Nachricht vom Kloster Meding" 1772 gedruckt, fällt seiner Entstehung nach ebenfalls noch in die erste Hälfte des 18. Jahrhunderts[4]). Es ist dem Werke von Schlöpke würdig an die Seite zu stellen, ebenso gründlich und zuverlässig wie jenes. Auch hier sind eine Reihe von wichtigen Urkunden abgedruckt, und es ist nur zu bedauern, dass wir nicht mehr derartige Specialgeschichten haben. — Das Buch hat seine Liebhaber gefunden: die „kleine Chronik des Klosters Medingen" von Erck (1862) ist nur eine sehr schlechte Compilation aus Lyssmann, obwohl sie sich auf dem Titel als eigne Arbeit „nach alten Quellen und Urkunden" einführt. Derartige „Kinder der Laune und Werke eines ungefähr viertägigen Fleisses", wie der Verfasser sein Werk in der Vorrede nennt, thäten besser nicht an das Tageslicht zu treten. — Im wesentlichen auf Lyssmann beruht auch der betreffende Ab-

---

1) Auff die Lästerschrift des schwartzen Münches Augustin von Getele des falschen Propheten bei den zu Lüneburg Antwort Marti. Undermark. 1529 (Hannov. Kgl. Bibl.).

2) Oratio de Luca Lossio habita a Luca Bacmeister. 1585 (Götting. Bibl.).

3) Chr. Fr. Schmidt, Programma de historia reformationis urbis Luneburg. 1730. (Gött. Bibl.).

4) Praun führt es in seiner 1744 erschienenen Bibliotheca Brunsvico-Luneburgensis bereits als Manuscript an.

— 7 —

schnitt bei Kayser „Chronik des im hannoverschen Amte Medingen belegenen Kirchspiels Wichmannsburg" (1878). Kap. 20 handelt von der Einführung der Reformation in Wichmannsburg, allein man darf nicht glauben, hier einmal einen der seltenen Berichte über die Stellung eines Dorfes, ein Prototyp für die Stellung der Landbevölkerung zur Reformation zu finden; es ist nur eine Schilderung der Einführung der Reformation in Medingen mit vergleichenden Seitenblicken auf Wichmannsburg, „da dieser Ort als Patronatskirche aufs engste mit Medingen verbunden war".

Über die Residenz des Herzogs (Celle) sind mehrere Schriften erschienen[1]), allein von keiner derselben kann man sagen, dass sie unsere Kenntnis der Verhältnisse der Reformationszeit bedeutend gefördert habe. Bilderbeck ist ganz unselbständig, am meisten bietet noch Steffen, aus dem dann wieder Spangenberg schöpft. — Für Uelzen giebt der „Grundriss der Stadt Uelsen" von Schilling (1735) manche gute Nachricht.

Je näher wir unserer Zeit kommen, um so mehr häuft sich auch die Herausgabe der Quellen; schon Ende des vorigen Jahrhunderts gab Jacobi eine Sammlung von Landtagsabschieden des Fürstentums Lüneburg[2]) heraus, die wichtige Urkunden zugänglich machte, welche man bislang nur aus kurzen Auszügen des Laholm von Estorf[3]) kannte; nur teilweise waren dieselben vorher durch den Druck veröffentlicht[4]). — Auch die seit der Mitte des vorigen Jahrhunderts etwa beginnenden Zeitschriften haben, je näher sie der Gegenwart kommen, um so mehr zur Veröffentlichung des Quellenmaterials beigetragen. Und ganz besonders ist hier aus der jüngsten Zeit die Herausgabe des Lüneburger Urkundenbuches[5]) zu nennen, deren Fortsetzung hoffentlich nicht allzulange auf sich warten lässt. Bislang kommen davon für uns in Frage die

---

1) Bilderbeck, Cellisches Stadtrecht (1739), im Anhang ein „Entwurf einer kurzgefasseten Nachricht von dem Ursprung der Stadt Celle, von den alten legibus und statutis, ingleichen von ihrer Reformation".
Steffen, Historisch-diplomatische Abhandlungen in Briefen über die Stadt Celle. 1763.
Spangenberg, Historisch-topographisch-statistische Beschreibung der Stadt Celle. 1826.
2) Jacobi, Landtagsabschiede und andere die Verfassung des Fürstentums Lüneburg betreffende Urkunden. 1794.

3) Er war Canoniker des Klosters St. Michaelis in Lüneburg und lebte um 1600. Vgl. über seine Sammlung: Lenthe, Archiv für Geschichte und Verfassung des Fürstentums Lüneburg. Bd. 6, p. 277 ff.
4) So unter anderen auch durch Pfeffinger in dem oben erwähnten Buche.
5) Erschienen sind bislang von 1859 — 1870 die 5., 7. und 15. Abteilung desselben, die Urkundenbücher von Isenhagen, Walsrode und St. Michaelis (— 1500) umfassend.

— 8 —

Urkundenbücher der Klöster Isenhagen und Walsrode. Ersteres bedarf freilich gerade für die Reformationsgeschichte einer Ergänzung aus den Akten des Kgl. Staats-Archivs; mir haben noch eine ganze Reihe Urkunden vorgelegen, die nicht in dasselbe aufgenommen waren.

Über das Kloster St. Michaelis in Lüneburg sind etliche Schriften vorhanden, von denen die neueste erst in unsere Zeit fällt. Das Buch von Gebhardi „Dissertatio de re litterali coenobii St. Michaelis"[1]) steht an der Spitze derselben. In ihm findet sich ein Bericht jenes oben erwähnten Laholm von Estorf über die Reformation des Klosters abgedruckt; er stammt aus dem Jahre 1592 und bedarf einer genaueren Prüfung, ehe man ihn benutzen darf, einer Prüfung, welche ihm bislang nicht zu Teil geworden ist. Gebhardi hat noch das sog. „Proeve-Boek" gekannt, eine auf Befehl des Abtes von St. Michaelis verfasste Widerlegung der Lüneburger Kirchenordnung Kempes; dasselbe ist jetzt verloren: Gebhardi berichtet schon, dass er es bei der Herausgabe seines Buches nicht habe wiederfinden können. Kempe antwortete auf die in dem „Proeve-Boek" gegen ihn erhobenen Vorwürfe in einer eigenen Schrift[2]), die in Staphorsts Hamburger Kirchengeschichte abgedruckt ist; auch diese ist Gebhardi bekannt. — Von demselben Verfasser ist die „kurze Geschichte des Klosters St. Michaelis", die erst nach seinem Tode (1857) auf Veranlassung der Lüneburger Landschaft herausgegeben worden ist. Sie ist ein Auszug aus einem gleich zu erwähnenden grösseren, noch jetzt handschriftlichen Werke Gebhardis. Eine Geschichte der Äbte von St. Michaelis lieferte von Weihe-Eimke[3]). Der Verfasser benutzte bei seinem Werke, soweit ich dies zu prüfen hatte, vor allem die Geschichte der Äbte des Klosters St. Michaelis, welche Gebhardi in dem 14. und 15. Bande seiner (handschriftlichen) Sammlung von Abschriften und Urkunden giebt. Anlage und Inhalt schliessen sich sehr eng an G.'s Werk an, so dass man weniger von Weihe-Eimke als Gebhardi als Verfasser nennen müsste. Das Buch Gebhardis ist für seine Zeit (1790) vortrefflich, eine grosse Menge von Urkunden und Akten sind

---

1) Das Buch erschien 1755.
2) Up des Abbates von Sunte-Michael tho Lüneborch und sines Proeve-Esels Proeve-Boek Antwort Stephani Kempen. Mit einer Vorrede Bugenhagens, 1531. Abgedruckt in Staphorsts Hamburger Kirchengeschichte, Abteilung II, Band 1, p. 172 ff.

3) v. Weihe-Eimke, Die Äbte des Klosters St. Michaelis zu Lüneburg. Celle 1862. Die handschriftliche Sammlung von Abschriften und Urkunden von Gebhardi (15 Bde fol.) befindet sich auf der Kgl. Bibliothek zu Hannover.

uns allein dort überliefert. Aber durch dasselbe sind eine Reihe von Irrtümern in die Landesgeschichte gekommen, denn seit es zuerst von Havemann, dann von v. Weihe-Eimke und Uhlhorn benutzt wurde, hat man die Nachrichten desselben ohne Prüfung dankbar hingenommen. Sind derartige Irrtümer bei G. entschuldbar, so kann man sie v. Weihe-Eimke nicht verzeihen, da derselbe sie hätte bessern können. Havemanns gleich anzuführendes Buch wird nur flüchtig und mangelhaft von ihm benutzt. (So lässt G. bereits 1527 den Urbanus Rhegius nach Celle kommen, und v. Weihe-Eimke folgt ihm ohne Bedenken!). Stets wird man besser thun auf G. selbst zurückzugehen, da die Nachrichten desselben durch v. W.-E. oft ungenügend wiedergegeben werden.

Neue Quellen hat auch benutzt Heimbürger (Ernst der Bekenner, 1839). Allein das ist auch wohl das einzige Verdienst, das er vor den früheren Biographen des Herzogs voraus hat, sonst würde ich jedenfalls dem erwähnten Buche von Guden, das bei weitem besser und sorgfältiger gearbeitet ist, den Vorzug geben. Er schöpft manche wertvolle Nachricht aus einem Copialbuche der Celler Justiz-Canzlei, so eine Klosterordnung von Wienhausen und die jetzt von Richter herausgegebene Lüneburger Kirchenordnung von 1543[1]). Er giebt einen ziemlich ausführlichen Auszug aus der erwähnten Schrift Wolf Cyclops, die damals noch in der Celler Ministerial-Bibliothek vorhanden gewesen zu sein scheint. Neben der Schomakerschen Chronik hat ihm die bislang wenig bekannte Lüneburger Chronik von Hämmenstädt[2]) und der Discursus historico-politicus von Elvers[3]) vorgelegen, er benutzt sie aber nur in geringem Masse.

Es möge mir gestattet sein, hier ein Wort über das Verhältnis dieser drei Chroniken zu sagen. Die späteste derselben: Elvers' Discursus historico-politicus, die erst aus dem 17. Jahrhundert stammt, schöpft nicht blos aus den beiden älteren, sondern auch — und das giebt ihr einen selbständigen Wert — aus Urkunden des Lüneburger Stadt-Archivs. Hämmenstädt hat ebenfalls die Chronik Schomakers benutzt, das ist mir ganz zweifellos; es finden sich ganz bedeutende und auffallende wörtliche Übereinstimmungen bei beiden, auch lebt Hämmenstädt etwas später als Schomaker[4]). Aber gerade für die Reforma-

---

1) Richter, Kirchenordnungen des 16. Jahrhunderts. Bd. 2. p. 54 ff.
2) So, und nicht Hammenstädt wurde der Name in dem von mir benutzten Exemplare geschrieben.
3) Beide habe ich aus der Lüneburger Stadt-Bibliothek erhalten, sie sind bis heute noch ungedruckt.
4) Nach einer Notiz in dem mir vorliegenden Exemplar dieser Chronik lebte Häm-

tion lag dem Verfasser noch ein ganz anderer Bericht vor, den er unter der Überschrift: „Summarischer Bericht von der Reformation" giebt, so dass es mir fraglich erscheint, ob er die benutzte Quelle völlig wiedergegeben hat[1]); für das Jahr 1530 ist derselbe am ausführlichsten. Während Schomaker Patricier war, entstammte Hämmenstädt der Bürgerschaft, er selbst war Bierbrauer; und der Parteistandpunkt prägt sich natürlich auch in ihren Chroniken aus, denn gerade zur Zeit der Reformation war ja der Gegensatz zwischen Patriciern und Bürgern in Lüneburg ein sehr schroffer.

Nicht bloss der Herzog, auch andere Förderer der Reformation haben ihre Biographen gefunden. So befindet sich eine Lebensbeschreibung des Kanzlers Klammer in Maneckes biographischen Skizzen der Kanzler der Herzöge von Braunschweig-Lüneburg. Vor allem ist es aber Urbanus Rhegius, der um die weitere Ausbildung und Organisation der kirchlichen Verhältnisse des Fürstentums sich grosse Verdienste erworben hat, und es sind denn auch eine Reihe Schriften über ihn erschienen[2]). Durch die neueste Darstellung seines Lebens von Uhlhorn sind jedoch alle anderen veraltet. Heimbürger[4]) verdient der abgedruckten Urkunden wegen genannt zu werden. Das Werk von Uhlhorn darf nicht nur in Bezug auf Urbanus Rhegius, sondern auch in Bezug auf die Reformationsgeschichte des Fürstentums als das beste der gesamten einschlagenden Litteratur bezeichnet werden. Mit Heranziehung der Akten des Hannoverschen Staats- und des Lüneburger Stadt-Archivs, sowie der Handschriften der Kgl. Bibliothek zu Hannover wird hier zum ersten Male die Reformationsgeschichte der Stadt Lüneburg von den bisherigen, besonders durch Bertram veranlassten Fehlern befreit, und obwohl die Wirksamkeit des Urbanus Rhegius in Nord-Deutschland erst mit dem Jahre 1530 beginnt, wird doch auch die Vorgeschichte behandelt, und die Quellenschriften werden in ausgiebiger Weise benutzt.

---

menstädt 1524--93, die Chronik soll 1567 geschrieben sein, sie kann nicht nach 1572 verfasst sein, da der in diesem Jahre gestorbene Pastor Heberding noch als lebend erwähnt wird.

1) Ergänzt wird derselbe häufig durch den bei Bertram a. a. O. abgedruckten Bericht; vielleicht stammen beide aus einer gemeinsamen Quelle.

2) Manecke, biographische Skizzen von den Kanzlern der Herzöge von Braunschweig und Lüneburg (insbesondere die Biographie des Kanzlers Klammer). 1823. — Von demselben Verfasser ist auch eine Topographie von Braunschweig-Lüneburg, die manche historische Notiz enthält.

3) Für die Übersicht und Beurteilung der früheren Litteratur über Urbanus Rhegius vgl. Uhlhorn, Urbanus Rhegius. Sein Leben und ausgewählte Schriften (Elberfeld 1862). p. 343. Anm. 2.

4) Heimbürger, Urbanus Rhegius. 1872.

Ich verdanke dem Buche für meine Arbeit sehr viel, wenn ich auch in manchen Punkten mit ihm nicht übereinstimmen kann; so scheint mir die Bedeutung des Urbanus Rhegius für die Reformation des Fürstentums Lüneburg nicht so gross zu sein, wie U. annimmt. Besonders wertvoll ist mir noch die Nennung der Fundorte der seltneren Quellenwerke gewesen.

Werfen wir zum Schluss noch einen Blick auf die Werke, welche als umfassendere Darstellungen der Landes- oder Kirchengeschichte auch unserem Gegenstande ihre Beachtung zuwenden. Kaum den dürftigsten Anforderungen selbst für die damalige Zeit genügt die „Geschichte von Hannover" von Hüne (1824). Mehr schon bietet Schlegels Hannoversche Kirchengeschichte[1]), allein sie ist seit dem Erscheinen des zweiten Bandes von Havemanns Geschichte der Lande Braunschweig und Lüneburg (1855) veraltet. Havemann hat in seinem Buche zuerst das Staats-Archiv und die Kgl. Bibliothek zu Hannover benutzt und bringt so eine Menge bislang unbekannter Nachrichten. Aber das reiche Material ist nicht besonders gut durchgearbeitet, die Geschichte der Reformation ist aufgelöst in eine Reihe von Einzeldarstellungen; die gemeinsamen Massregeln gegen die widerstrebenden Klöster, die doch das Wichtigste sind, werden nicht erkannt. Dazu kommt dann noch eine grosse Leichtfertigkeit in Kleinigkeiten und ein Mangel an genügender Kritik, der sich besonders bei der Darstellung der Reformation der Stadt Lüneburg zeigt. Havemann kennt und benutzt sowohl die Chronik Schomakers als auch die Hämmenstädts, statt aber diese zur Prüfung heranzuziehen, legt er den bei Bertram abgedruckten Bericht zu Grunde, der viel Gutes, aber auch manches Falsche enthält, und bei dem besonders feste Zeitangaben nur in geringem Masse vorhanden sind.

Auf Havemanns Geschichte beruht der betreffende Abschnitt in dem ganz kürzlich erschienenen zweiten Bande der „Geschichte von Braunschweig und Hannover" von O. v. Heinemann. Uhlhorns Buch scheint gar nicht benutzt zu sein, wenigstens finden sich Fehler, die, aus Havemann herübergenommen, bei Kenntnis von Uhlhorns „Urbanus Rhegius" hätten vermieden werden müssen. Andere Unrichtigkeiten hat der Verfasser selbständig sich zu Schulden kommen lassen; so hält er das von Rhegius verfasste Gutachten über die Verwendung der Kirchengüter[2]) für die von ihm entworfene Kirchenordnung der Stadt Lüneburg,

---

[1]) Schlegel, Kirchen- und Reformationsgeschichte von Norddeutschland und Hannover Bd. 2. 1829.

[2]) Gedruckt in den deutschen Schriften des Urb. Rhegius. III. p. 102 ff. Das Original im Stadt-Archiv zu Lüneburg.

während diese lange Zeit verloren gewesen und erst in unseren Tagen wieder aufgefunden worden ist[1]).

Ich habe mich selbstverständlich bei meiner Arbeit bemüht, überall, wo es möglich war, auf die Originalquellen selbst zurückzugehen. An handschriftlichem Material benutzte ich die auf die Reformation bezüglichen Akten des Kgl. Staats-Archivs zu Hannover[2]) und des Stadt-Archivs zu Lüneburg, und es ist mir gelungen noch eine ganze Reihe bislang unbenutzter Urkunden aufzufinden, die ich im Laufe meiner Darstellung einzeln namhaft machen werde. Wenig Ausbeute ergab die Benutzung des Ernestinischen Gesamt-Archivs zu Weimar. Handschriftliche Chroniken und seltnere Quellenschriften, soweit sie nicht in Göttingen vorhanden waren, erhielt ich aus der Kgl. Bibliothek zu Hannover, der Herzogl. Bibliothek zu Wolfenbüttel, der Kgl. Bibliothek zu Dresden, der Gräfl. Bibliothek zu Wernigerode und der Stadt-Bibliothek zu Lüneburg (von hier auch einige Schriften Augustins von Getelen). — Interessante Aufschlüsse, besonders wichtig für die Kritik der neueren Darsteller, gab die Benutzung der mehrfach erwähnten Gebhardi'schen Sammlung der Kgl. Bibliothek zu Hannover.

Wo ich Urkunden, die anderen vor mir zur Verfügung standen, nicht nachweisen konnte, werde ich die Quelle, aus der ich schöpfe, angeben.

---

1) Vgl. Ubbelohde, Mitteilungen über ältere Lüneburger Schulordnungen. Programm des Johanneums zu Lüneburg. 1881.

2) Wenn ich im folgenden die Designation ohne Zusatz angebe, so sind die Akten aus dem Brief-Archiv Celle gemeint. H. St. A. bedeutet Kgl. Staats-Archiv zu Hannover. L. A. = Lüneburger Stadt-Archiv. L. B. = Stadt-Bibliothek zu Lüneburg.

Einleitung.

Die Hildesheimer Stiftsfehde und das Fürstentum Lüneburg.

Die Hildesheimer Stiftsfehde, die im Jahre 1519 in Niedersachsen ausgebrochen war, ist auch für die Geschichte des Fürstentums Lüneburg ein Ereignis von hervorragender Bedeutung, und doppelt wichtig ist sie, weil sie in eine Zeit des Überganges von alten in neue Verhältnisse fällt. In ihren Folgen hat sie daher hemmend und fördernd in die Entwicklung des Landes eingegriffen. Fördernd, weil durch sie ein Regent auf den Thron kam, der mit ganzem Herzen der grossen Bewegung, die die Geschichte der neueren Zeit einleitet, ergeben war; hemmend, weil die Schulden, die der Krieg auf das Land gehäuft hatte, dem Herzoge eine freie Bewegung und eine schnelle Durchführung seiner Pläne unmöglich machten. All zu mächtig standen die Stände vermöge ihres Rechtes der Steuerbewilligung dem Fürsten gegenüber, und das Ziel, nach dem in jener Zeit die Entwicklung in den deutschen Fürstentümern strebte, der fürstliche Absolutismus, konnte nur durch ein weises „divide et impera" seitens der Regierung erreicht werden.

Die direkten und indirekten Folgen der Stiftsfehde machen sich auf lange hinaus bemerklich; einen kurzen Überblick über den Verlauf und Ausgang derselben zu geben, halte ich um so mehr für nötig, als sie zugleich den zeitlichen Anfangspunkt für unsere Darstellung bildet[1]).

---

1) Vgl. über die Hildesheimer Stiftsfehde: Delius, die Hildesheimer Stiftsfehde (1803) und Havemann a. a. O. Bd. 2. Eine Sammlung von Erzählungen und Liedern über dieselbe giebt Lüntzel (die Hildesheimer Stiftsfehde) in der Zeitschrift des Museums zu Hildesheim, Band 1. 1848.

Die braunschweigischen Erblande waren durch die Teilungen im 15. Jahrhundert in drei Fürstentümer zerfallen; über Braunschweig-Wolfenbüttel herrschte im Anfange des 16. Jahrhunderts Heinrich der Jüngere, ein Bruder des Bischofs Franz von Minden und des Erzbischofs Christoph von Bremen und Verden; über Braunschweig-Calenberg Erich der Ältere; und das Fürstentum Braunschweig-Lüneburg, dessen Umfang sich etwa mit der späteren Landdrostei Lüneburg deckte, stand seit 1486 unter Heinrich dem Mittleren (von 1478—86 hatte sein Grossvater Friedrich für ihn als Vormund die Regierung geführt). Das Verhältnis der herzoglichen Vettern war kein gutes, ein tiefer politischer Gegensatz lag zu Grunde; Frankreich oder Habsburg? diese Frage hatte auch hier eine Entfremdung der Stammesgenossen herbeigeführt; denn während Heinrich der Mittlere auf Seiten Frankreichs stand, hielten Erich und Heinrich der Jüngere zum Kaiser Maximilian und seinem Hause. Schon hatten Reibungen ernster Art zwischen Bischof Franz von Minden und Heinrich dem Mittleren stattgefunden; der Herzog sah sich nach einem starken Verbündeten um und fand diesen in dem Bischof Johann von Hildesheim[1]). Derselbe hegte gleichen Hass gegen Franz von Minden und noch mehr gegen dessen Bruder Heinrich von Wolfenbüttel, denn bei dem Bestreben des Bischofs, die von seinen Vorgängern verpfändeten Besitzungen wieder einzulösen, hatte dieser die widerstrebende Ritterschaft des Stiftes Hildesheim heimlich und öffentlich unterstützt und zum Widerstande ermutigt. Nach dem Tode des Kaisers schwand die Furcht vor der Reichsgewalt, die noch den Ausbruch des Kampfes gehindert hatte; Heinrich der Mittlere wirkte offen für die Erhebung Franz' I. von Frankreich zum deutschen Kaiser, die natürlich nur seine Pläne fördern konnte; französisches Geld unterstützte ihn in dem beginnenden Kampfe gegen die Freunde des Hauses Habsburg.

Unvermutet fielen die Verbündeten kurz vor Ostern 1519 in das Gebiet von Minden ein und vertrieben mit leichter Mühe den Bischof. Dieser begab sich zu seinem Bruder Heinrich dem Jüngern, der nun seinerseits im Bunde mit Erich nicht säumte feindlich vorzugehen. Gegenseitige Plünderungszüge füllten die nächsten Wochen aus. Die Herzöge von Wolfenbüttel und Calenberg, durch fremde Truppen von Hessen und Meissen unterstützt, waren ihren Gegnern überlegen; raubend und brennend waren sie in das lüneburgische Gebiet eingefallen,

---

1) Das Bündniss wurde geschlossen im Februar 1519, die Grafen von Hoya, Diepholz und Schaumburg traten demselben bei.

hatten dasselbe von Burgdorf bis Uelzen durchzogen und liessen höhnend dem Herzoge von Lüneburg eine Feldschlacht anbieten. Heinrich zögerte noch, endlich traf der sehnlichst erwartete Zuzug von seinem Schwiegersohne Karl von Geldern ein; mit Bischof Johann vereinigt, zog er den Feinden nach und schlug sie mit Hülfe der Geldrischen Reiter am 28. Juni 1519[1]) bei Soltau völlig auf das Haupt. Herzog Erich und sein Bruder Wilhelm fielen als Gefangene in die Hände der Sieger.

Doch der Sieg kam zu spät; umsonst hatten die Kurfürsten von Frankfurt aus der Fehde Einhalt geboten; jetzt am Tage der Schlacht war den Siegern durch die Wahl Karls zum Kaiser ein Gegner erstanden, der ihnen den Lohn des Sieges zu nehmen drohte; denn es war natürlich, dass sich Karl V. in dieser Angelegenheit sofort auf die Seite seiner Anhänger stellte. Dies sah Heinrich der Mittlere wohl ein, und sein Streben ging dahin, die Sache vor einer Einmischung des Kaisers zu erledigen. Es fanden Verhandlungen statt, die Kurfürsten von Sachsen und Brandenburg, und der Erzbischof von Mainz vermittelten. Auf einem zu Zerbst im Anfang des Jahres 1520 gehaltenen Tage[2]) wurde schliesslich eine Vereinbarung getroffen, aber dieselbe kam durch die Hartnäckigkeit der Brüder von Braunschweig-Wolfenbüttel nicht zur Ausführung. Sie hofften vom Kaiser mehr zu erlangen, und auf ihr Betreiben erging denn auch nach wenigen Monaten an die Verbündeten ein höchst ungnädiges kaiserliches Mandat, das ihnen befahl, vor dem Kaiser persönlich zu erscheinen. Als sie dann sich in Cöln dem Kaiser stellten, wurde ihnen am 15. November 1520[3]) der Abschied erteilt, dass ihre Sache auf dem bald stattfindenden Reichstage zu Worms entschieden werden sollte. Heinrich zog es vor, sich dort durch seinen ältesten Sohn Otto vertreten zu lassen. Der Spruch des Kaisers fiel denn auch, wie zu erwarten war, ungünstig für die Verbündeten aus; durch einen kaiserlichen Erlass vom 27. Mai 1521[4]) wurde ihnen befohlen, alle eroberten Städte und Schlösser und

---

1) Havemann a. a. O. p. 33 giebt irrtümlich den 29. Juni (Peter und Paul) als den Tag der Schlacht an. Sie fand, wie man das auch früher stets annahm (vgl. Spittler, Geschichte des Fürstentums Hannover I, p. 132), am 28. Juni (Vigilia Petri et Pauli) statt. Vgl. die Urkunden und Berichte bei Lünzel a. a. O. pp. 44, 46, 53 und 126, durch welche dieser Tag völlig sicher gestellt wird.

2) Die Urkunde ist gedruckt bei Lünig, Reichs-Archiv Bd. 5, Abt. IV p. 42 ff., sie ist datiert vom Dienstag nach Vincentii martyr. (24. Januar); die Versammlung war einberufen auf Sonnabend nach Trium Regum (also den 7. Januar). Bis auf den Bischof von Minden waren alle Parteien persönlich erschienen.

3) Lünig a. a. O. p. 44 f.
4) Lünig a. a. O. p. 45.

alle Gefangenen bei Strafe der Acht dem Kaiser zur Verfügung zu stellen. Als der Bischof von Hildesheim nicht gehorchte, wurde die Acht über ihn und seine Verbündeten verhängt, und mit der Vollstreckung derselben wurden die Herzöge von Calenberg und Wolfenbüttel beauftragt; der König von Dänemark sollte sie unterstützen[1]).

Heinrich der Mittlere hatte sich dem drohenden Sturme nicht gewachsen gefühlt; nach dem Tage zu Cöln hatte er eingesehen, dass für ihn beim Kaiser keine Gunst mehr zu erwarten sei. Er hatte schon früher seine Söhne in die Regierung aufgenommen, jetzt verliess er sein Fürstentum ganz und begab sich zu Franz I. von Frankreich[2]). Das erbitterte den Kaiser natürlich nur noch mehr, und so wurde die Acht auch auf ihn, „der sich bei dem Könige von Frankreich als unserem offenbaren Feind im Dienst wider seine Ehre und Pflicht wider uns erhält"[3]), ausgedehnt, während er dies bei etwas klugem Nachgeben vielleicht hätte abwenden können; denn nicht gegen ihn, den Genossen desselben Stammes, richtete sich der Hauptgroll der feindlichen Herzöge, sondern gegen den Bischof von Hildesheim.

Am Stifte Hildesheim nahmen sie denn auch blutige Rache für die früher erlittene Niederlage, und noch heute erzählen die in diesem Kriege zerstörten Schlösser von der Wut und Erbitterung, mit der er geführt wurde. Schwer geschädigt ging das Stift aus dem Kampfe hervor, der erst im Jahre 1523 been-

---

1) Urkunde vom 24. Juli 1521, gedruckt bei Lünig a. a. O. p. 46 ff. und in Asches von Heimburg Erzählung der Stiftsfehde bei Lüntzel a. a. O. p. 68 ff. Beide stimmen nicht ganz mit einander überein. Am 25. Juli 1521 forderte der Kaiser Heinrich von Wolfenbüttel zur Vollstreckung der Acht auf (Lünig Bd. 9, p. 268 f.); darin wird Heinrich der Mittlere nicht genannt, wohl aber die Stadt Lüneburg.
2) Havemann a. a. O. p. 82 nimmt einen doppelten Aufenthalt Heinrichs in Frankreich an. Von dem ersten „um seinen Sohn Ernst aus Frankreich zurück zu holen" soll er im Februar 1520 zurückgekehrt sein. Havemann giebt sogar das Collegium der herzoglichen Räte an, das die Regierung während der Abwesenheit des Herzogs geführt haben soll, und das wird richtig sein; dass er aber in dieser Zeit in Frankreich gewesen sei, dafür bringt Havemann keine Beweise, und es ist auch wohl eine blosse Vermutung. Im Januar ist uns die Anwesenheit des Herzogs in Zerbst bezeugt, die Verhandlungen dauerten bis in die letzte Hälfte des Januar. Sonnabend nach Mariae Reinigung muss er bereits wieder im Lande gewesen sein (Urk. bei Jacobi, Landtagsabschiede I, p. 121 f.), das ist der 4. Februar, so dass keine drei Wochen für die Reise nach Frankreich bleiben. Die Abreise des Herzogs nach Frankreich möchte ich erst in das Jahr 1521 (vor 24. Juli) setzen. Eine leider nur mit Jahresbezeichnung (1521), nicht mit genauerem Datum versehene Urkunde findet sich bei Lyssmann, histor. Nachricht vom Kloster Meding p. 112 f. — Gute Nachrichten über die Reise Heinrichs nach Frankreich giebt auch Chytraeus, Saxonia p. 245.
3) Dieser Satz findet sich nicht in dem Druck der Urkunde vom 24. Juli 1521 bei Lünig, sondern nur bei Asche von Heimburg.

digt wurde; nur kurze Zeit noch führte Bischof Johann die Regierung, 1527 legte er dieselbe auf Drängen des Domkapitels nieder.

Von dem Lande Lüneburg wurde die Vollstreckung der Acht glücklich abgewandt. Der Kurfürst von Sachsen und sein Bruder Johann, die Oheime der jungen Herzöge, nahmen sich mit Rat und That ihrer an; sie richteten eine ernste Ermahnung an die Herzöge von Calenberg (der bei Soltau gefangene Herzog Erich war schon von Heinrich dem Mittleren gegen Lösegeld freigegeben) und Wolfenbüttel, „gegen die jungen Herzöge nichts Feindliches vorzunehmen, sonsten könnten sie der nahen Verwandtschaft halber dieselben nicht verlassen"[1]). Dies hatte den Erfolg, dass man sich zu einem Vergleiche bereit erklärte; Anfang October 1521 wurde die Sache zu Braunschweig verhandelt, und in dem sog. Feldvertrage festgesetzt, dass beide Parteien ihre Gefangenen nach geschworener Urfehde herausgeben, die Herzöge von Lüneburg an Erich das eroberte Schloss Wölpe zurückgeben, die Herzöge von Calenberg und Wolfenbüttel aber Fleiss anwenden sollten, dass dem Lande Lüneburg die Gunst des Kaisers wieder zugewandt werde[2]).

---

1) Asche von Heimburg bei Lüntzel a. a. O. p. 81.

2) Der Vertrag ist vom Donnerstag nach Dionysius (12. October) 1521. Die jungen Herzöge wollten anfangs nicht ohne den Bischof von Hildesheim einen Vertrag abschliessen, sie thaten dies erst, als sie hörten, dass auch der Bischof hinter ihrem Rücken Unterhandlungen begonnen habe.

I. Abschnitt.

Die Einführung der Reformation im Fürstentum Lüneburg bis zum Jahre 1530.

Die Söhne Heinrichs des Mittleren.

Durch die thätige Hülfe der Fürsten von Sachsen war zwar dem Lande der Friede wiedergegeben, aber doch war es eine schwere Last, welche die Söhne Heinrichs bei ihrem Regierungsantritt auf ihre jungen Schultern nehmen mussten.

Von den drei Söhnen Herzog Heinrichs war der jüngste, Franz, erst 1508 geboren[1], noch unmündig; die Brüder hatten sich verpflichtet, für seine Erziehung Sorge zu tragen. Herzog Otto, der Älteste[2], war wenig begabt, ohne Sinn für die Staatsgeschäfte, ein ziemlich unselbständiger und oberflächlicher Mensch, der mehr dazu passte zu gehorchen, als zu herrschen. Thatsächlich stand er auch völlig unter dem Einflusse seines jüngeren Bruders Ernst, mit dem er formell die Regierung gemeinsam führte[3]. Nie hat man in der Zeit seiner Mitregierung den Eindruck, als ob Otto einen wirklichen Anteil an den Geschäften oder einen Einfluss auf dieselben gehabt habe, er tritt ganz in den Hintergrund; sein Name wird in den Urkunden genannt, das ist aber auch alles. Muss

---

1) Am Tage des heil. Clemens (23. November), vgl. Spalatinus, Vitae aliquot Elect. Saxon. bei Mencken script. rer. Germ. II, p. 1102.

2) Er war geboren am Tage Felix und Eusebius (14. August) 1495, der Tag fiel jedoch in diesem Jahre auf einen Freitag, nicht, wie Spalatin a. a. O. angiebt, auf einen Donnerstag.

3) Schon 1517 am Tage Matthaei apli. hatten beide Brüder dem Vater versprochen, die dereinst anzutretende Regierung nimmer zu teilen und die Diener zu gemeinsamer Pflicht stehen zu lassen. Vgl. Havemann p. 84. Anm. 2.

er gelegentlich seinen Bruder vertreten, so schiebt er die Geschäfte lieber auf, als selbständig eine Entscheidung zu treffen¹); ja, um seinen Rat befragt, hält er es nicht für thunlich, denselben zu geben, erklärt sich aber mit dem einverstanden, was sein Bruder bestimmen werde²). Entsprang diese Unterordnung aus einer richtigen Erkenntnis seiner selbst, so kann man sie ihm nicht hoch genug anrechnen. Schon im Jahre 1527 überliess er seinem Bruder gegen die Abtretung von Harburg die Regierung ganz³).

Ähnlich war auch später das Verhältnis zwischen Ernst und Franz, der erst sehr spät, mit 28 Jahren (1536), Mitregent wurde⁴) und schon nach drei Jahren mit dem Amte Gifhorn und Kloster Isenhagen abgefunden wurde. Hier war es naturgemäss, dass der jüngere Bruder seine Handlungen von der gereifteren Einsicht des älteren, der gewissermassen Vaterstelle an ihm vertreten hatte, leiten liess. Nur sehr wenig tritt auch Franz hervor.

So war es Ernst, auf dem besonders in der schweren Zeit nach der Abreise des Vaters die Sorgen der Regierung ruhten. An Klugheit, Willenskraft und Einsicht dem älteren Bruder bei weitem überlegen, besass er in jeder Hinsicht die nötige Befähigung zum Regenten. Nach einer recht glaubwürdigen, wenn auch historisch nicht genügend bezeugten Nachricht, hatte ihn sein Vater in richtiger Erkenntnis des Charakters und der Anlagen seiner Söhne zum dermaleinstigen Herrscher bestimmt⁵), während er für seinen jüngsten Sohn Franz das Bistum Hildesheim zu erwerben trachtete⁶).

An einer guten Erziehung liessen es die Eltern nicht fehlen. Schon früh, erst 15 Jahr alt — er war am 26. Juni 1497⁷) zu Uelzen in dem damaligen Fürstenhause, der späteren Schule, geboren — wurde er mit seinem Bruder Otto

---

1) Vgl. Blumenbach, Extractus actorum etc. in dem Archiv des hist. Vereins für Niedersachsen. 1848, p. 69.

2) Herzog Otto an den Kanzler Förster d. d. Zwickau, Dienstag nach Visitationis Mariae (4. Juli) 1525. (H. St. A. Des. 49, Klostersachen Cellischen Teils 4.).

3) Montags nach Antonii (21. Januar) 1527. Vgl. Havemann a. a. O. p. 86 f.

4) Havemann a. a. O. p. 135 irrt, wenn er sagt: „Franz trat, sobald er sein achtzehntes Jahr erreicht hatte, dem Bruder zur Seite".

5) Hamelmann, opera genealogico-historica, p. 903.

6) Beschreibung der Stiftsfehde von Paul Busch: Archiv des hist. Vereins für Niedersachsen. 1846, p. 159.

7) Einzige Quelle für den Geburtstag Ernsts ist die etwa 80 Jahre nach seinem Tode angefertigte Grabschrift in der Stadtkirche zu Celle (Spalatin ist hier unbestimmt). Dieselbe ist abgedruckt bei Bünting a. a. O. und zwar mit dem richtigen Datum (26. Juni), wie ich durch gütige Mitteilung des Herrn Pastors Kreusler erfahren habe. Falsch ist der 27. Juni, welchen Steffens in seinen histor.-diplomatischen Abhandlungen über Celle p. 208, wo er die Grabschrift ebenfalls abdruckt, angiebt.

unter Leitung des Magisters Egbert Nithard aus Minden auf die Universität Wittenberg gesandt; dort wurden die Brüder am Sonntag Judica (28. März) 1512 von dem Rektor Wolfgang von Reitenbusch mit einer Anzahl junger Adliger, ihren Gefährten, zusammen immatriculiert[1]). Die Fürsorge des Kurfürsten Friedrichs des Weisen, des Bruders ihrer Mutter Margaretha, stellte seinen Neffen noch einen anderen erprobten Lehrer, den Erzieher des Kurprinzen Johann Friedrich, Georg Burckard Spalatinus an die Seite[2]).

Fertig Latein sprechen und schreiben zu können, Lust und Freude an Büchern auch in späteren Jahren — wo er nach dem Zeugnisse Melanchthons nie eine Reise gemacht haben soll, ohne zu seiner Belehrung wissenschaftliche Werke mit sich zu führen — das verdankt Ernst dem Aufenthalte in Wittenberg. Die juristischen Studien, die er dort bei dem Rechtsgelehrten Henning Goeden, dem monarcha juris, gemacht hat, sind nicht ohne Einfluss auf seine spätere Entwicklung geblieben. Die Gedanken von der absoluten Gewalt des Fürsten, die das römische Recht durchziehen, hat er später in seiner Regierung zur That zu machen gesucht. Die Quellen berichten uns gar nichts darüber, ob er bereits in Wittenberg in nähere Beziehung zu Luther getreten ist: man möchte daher fast glauben, dass dies nicht der Fall gewesen sei. Aber das dürfen wir wohl annehmen, dass er die Vorlesungen Luthers gehört haben wird (denn theologische Vorlesungen pflegte damals doch jeder Studierende zu hören), und dass ihm durch dieselben bereits ein klareres Verständnis der heiligen Schrift aufgegangen, und Lust und Liebe zur Beschäftigung mit derselben in ihm erwacht sein wird.

Wann die fürstlichen Brüder Wittenberg verlassen haben, wissen wir nicht;

---

1) Der Wortlaut des Immatriculations-Vermerks in der Wittenberger Matrikel findet sich ausser bei Wernsdorf (vgl. oben p. 4. Anm. 1.) auch bei Bytemeister, commentarius historicus de augustae domus Bruns.-Luneb. meritis in rem litterariam p. 71. Anm. yy. und Förstemann, Album academiae Vitebergensis p. 38.

2) Dass Otto und Ernst schon als „zarte Knaben", wie das Havemann p. 90 annimmt, an den Hof Friedrichs des Weisen gesandt und dort völlig erzogen seien, halte ich nicht für richtig. Diese Ansicht, die zuerst Bertram, Leben Ernsts p. 2 hat, stammt aus der Grabschrift, wo es heisst: cum apud avunculum Fridericum praeclare educatus, Wittebergae felicem operam navasset. Dagegen sagt Melanchthon in der angeführten Rede: „Adolescentes fratres Ottonem et Ernestum Fridericus elector avunculus erudiri curavit a Georgio Spalatino", damit scheint mir erst die Fürsorge Friedrichs des Weisen für seine Neffen begonnen zu haben; auch war ja der erste Lehrer der jungen Herzöge kein sächsischer Unterthan, sondern aus dem Celle benachbarten Minden.

1518 finden wir sie mit ihrem Vater zusammen in der Stadt Lüneburg[1]), und wohl noch in demselben Jahre schickte Heinrich seinen Sohn Ernst zur Vollendung seiner Ausbildung nach Frankreich an den Hof Franz' I. Nicht blos das Ansehen, in dem die französische Verwaltung und das französische Wesen im Auslande standen, der Nutzen, den die Kenntnis der französischen Sprache dem jungen Herzoge bringen konnte, bewogen ihn hierzu; es war wohl mehr noch die persönliche Freundschaft, die Heinrich der Mittlere, wie wir gesehen, für den französischen Hof hegte, die ihn zu diesem Schritte veranlasste. Möglich ist es auch, dass der Herzog schon jetzt eine Verbindung Ernsts mit einer Prinzessin von Navarra plante, an der er später bei seinem Aufenthalt in Frankreich arbeitete[2]). Wie lange Ernst in Frankreich geblieben ist, lässt sich nicht genau bestimmen; die Quellen geben so gut wie gar nichts über diesen Aufenthalt. Jedenfalls muss er spätestens im Anfang des Jahres 1520 wieder nach Hause zurückgekehrt sein; im Anfang Februar ist er in Lüneburg bei der Huldigung der Stadt anwesend[3]), wohl das letzte Mal, dass er in der wichtigsten und bedeutendsten Stadt seines Landes gewesen ist.

Bald darauf, im Anfang Mai des Jahres 1520, nahm Heinrich seine beiden Söhne in die Regierung auf[4]), und als er nach Frankreich ging, verzichtete er (mündlich) auf seine Ansprüche an das Fürstentum. Die Not des Landes forderte die officielle Niederlegung der Regierung, denn nicht eher konnte man von dem Kaiser die Aufhebung der Acht erwarten, ehe man sich nicht völlig von dem Herzoge getrennt und demselben eine Wiederübernahme der Verwaltung unmöglich gemacht hatte[5]). Die Lage war besonders für Herzog Ernst

---

1) Vgl. Sagittarius, Memorabilia historiae Luneburgensis p. 34. Aus Schomakers Chronik.
2) Herzog Heinrich an den Rat von Lüneburg im Juli 1528 bei Havemann p. 101.
3) Vgl. über die Huldigung der Stadt die Urkunde vom 4. Februar 1520 in der Zeitschrift des historischen Vereins für Niedersachsen. Jahrg. 1881, p. 122.
4) Urkunde d. d. Johannis ante portam Latinam (6. Mai) 1520 bei Havemann a. a. O. p. 63. Anm. 1.
5) Wann die Aufhebung der über das Land und die Stadt Lüneburg verhängten Acht stattgefunden hat, ist mir nicht bekannt, nach dem Vertrage vom October 1521 hat sie jede Bedeutung verloren. — Im Anfang des Jahres 1523 gab Karl V. dem Bischof Philipp von Freising und Johann von Sachsen Vollmacht zur Verhandlung mit Otto und Ernst von Lüneburg, wegen der Beseitigung der über das Land verhängten Acht (d. d. Nürnberg, 14. Januar 1523). Philipp lehnte dies ab, an seine Stelle trat dann Georg von Sachsen. Um Ostern 1524 wurde in dieser Sache zu Eisleben verhandelt, aber erst Ende 1526 scheint eine endgültige Regelung erfolgt zu sein (Hz. Ernst an Kurf. Johann, d. d. Zell, Freitag nach Nicolai 1526). Die hierauf bezügl. Akten im Weimarer Archiv.

sehr schwierig, denn während er aus Fürsorge für sein Land jeden Zusammenhang mit Frankreich meiden musste, warb sein Vater am französischen Hofe für ihn um die Hand der Schwester des Königs von Navarra und liess seinen Sohn dringend auffordern, selbst nach Frankreich zu kommen und die Verlobung zu vollziehen. Wie weit Ernst mit dieser Werbung einverstanden war, wissen wir nicht; zum Wohle des Landes durfte er nicht auf die Pläne seines Vaters eingehen. — Die Landschaft hielt die geschehene Übertragung der Regierung an die jungen Herzöge nicht für genügend; ein Lüneburgischer Adliger, Thile Honstedt, wurde nach Frankreich gesandt[1], und nun entsagte Heinrich in aller Form allen seinen Ansprüchen an das Fürstentum. Nur im Falle seine Söhne vor ihm ohne männliche Erben sterben würden, behielt er sich vor, die Regierung wieder zu übernehmen. Es wurde ihm eine jährliche Rente ausgesetzt, seine Söhne versprachen, seine persönlichen Schulden im Lande zu bezahlen. Bei seiner etwaigen Rückkehr aus Frankreich sollte ihm das Fürstenhaus in Lüneburg zur Wohnung dienen, und ihm ausser dem zum täglichen Bedarf Erforderlichen jährlich 400 Gulden gegeben werden.

Die Lage des Fürstentums und die ständischen Verhältnisse.

Die beiden Brüder Otto und Ernst waren jetzt also in dem unanfechtbaren Besitze des Fürstentums. Aber die Verhältnisse desselben waren vorläufig wenig erfreulich. Schwere Schulden drückten das Land, und auch die von den Ständen mehrfach bewilligten Steuern und Auflagen hatten nicht vermocht der Not des Fürstentums zu steuern. Noch im Jahre 1518 war dem Herzoge die Erhebung des sechzehnten Pfennigs „über Bürger und Bauern, soweit sich das Fürstentum erstreckt, von Häusern, allen liegenden Gründen, beweglichen und unbeweglichen Gütern, die für Erbe zu rechnen sind" gestattet worden; wenn durch diese Steuer 80000 rheinische Goldgulden und darüber aufgebracht würden, sollte $^1/_4$ der Summe zur Einlösung der verpfändeten herzoglichen Güter, $^3/_4$ zur Bezahlung der peinlichsten Schulden an Hauptsumme und Zinsen unter Aufsicht einer land-

---

[1] Thile Honstedt war einer der Wittenberger Genossen Ernsts. — Diese Nachrichten sind entnommen aus einem Briefe Heinrichs an den Rat von Lüneburg, der sich im Auszuge bei Havemann p. 101 f. findet, doch ist das genauere Datum desselben nicht angegeben, es wird nur gesagt, dass er aus der Mitte des Jahres 1528 sei.

[2] Die Urkunde ist vom 22. Juli 1522, vgl. Havemann a. a. O. p. 84. An. 2.

ständischen Commission verwandt werden[1]). Man sieht, wie beträchtlich schon damals die Schulden waren; und Heinrich selbst hatte zu ihrer Vermehrung nicht wenig beigetragen; rühmt er sich doch in jenem oben erwähnten Schreiben an die Lüneburger, dass er im Laufe seiner Regierung für 200000 Gulden au Festen verbaut habe. Es scheint das auch einer der Gründe gewesen zu sein, die ihn bewogen haben das Land zu verlassen; man fürchtete sein Schuldenmachen, in seinem Verzicht wird ausdrücklich festgesetzt, dass er keine Schulden auf das Fürstentum häufen dürfe[2]).

Durch die Stiftsfehde waren natürlich die Schulden noch gestiegen, und die Brüder klagen im Anfange ihrer Regierung: „dass sie nicht allein das Fürstentum mit samt allen und jeglichen Amten, Vogteien, Häusern, Gerichten, Zinsen, Zöllen, Ein- und Zubehörung unsprechlichen mit grossen unglaublichen Schulden beschwert, verpfändet und ausgesetzt befunden, und dass nicht allein alle jene angeführten Rechte und Besitzungen, wovon sie samt ihrer Mutter, ihrer Schwester Anna und ihrem Bruder Herzog Franzisco im fürstlichen Stande und Wesen sich unterhalten, auch ihr Land und Leute in Frieden, Einigkeit, guter Administration und Rechtsverhelfung regieren, schützen und beschirmen sollten, dermassen beschwert, verpfändet und ausgesetzt wären, sondern dass ausserdem unmögliche und unbegreifliche Pfennigs-Schuld auf sie und des Fürstentums Land und Leute gewachsen, wofür die Vornehmsten und Stände des Fürstentums und viele andere Fremde vom Adel teils schuldig geworden seien, teils Bürgschaft geleistet hätten, so dass zu befürchten sei, wenn man dem nicht mit getreuem Rat und stattlicher Hülfe vorbauen und begegnen würde, dass in wenig Jahren Land und Leute dieser Schulden halber in viel grösseren Schaden geraten würden, dass kaum möglich wäre sie zu retten"[3]). Diese der Fürsten eigne Worte characterisieren die Verhältnisse des Fürstentums im Jahre 1522 auf das Beste. Bis auf Stadt und Amt Celle waren nach einer Nachricht in Hämmenstädts Chronik sämtliche fürstliche Besitzungen verpfändet, und von dem kleinen Rest musste nicht bloss die

---

1) Jacobi, Landtagsabschiede I, p. 113 ff. Vereinigung Herzog Heinrichs mit der Landschaft, vollzogen am Donnerstag nach Viti und Modesti (17. Juni) 1518.

2) Hämmenstädt giebt an, der Herzog habe das Land verlassen, um das unerlaubte Verhältnis, das er zum grössten Unwillen seiner Söhne und des Adels mit Anna von Campen unterhielt, fortsetzen zu können.

3) Jacobi a. a. O. I, p. 125 f. Urkunde der Herzöge Otto und Ernst, d. d. Celle, Mittwoch nach Judica (9. April) 1522.

Hofhaltung bestritten, sondern auch die alte Herzogin in gebührender Weise erhalten werden.

Schon hiernach kann man vermuten, dass die Schuldverhältnisse auf die spätere Entwicklung des Fürstentums einen grossen Einfluss ausgeübt haben, und das war thatsächlich der Fall. Es ist dies gar nicht genug zu betonen und stets — namentlich aber in den ersten Jahren der Regierung Ernsts im Auge zu behalten; denn es erklärt sich daraus manche Erscheinung, die sonst als eine Inconsequenz oder zu weitgehende Nachgiebigkeit der fürstlichen Regierung erscheinen könnte. Wir werfen daher noch einen Blick auf die Stände des Fürstentums, ihre Zusammensetzung und ihre Bedeutung.

Der Einfluss, den sie auf die Regierung des Landes hatten, entsprang zum grössten Teil aus ihrem Steuerbewilligungsrecht, und verstärkt wurde er noch dadurch, dass jetzt, bei der durch den letzten Krieg herbeigeführten Verarmung von Bürger und Bauern, Adel und Geistlichkeit häufiger selbst für den Fürsten eintreten mussten, sei es durch Bürgschaften oder durch freiwillige Beiträge zu den Lasten des Landes, denn von den auferlegten Steuern waren sie frei[1], und was sie leisteten, das gaben sie „aus mitleidigem Gemüt" und für Gegenleistungen oder Versprechungen von Seiten des Herzogs.

Grosse Städte gab es nicht im Fürstentume; die einzige, die auf Bedeutung Anspruch machen konnte, war Lüneburg, das damals noch immer durch seinen Reichtum unter den Hansestädten eine wichtige Stellung einnahm. Aber die Lüneburger hüteten sich wohl, zu der Bezahlung der Landesschulden beizusteuern, kaum dass der Herzog von ihnen die Beiträge zu den Reichslasten, wie Türkensteuer, Römermonate und dgl. erhalten konnte. Die anderen Städte, von denen Celle und Uelzen wohl die bedeutendsten waren, standen freilich ganz unter dem Einflusse der Fürsten und hatten einzeln kein grosses Gewicht in die Wagschale zu werfen.

Aus Prälaten, Ritterschaft und Städten setzte sich der Landtag des Fürstentums zusammen; alle Stände berieten gemeinsam und konnten daher auch geschlossen weit stärker ihre Vorrechte dem Fürsten gegenüber wahren, als

---

1) In der oben erwähnten Urkunde Heinrichs von 1518 (Jacobi a. a. O. p. 113) wird ausdrücklich gesagt, dass Geistlichkeit und Adel von der Erhebung des 16. Pfennigs frei sein sollen: „doch unschädlich an Häusern, Höfen und liegenden Gründen der Schillingshöfe und Sattelhöfe Prälaten und dem Adel zuständig".

dies jedem Stande einzeln möglich gewesen wäre. — Die Abgeordneten der Prälaten waren die Äbte der Mannesklöster, welche Grundbesitz hatten, die Vorsteher der beiden Stifter und die Pröpste der Frauenklöster; der Abt des Klosters St. Michaelis in Lüneburg stand an der Spitze des gesamten Landtages[1]). Von den Städten nahmen meist nur Lüneburg, Celle und Uelzen an den Verhandlungen teil, diese vertraten dann zugleich die übrigen kleineren Städte, welche zu der Beschickung der Landtage berechtigt waren. —

Wie schon gesagt, hatten die Stände das Recht, allgemeine Steuern zu bewilligen; aber sie waren dazu nur mit Opfern von Seiten des Herzogs zu bewegen. Auch war die Erhebung mit Schwierigkeiten verknüpft, und wiederholt kam es vor, dass die bewilligten Auflagen überhaupt nicht eingezogen wurden[2]). So konnte es geschehen, dass sich die Herzöge bisweilen in der drückendsten Geldnot befanden; im Jahre 1522 vermochte man die Beiträge zum Reichsregiment und Reichskammergericht nicht zu zahlen und bat den Abt von St. Michaelis um ein Darlehn von 200 Gulden auf kurze Zeit[3]). Derartige Anleihen wurden damals mehrfach gemacht[4]), trotzdem im Anfang desselben Jahres eine Vieh-Steuer und der 16. Pfennig von der Landschaft den Fürsten bewilligt worden war[5]). Am drückendsten wurde wohl die „Pfennig-Schuld" empfunden, welche baar verzinst werden musste. Um sich gegen die fortwährenden Bürgschaften wenigstens etwas zu sichern, liessen Adel und Geistlichkeit sich vom

---

1) v. Duve, Versuch über die Landtage des Fürstentums Lüneburg (1795), p. 67, giebt die althergebrachte Rangordnung der Klöster folgendermassen an: Die Äbte von St. Michaelis in Lüneburg, Oldenstadt, Scharnebeck, die Vorsteher der Stifter Bardowik und Ramelsloh (auch diesen standen Pröpste vor, die aber hinter dem Decan fast ganz zurücktraten), die Pröpste von Ebstorf, Lüne, Medingen, Walsrode, Isenhagen und der Prior von Heiligenthal in Lüneburg. — Dabei ist nicht genannt der Propst von Wienhausen, und auch keine Bemerkung gemacht über das vor der Reformation noch bestehende Nonnenkloster zu Uelzen.

2) So wurden die 22000 Gulden, welche zur Ausstattung von Heinrichs Tochter Elisabeth, der Braut Karls von Geldern, und für die Reise Ernsts nach Frankreich bewilligt worden waren, gar nicht bezahlt, 1522 erliess sie Herzog Ernst wieder. Jacobi a. a. O. I. p. 127.

3) Auszug des Schreibens der Herzöge an den Abt, d. d. Simonis und Judae 1522 bei v. Weihe-Eimke a. a. O. p. 134. Irrig ist die aus Gebhardi stammende Ansicht v. Weihe-Eimke's, dass die Fürsten schon 1521 eine Hinterlegung und Rechnungsablage von den Klöstern gefordert haben. Die betr. undatierte Urkunde fällt, wie das „des uprors halben" beweist, erst nach dem Bauernkriege.

4) Havemann erwähnt p. 85, dass Otto und Ernst sich vom Kloster Medingen das Fastenlager hätten abkaufen lassen müssen, dies fällt aber noch in die Regierungszeit Heinrichs, die Urkunde (gedruckt bei Lyssmann a. a. O. p. 112 f.) ist von 1521.

5) Jacobi a. a. O. I, p. 125 ff.

Herzoge versprechen, dass niemand, der sich zu bürgen weigere, deswegen die Ungnade des Fürsten fühlen solle[1]).

Für die Herzöge war es natürlich nicht minder drückend, dass ihre Güter zum grössten Teil verpfändet waren; sie mussten sich naturgemäss nach einem Mittel umsehen, um eine gründliche Abhülfe herbeizuführen. Man darf wohl sagen, dass Herzog Ernst von Anfang an mit der Absicht die Regierung angetreten hat, die Vorrechte und Ausnahmestellung der privilegierten Stände zu brechen und sie gleichmässig zu der Tragung der Lasten des Fürstentums heranzuziehen. Die absolutistischen Neigungen, die der Fürst wie alle energischen Männer hatte, gingen dabei Hand in Hand mit seiner religiösen Überzeugung; beides unterstützt und verschärft sich gegenseitig. Der junge Fürst hatte ein warmes Herz für die Leiden des Volkes, es drückte ihn schwer, dass Bürger und Bauern die Last tragen mussten, während Geistlichkeit und Adel nicht zur Beisteuer herangezogen werden konnten. Doppelt bitter empfand er das, weil er, im Herzen schon gut lutherisch, die Berechtigung des Klosterlebens nicht völlig mehr anerkannte, und es schon damals seinem gesunden Gefühle widerstrebte, wie er das später wiederholt aussprach: „dass etliche Wenige ein gutes Leben führen und im Überfluss leben sollten, während die Masse des Volkes darben musste"[2]). — Wollte man aber sagen, die Geldnot habe den Fürsten von Lüneburg der reformatorischen Bewegung in die Arme getrieben, so würde man ihm völlig Unrecht thun. Ernst war ein durchaus reiner und edler Charakter, starr und schroff zuweilen, wenn man seiner guten Absicht einen dauernden Widerstand entgegensetzte, aber auch diese Strenge entsprang einer hohen Auffassung des Fürstenberufes, der Überzeugung, dass der Fürst nicht bloss für das irdische, sondern auch für das geistige Wohl seiner Unterthanen Gott Rechenschaft ablegen müsse. Dieser Gedanke kehrt immer und immer in seinen Schriften wieder, und er ist nicht blosse Phrase.

Man hat ihn den „Bekenner" genannt[3]), und er verdient den Beinamen in

---

1) Jacobi a. a. O. I, p. 129.
2) Schreiben des Herzogs an das Kloster St. Michaelis v. 1533 (H. St. A. Des. 55, 10).
3) Der Beiname kommt erst im Anfang des 18. Jahrhunderts auf, und zwar habe ich ihn zuerst bei Joh. Justus Böhmer, fasces academici 1718 p. 61 (Dresd. Bibl.) gefunden, der allerdings auch bereits sagt: „ut Ernestus confessor *deinceps* adpellatus fuerit". Bertram in der 1719 erschienenen Biographie spricht zwar von dem „durchleuchtigen Bekenner", aber diese Bezeichnung ist hier noch nicht Beiname geworden. Auch Rehtmeier kennt in seiner Chronik den Beinamen noch nicht (1722). Nach

vollem Masse; nicht bloss wegen des einmaligen öffentlichen Bekenntnisses zu Augsburg; sein ganzes Leben war ein Bekennen dessen, was er für gut und wahr erkannt hatte.

Für ihn war die Not des Fürstentums ein grosses Hemmnis bei dem Streben nach dem Ziele, das er sich gesteckt hatte, und dessen Erreichung recht eigentlich sein Werk ist. Er konnte nicht nach seiner Überzeugung und seinen Wünschen handeln, er musste sich in die Verhältnisse schicken. Hätten ihm bedeutende Geldmittel zur Verfügung gestanden, so hätte er schneller vorwärts gehen können, er wäre unabhängiger von den Ständen gewesen; denn mit den Geldforderungen von seiner Seite wären auch die Gegenforderungen der Stände weggefallen.

Die kirchlichen Verhältnisse des Fürstentums.

Es war natürlich, dass der Herzog bei den Klöstern den meisten Widerstand gegen seine Bestrebungen finden musste, denn ihr Bestand wurde ja durch die Bewegung jener Zeit in Frage gestellt. Ehe wir daher auf die ersten Schritte eingehen, die im Fürstentum gegen den Katholicismus gethan wurden, müssen wir noch einen Blick auf das Klosterleben und die kirchliche Organisation des Landes werfen. Nicht alle Klöster haben einen gleich engen Anschluss an den zuständigen Bischof gehabt, und es erklärt sich daraus in der späteren Zeit eine Verschiedenheit derselben in ihrem Widerstande gegen die Reformation.

Drei Diöcesen teilten sich in die kirchliche Jurisdiction des Fürstentums: Verden, Hildesheim und Minden. Zu dem Sprengel von Verden, der weitaus den grössten Teil des Landes umfasste, gehörten das Benedictiner-Kloster St. Michaelis in Lüneburg, die Cistercienser-Mönchs-Klöster Scharnebeck und Oldenstadt, das Prämonstratenser-Kloster Heiligenthal in Lüneburg, die Benedictiner-Nonnenklöster Ebstorf, Lüne, und das Kloster der Cistercienserinnen zu Medingen[1]), sowie die beiden Stifter Bardowik und Ramelsloh. Der Bischof von Verden hatte das Patro-

---

dem Erscheinen von Arends singularia cognomina (1723) wird derselbe jedoch schnell allgemein.

1) Das Nonnenkloster zu Uelzen kann kaum mitgerechnet werden, es ist für unsere Zeit ganz ohne Bedeutung, denn kurz vor der Reformation ging es wegen Mangel an Mitgliedern ein und wurde in ein Hospital verwandelt. Vgl. Schilling, histor. Grundriss der Stadt Uelsen, p. 28.

nat über eine ganze Reihe von Pfarrkirchen im Fürstentum[1]); ein bischöflicher Official residierte in Lüneburg. — Zu Hildesheim gehörten die Klöster der Cistercienserinnen zu Wienhausen und Isenhagen. Der Diöcese Minden endlich gehörte nur das Kloster Walsrode an (Benedictinerinnen). — Ausserdem befanden sich noch Franciskanerklöster zu Celle, Winsen a. d. Luhe und Lüneburg.

In den meisten dieser Klöster war gegen Mitte und Ende des 15. Jahrhunderts die verfallene Zucht, wenn auch stellenweise unter grossem Widerstande, wiederhergestellt, so dass ihre Insassen jetzt wenigstens äusserlich ehrbar waren; wogegen besonders die Nonnen von Wienhausen früher so zuchtlos gelebt hatten, dass auf Befehl des Herzogs eine Mauer um ihr Kloster gezogen war, um sie völlig von der Aussenwelt abzuschliessen[2]). Besonders tief war das religiöse Leben freilich nicht, es herrschte hier wie fast überall zur Zeit vor der Reformation ein grosser Formalismus, der jeder Innerlichkeit entbehrte; man klammerte sich an die Form, weil man den Kern verloren hatte. Die Beichtväter der Nonnen waren häufig ungelehrt; ja, man sagte auf Seiten der Gegner, die Klosterfrauen wählten sich mit Vorliebe recht dumme Beichtväter, um die Klügeren zu sein[3]). Was konnten sie in religiöser Beziehung Gutes von Geistlichen lernen, die nicht einmal die Formel der Absolution kannten[4])! — Die Verehrung von Bildern und Heiligen wurde nach Kräften zum Vorteil der Klöster gefördert; so wird uns berichtet, dass sich in der zu Isenhagen gehörigen Kapelle in der Clus zu Steinbeck ein wunderthätiges Marienbild, aus Holz geschnitzt, befand. Maria hält den Leichnam Christi auf dem Schosse; derselbe war innen hohl, und in die klaffenden Wunden warfen die Leute Gold und opferten auf dem Altar viel Wachs, Flachs und anderes zur Ehre der Mutter Gottes und ihres Sohnes, „welches alles darnach gen Isenhagen gebracht wurde"[5]).

In den Mönchsklöstern sah es nicht viel besser aus; die Äbte lebten mehr weltlich als geistlich. Besonders verrufen waren wegen ihres unsittlichen Lebens die Canoniker von Bardowik. In Pracht und Üppigkeit verbrachten die Bene-

---

1) Sie finden sich aufgezeichnet in dem „Catalogus ecclesiarum parochialium diocesis Verdensis" (Zeitschrift des histor. Vereins für Niedersachsen. 1873, p. 350 f.).
2) Leukfeld, antiquitates Winhusanae. p. 118.
3) Vgl. den „Radtslach to nodtrofft der kloster" über die Prüfung der Beichtväter.

4) Vgl. Urb. Rhegius, Eine ungeheure wunderbarliche Absolution der Klosterfrauen im Fürstentume Lüneburg (Deutsche Schriften. IV, 33).
5) Urkundenbuch von Isenhagen, Nr. 676: Nachricht über die Gründung und Erhaltung des Klosters.

dictiner von St. Michaelis, dem reichsten und bedeutendsten Kloster im Fürstentum, ihre Tage; obwohl das Kloster in der letzten Hälfte des 15. Jahrhunderts „reformiert" war, war doch nur wenig von der damals hergestellten Zucht übrig geblieben; denn die Adligen, aus denen der Convent ausschliesslich bestand, konnten sich mit der strengen Regel Benedicts nicht recht befreunden. — Die Hinneigung der Äbte und Pröpste zu weltlichen Geschäften wurde durch ihre Teilnahme an der Regierung des Fürstentums als geistliche Räte des Herzogs nur noch gefördert. Der Abt von St. Michaelis, der erste unter den Räten des Fürstentums überhaupt, stand auch an der Spitze des von Heinrich dem Mittleren eingerichteten Landgerichts zu Uelzen, neben oder vielmehr unter ihm standen noch zwei andere Prälaten und drei weltliche Räte.

Zwischen der Stadt Lüneburg und den Klöstern bestand eine ziemlich enge Verbindung. Neben den Töchtern der Adligen fanden auch die der Lüneburger Patricier Aufnahme in die Frauenklöster (besonders in die der Verdener Diöcese: Ebstorf, Lüne und Medingen). Viele, wohl die meisten der Klöster hatten ihr Haus oder ihren „Hof" in der Stadt, (so Scharnebeck, Lüne, Medingen und das Stift Bardowik) und alle waren auf der Sülze begütert[1]. Es war das eine sehr beliebte Kapitalanlage der Geistlichen auch der benachbarten Länder, denn das Lüneburger Salz war weit berühmt und wurde im nördlichen Deutschland für das beste gehalten. Die Klöster hatten ihren Sülzanteil an Lüneburger Patricier (Sülftmeister) verpachtet; dieser „Salinarius" zahlte ihnen dann eine bestimmte jährliche Summe für die Nutzung der dem Kloster gehörigen Pfannen[2]. Durch die Wahl des Sothmeisters, eines der höheren Beamten der Sülze, welcher die Oberaufsicht über das Sieden des Salzes führte, übten die Klöster auch auf die Verwaltung der Saline einigen Einfluss aus; diese Wahl stand den Äbten von St. Michaelis und Scharnebeck und den Pröpsten von Lüne und Medingen zu[3].

---

[1] Ich gebe hier eine Uebersicht über die Begüterung der Klöster auf der Sülze nach einer handschriftlichen Nachricht des H. St. A. (Verzeichnis der Manuscripte J. 76): St. Michaelis — 15 Pfannen, Scharnebeck — 12 Pf., Oldenstadt — 3 Pf.; Propstei Lüne — 11 Pf., Virgines ibidem — 2½ Pf.; Propstei Ebstorf — 3 Pf., Virgines — 3 Pf.; Propstei Medingen — 4 Pf., Virgines — 2 Pf.; Propstei Wienhausen — 1 Pf.; Propstei Isenhagen — 1½ Pf., Virgines — 1½ Pf.; Propstei Walsrode cum Virginibus — 3 Pf.; Bardowik — 4½ Pf., Ramelsloh — 1 Pf. Im ganzen besassen die Klöster folglich 68 Pf. Das sind also mehr als ein Viertel aller überhaupt auf der Sülze vorhandenen Pfannen (es waren 54 Häuser vorhanden, jedes Haus hatte 4 Pfannen, also 216 Pfannen).

[2] Die „potestas committendi bona salinaria monasteriorum sine omni conventione" nannte man „Vorbathe". (Pfeffinger a. a. O. I, 97).

[1] Vgl. Pfeffinger a. a. O. I, p. 221.

Die Güter der Propstei und des Conventes in den Frauenklöstern waren streng geschieden. Der Propst besorgte die Vertretung des Klosters nach aussen, er hatte auch die Verwaltung der Klostergüter, er musste für den Gottesdienst Sorge tragen, und die Capläne standen unter seiner Aufsicht. Als geistlicher Rat des Fürstentums hatte er Sitz und Stimme in den Landtagen. Im Laufe der Zeit war die freie Wahl der Pröpste von Seiten des Convents durch die Fürsten beschränkt. Der Herzog designierte eine Anzahl von Männern, die ihm genehm waren, und aus diesen musste dann gewählt werden; Heinrich der Mittlere hatte sogar eine ohne sein Wissen vollzogene Wahl einfach cassiert und eine Neuwahl angeordnet[1]). Häufig kam es vor, dass die Fürsten treue Diener zu Pröpsten wählen liessen, die dann auch später noch in den Geschäften des Fürstentums thätig waren[2]). Bisweilen vereinigten die Pröpste mit ihrer Propstei noch ein anderes geistliches Amt in einem benachbarten Lande[3]). Das gab zu Klagen Anlass: die Pröpste residierten ausser Landes, zogen von ihren Klöstern die Einkünfte und vernachlässigten die Verwaltung derselben. — Zur Abtragung der Landesschulden trugen, wie bereits gesagt, die Klöster nur „ungenötigt und ungezwungen, unbeschädigt ihrer Privilegien" bei. Das war ein wunder Punkt in der Verwaltung des Fürstentums, und es ist begreiflich, dass sich darauf zuerst der Blick des Fürsten richtete, die Klöster zur regelmässigen Tragung der Lasten heranzuziehen. Das war überhaupt eine Vorbedingung für ihre Reformation, denn eine plötzliche Säcularisation würde bei den bestehenden Verhältnissen, bei der engen Verbindung zwischen Adel und Prälaten, nicht möglich gewesen sein.

In der That finden wir, dass der Herzog sehr bald Massregeln in dieser Richtung ergriffen hat; Massregeln, welche vereinzelt betrachtet allerdings kein Gewicht haben, als generelle jedoch in unserer Darstellung immerhin einen Platz verdienen. Vorher wenden wir uns zu Ereignissen anderer Art.

---

1) Lyssmann a. a. O. p. 99. Die Beschränkung der Wahlfreiheit geschah erst unter Heinrich dem Mittleren, der noch im Anfang seiner Regierung, als er jemanden dem Kloster zum Propst empfohlen hatte, schrieb, dies solle die Wahlfreiheit des Klosters nicht beeinträchtigen. Lyssmann a. a. O. p. 79.

2) So wird von dem Propst von Ebstorf Heino von dem Werder seine 11jährige Dienstzeit in der Kanzlei und seine Wahl auf Betreiben Heinrichs des Mittleren erwähnt (Verz. der Manuscripte J. 76. H. St. A.)

3) Heino von dem Werder war auch Domdecan zu Hildesheim und Propst zu St. Cyriacus in Braunschweig; Johann von Mahrenholz war Propst zu Medingen und Decan zu Halberstadt; Friedrich Burdian Propst zu Isenhagen und Decan zu St. Blasien in Braunschweig.

Erste Regungen des Luthertums. Die Barfüsser in Celle.

Bei den Franziskanerklöstern — es gab solche, wie wir gesehen, zu Celle, Winsen und Lüneburg — lagen die Verhältnisse anders als bei den übrigen Klöstern des Landes. Sie waren ohne Grundbesitz und standen nicht mit dem Adel in Beziehung, sondern suchten ihre Wirksamkeit mehr bei dem niederen Volke. Ihnen gegenüber konnte der Herzog früher und schärfer vorgehen, als er es sonst hätte wagen dürfen. Das Barfüsserkloster zu Lüneburg stand freilich nicht unter der Gewalt des Fürsten, sondern der des Rates von Lüneburg, aber Celle und Winsen waren fürstliche Städte (in Winsen war ein herzoglicher Hauptmann), so dass der Rat an keinem der beiden Orte irgend welche selbständige Bedeutung hatte.

Das Barfüsserkloster zu Celle war in den Lüneburger Landen der Schauplatz des ersten Kampfes zwischen dem Katholicismus und der neuen Lehre. Freilich lässt sich nicht mit Gewissheit feststellen, wie weit der Herzog selbst Partei genommen hat. Doch deuten geringe Spuren darauf hin, dass Ernst schon damals eine dem Luthertume zugeneigte Gesinnung irgend wie kund gegeben hat. Denn „seit sechs Jahren", so schreibt der Herzog in einem bislang unbekannten Briefe von 1528[1]), „habe er die Barfüsser nicht ein oder zwei Mal, sondern vielmals ersucht, gütlich, gnädiglich und ernstlich erfordert, Ursache und Grund der Gebrechen und ihrer Lehre gegen das göttliche Wort anzuzeigen, damit er selbst und andere dadurch einen notdürftigen Unterricht empfingen". — Schon damals war Wolf Cyclop in Celle im Sinne der reinen Lehre thätig, deren begeisterter Vorkämpfer er war.

Etwa im Jahre 1518 war Cyclop nach Celle gekommen. Er war Doctor der Medicin und freien Künste, aus Zwickau gebürtig, hatte im Jahre 1510 in Wittenberg als Professor der Mathematik gewirkt[2]), war dann als Arzt durch vieler Herren Länder gezogen und endlich in Celle als Leibarzt Heinrichs des Mittleren geblieben; die gleiche Stellung bekleidete er dann auch bei den Söhnen

---

1) d. d. Donnerstag nach Vincula Petri 1528. Copie im H. St. A. (Verzeichnis der Manuscripte J. 76).
2) Guden, Dissertatio de Ernesto duce, p. 12 Anm. 1 giebt hierfür als Zeugen an: Hermannus Cingularius Aurimontanus in libello de componendo epistolas. Ich habe dies Buch nicht zu Gesicht bekommen können.

Heinrichs, nachdem dieser das Land verlassen hatte. Er war ein unruhiger Mensch, der seine Begeisterung nicht durch ein stilles, tiefgehendes Wirken gegen die Misbräuche der katholischen Kirche, sondern durch ein gewaltsames Handeln bethätigen musste, bei dem auch eine Sucht nach Ruhm nicht unbefriedigt bleiben durfte.

Die Barfüsser in Celle forderten seinen Zorn durch ihre Predigten und ihre Lehre gegen Gottes Wort heraus, und gegen sie besonders, wenn sie auch nicht geradezu genannt waren, richtete sich die Streitschrift, die Cyclop kurz vor Ostern 1524 ausgehen liess, und in welcher er sich erbot, „fünf Beschluss und Artikel, Gott zu Ehren und aller klarer evangelischer und christlicher Wahrheit Liebhabern zu Gute, mit klarer, wahrer und ganz beständiger heiliger Schrift wider eines jeglichen schriftliche Gegensätze mit Gottes Hülfe schriftlich zu vertreten".

Allen denen, so lautet sein 1. Artikel, welche behaupten, das verdeutschte Testament sei an 1400 Orten und Enden verfälscht, und dies doch nicht von Ort zu Ort beweisen, soll man nicht glauben, da sie solches wider den frommen und getreuen Dolmetscher erdichtet und erlogen haben, sondern soll sie vor die Schrift weisen und sie für Heuchler und Gleissner halten, die den Himmel vor den Menschen verschliessen. — 2) Alle die, welche da sagen, dass in der heiligen Schrift Alten und Neuen Testaments nicht genug zur Seligkeit enthalten sei, und dass die Rechtfertigung durch den Glauben an Christum nicht genüge, die lästern Gottes ewigbleibendes und lebendiges Wort. — 3) Alle diejenigen, welche die heilige Schrift nach erschienenem und eröffnetem Christo düster und finster schelten und sagen, sie müsse durch menschliche und heidnische Weisheit und Kunst erleuchtet werden, die wissen nicht, wie weit Licht und Finsterniss, Wahrheit und Lüge, Christus und Belial von einander geschieden sind. — 4) Alle die, welche der heiligen Schrift und göttlichem Worte nicht anders und eher glauben, denn um der Menschen Gemeinde und Versammlung, der Kirche willen, setzen den Menschen über Gott, die Lüge über die Wahrheit, den Antichrist über Christus. — 5) Wer anders als bei Christo Heil, Gnade und Wohlgefallen vor Gott zu suchen und zu finden vermeint und dies lehrt, der widerspricht Gott und Mosi.

Das war der Kampfesruf, mit dem Wolf Cyclop, „der Kunst und Gewerbe halber ein Arzt, des Glaubens ein getaufter Christ", die Barfüsser herausforderte:

„die grimmigen, wütenden und brüllenden Suppen- und Kuchenprediger", die ihren Nächsten wider die christliche Liebe schänden, blenden und lästern; die bald so, bald anders predigen, so dass niemand etwas Bleibendes mitnehmen kann, und die nur darin beständig bleiben, dass sie das nach Heil durstige Volk von dem heiligen, ewig bleibenden göttlichen Wort auf menschlichen Tand hinweisen. Er habe, sagt Cyclop, diese Artikel aus dem gewaltigen Strome der heiligen Schrift, wie David die allerglattesten Kieselinge aus dem rauschenden Strome gelesen, und:

„Mit fünf Kieselingen in Gottes Macht
„David Goliath schlacht,
„Der unverschämt in hoher Pracht
„Gott und sein Volk veracht!"

Matthias Teuffel von Nordheim, der Guardian des Klosters und Heinrich Marquardi, „der Barfüsser Minister", wohl die bedeutendsten der damals in Celle sich befindenden Franziskaner, konnten dem „falsch vermessenen und erdichteten David" die Antwort natürlich nicht schuldig bleiben. Sie wollen sich auf keine ausführliche Gegenschrift einlassen, sondern bieten Cyclop eine Disputation in Hildesheim an, bei welcher die Herzöge von Lüneburg und der Erzbischof von Mainz den Vorsitz führen, die Sache selbst aber durch eine Reihe angesehener, streng katholischer Männer entschieden werden soll. Genüge ihm das nicht, so sollen die Universitäten Erfurt, Leipzig und Köln oder Paris entscheiden. Dann gehen sie auf die fünf Artikel ein, nachdem sie den Arzt Cyclop vorher noch an das Sprichwort: ne sutor ultra crepidam erinnert und ihm den Vers vorgehalten haben:

„Wer will in Himmel mit puchen gahn
„Der wurt id nicht erfinden,
„De guden werk im glöven gethan
„Gehoren to Goddis kinder".

Sehr geschickt greifen sie bei der Besprechung des ersten Artikels etliche Stellen heraus, durch deren richtige Übersetzung sie einmal das Fasten zu retten und zu belegen denken, und wodurch sie Luther in den Verdacht zu bringen suchen, als habe er zum Nachteil der Fürsten eine Stelle absichtlich falsch übersetzt. Zum Schluss stellen sie selbst fünf Artikel auf, durch welche die ihres Gegners entkräftet werden sollen.

Bald wurde diese Schrift von Cyclop erwidert. Er beruft sich auf das Vorbild des Evangelisten Lucas, der auch ein Arzt gewesen sei, darum stehe es auch ihm wohl zu, sich mit derartigen Fragen zu beschäftigen. Er lehnt es jedoch ab, dass er irgend etwas mit der Lutherischen Sache, welche die Barfüsser mit hinein zögen, zu thun oder zu lassen haben wolle; Luther mache seinen Gegnern selbst genug zu schaffen und bedürfe seiner Hülfe nicht; aber wenn auch Kaiser und Papst Luthers Lehre und Schriften verdammten, das verdeutschte Testament könne er nicht für Luthers Buch halten. Man solle ihm aber auch nicht mit hohen Titeln und Namen kommen, denn nicht von den Weisen der Welt werde die göttliche Weisheit erkannt. Er widerlegt die Einwürfe der Barfüsser und verspricht ihre Artikel mit einer besonderen Schrift zu beantworten. Die Disputation lehnt er natürlich ab.

Auf weitere Verhandlungen wollten sich nun allerdings die Barfüsser nicht einlassen. Schmähend warfen sie ihm vor, dass er die guten Sprüche der heiligen Schrift mit Asa foetida vermischt habe, dass er herumschleiche wie ein Fuchs und doch nur ein Wolf sei. Sie seien seiner Scheltworte müde und würden von ihm nichts mehr lesen, sondern alles dem Feuer übergeben.

Auf diesen Brief der Barfüsser liess Cyclop in den Osterfeiertagen eine Schrift „an alle Liebhaber der Wahrheit" ausgehen, in der er das ganze Verfahren und Treiben der Mönche einer scharfen Kritik unterzog. An ihren Früchten erkenne man sie und an ihrem schönen und lieblichen Gesange, dessen sie sich auf den Predigtstühlen befleissigten, „wie eine schöne, feine und graue Frau Nachtigale, welche die Schafe und Kühe frisst".

Etliche Wochen später ist Cyclop nicht mehr in Celle, er selbst schweigt völlig über die Gründe, welche ihn veranlasst haben die Stadt zu verlassen. Das aber dürfen wir behaupten, dass er nicht in Ungnade von den jungen Fürsten entlassen worden ist[1]). Sein Fortgang scheint ein freiwilliger gewesen zu sein. Auf der Reise nach seiner Vaterstadt Zwickau kam er durch Magdeburg und als er hier, wie er selbst sagt, die christlichen und wahrhaftigen Prediger gehört und die hitzige und brünstige Liebe zum göttlichen Worte bei dem mei-

---

1) Vgl. die Widmung der Schrift an die Herzöge von Lüneburg: I. F. G. haben mir nicht allein gnedige entrichtung gethan, sondern auch aus günstiger Huld und gnädigem Willen, mündlich und schriftlich, ehrliche rühmliche Urkund und Gezeugnis gegeben, mit förderer Zusagung und Tröstung günstiges und gnediges willens bei I. F. G. zu behalten, aus welcher Ursach gegen E. F. G. dankbar zu sein mein Gewissen mich ewiglich verpflichtet.

sten Volke erkannte, beschloss er dort zu bleiben. Er kaufte sich Haus und Hof und wurde Bürger der Stadt[1]). Mit andern Gesinnungsgenossen zusammen zog er einen Buchdrucker nach Magdeburg und jetzt stellte er die ganzen Verhandlungen mit den Barfüssern zusammen, versah sie mit einem Vor- und Schlusswort und liess sie drucken. (Die Schriften der Barfüsser in niedersächsischer Sprache, damit sie ihn, wie er besonders betont, nicht der Fälschung beschuldigen könnten.)

Er widmete die Schrift den Herzögen von Lüneburg, damit „sie erlernen möchten, was für geistliche Heilige und in göttlichen Sachen verständige Leute unter dem Deckel des Bettelsacks in I. F. G. Städten und Landen wohnten", von welchen St. Peter im andern Kapitel seines andern Sendbriefs und Paulus im 1. und 2. Briefe an Timotheus geschrieben „und darin die grauen Gesellen auf den Klotzern mit knodichten Stricken so ganz eigentlich abgemalt, als hätte sie Lucas Maler oder Albrecht Dürer mit abkonterfeiet". Er bittet, die Fürsten wollten „des göttlichen Wortes klaren Aufgang in ihren Städten und Landen von den Gottlosen nicht unterdrücken lassen"[2]).

Aus allem, was wir schon aus dieser Zeit über Cyclop wissen, tritt er uns als ein unruhiger Mensch entgegen; er drang auf schnelle Reinigung der Kirche von den Missbräuchen. Er verstand zu reden und hatte auch bereits in Celle eine Partei um sich gesammelt. In Magdeburg kam er bald mit Nicolaus von Amsdorf über das Abendmahl in Streit, er verfocht eifrig die Ansichten Karlstadts[3]), und es ist nicht unwahrscheinlich, dass gerade seine Hinneigung zu den Schwärmern ihn am Hofe in Celle unmöglich gemacht hat. Herzog Ernst stand voll und ganz auf der Seite Luthers. In dem Streite selbst hatte er sich jeder Parteinahme enthalten, dazu mochte ihm die Zeit noch nicht gekommen scheinen.

---

1) Vgl. Cyclops Schrift: Ursach und Handelung in der kaiserlichen und christlichen Stadt Magdeburg ein christlich Wesen und Wandel belangend. Gedruckt bei Hahn, collectio monumentorum II, p. 459 ff.

2) Den genauen Titel der Schrift Cyclops s. o. S. 4. Anm. 5. — Die Artikel selbst sind nicht datiert; das erste Schreiben der Barfüsser ist vom Gründonnerstage 1524 (24. März) und das Schreiben Cyclops an alle Liebhaber der Wahrheit hat das Datum: Celle, in den Osterfeiertagen 1524 (Ostern war am 27. März). Die Widmung ist bereits von Magdeburg vom Donnerstag nach Marci (28. April) 1524 datiert.

3) Vgl. über die verschiedenen Streitschriften aus den Jahren 1525 und 1526: Hülsse, Einführung der Reformation in Magdeburg (Magdeb. Geschichtsblätter 1883) und Hülsse, Geschichte der Buchdruckerkunst in Magdeburg (Magdeb. Geschichtsblätter 1880). Mit dem Jahre 1526 verschwindet der Name Cyclops, seine späteren Schicksale sind unbekannt.

— 36 —

Aber doch musste ihm, dem vorsichtigen und bedächtigen Manne, die Art und Weise, wie Cyclop auftrat, unsympathisch sein.

An die Stelle Cyclops als Vorkämpfer für das gereinigte Evangelium trat denn auch ein von Luther Empfohlener; ob er schon im Anfang des Jahres 1524 nach Celle gekommen und so den Fortgang Cyclops beschleunigt hat, ist nicht zu entscheiden, es wäre aber sehr wohl begreiflich, denn an eine gemeinsame Wirksamkeit eines Lutherischen mit einem Schwärmer war in damaliger Zeit nicht zu denken.

Gottschalk Cruse war es, der hier, als er des Glaubens wegen aus seinem Kloster entflohen war, eine Zufluchtstätte und eine neue gesegnete Wirksamkeit fand. Durch eine Schrift, in der er sich wegen seines Entweichens aus dem Kloster rechtfertigte, sind wir über sein früheres Leben unterrichtet[1]). — Geboren zu Braunschweig am Ende des 15. Jahrhunderts[2]), wurde er nach dem Tode seines Vaters als zarter Knabe im Jahre 1508 von seiner Mutter dem Ägidien-Kloster seiner Vaterstadt übergeben. Nach sieben Jahren that er dort Profess; es war ihm Ernst mit seinem Streben nach dem ewigen Heil; Gewissensangst und Zweifel quälten ihn; denn im Herzen fühlte er, dass er noch nicht auf dem rechten Wege sei. Er war daher hoch erfreut, als sein Abt Theodorich, „ein besonderer Liebhaber der Schrift", beschloss, ihn mit Unterstützung seiner Freunde nach Erfurt zum Studieren zu schicken. Er blieb dort anderthalb Jahre, gern wäre er schon eher zurückgekehrt, denn er sah, dass nicht, wie er gehofft, „auf den hohen Schulen das Bekenntnis rechter göttlicher Wahrheit" zu finden sei, nur die Scheu vor seinem Abte und den Ordensbrüdern hielt ihn davon ab; er wurde Baccalaureus, „mehr der Nachsage willen, als aus rechtem Begehr". „Als ich", so sagt er, „die Wahrheit dort nicht fand, wo ich sie zu finden hoffte, habe ich doch nicht nachgelassen, sondern mit um so grösserem Fleiss der Lehrer Bücher gelesen. Zuletzt, weil ich sie nicht fand, bin ich in einen zornigen Mut gefallen über mich selbst, und beschloss bei mir nicht mehr zu suchen und zu studieren".

---

1) „To allen christglöwigen fromen mynschen besondern der statt Brunswygk D. Gottschalci Crussen Woerumme hee gheweken uth synem kloester eyn underrichtunghe", abgedruckt („mit kleinen Nachhülfen in der Orthographie") bei Lentz, Kirchenreformation Braunschweigs im 16. Jahrhundert p. 119 ff. Die Schrift ist undatiert, ich setze ihre Entstehung noch in das Jahr 1523; darauf beruhen denn auch die Jahresangaben. (Cruse sagt, er sei vor 15 Jahren in das Kloster gebracht).

2) Rehtmeier, Braunschweigische Kirchengeschichte III, p. 2 giebt 1499 als Geburtsjahr an.

Ein Bekannter, Peter Hummel aus Braunschweig, machte ihn auf die Schrift Luthers vom Ablass aufmerksam; „da habe ich", bekennt Cruse, „gethan, was so viele noch thun, den Sermon verdammt, ehe ich ihn gesehen habe und gesprochen: Was Martinus, Martinus! ich habe ebenso gelehrte Leute gesehen wie Martinus, soll er den heiligen Ablass strafen, den so viele heilige Päpste confirmiert haben?" — Die Auslegung des 110. Psalms von Luther, die dem Prior des Klosters, Bökheister, zu Händen kam, und die er Cruse brachte, machte tiefen Eindruck auf denselben, obwohl er sich anfangs schämte, ein deutsches Buch zu lesen; er erkannte und fühlte, „dass mehr Geist und Wahrheit darin sei als in anderen Büchern", und er forschte von nun an eifrig in Luthers Schriften nach dem, was er anderswo nicht gefunden hatte, wonach er sich aber stets mit neuer Kraft sehnte. Viel „Trost und Wahrheit" schöpfte er aus diesen Büchern, zugleich aber regte sich in ihm der Wunsch, den Mann selbst kennen zu lernen, der so schreiben konnte. Seine Freunde ermöglichten ihm einen Aufenthalt in Wittenberg[1]) und dort „lernte er in einer Lektion mehr göttliche Wahrheit als in allen seinen vorigen Studien". Nach fast zweijährigem Aufenthalte kehrte er in der letzten Hälfte des Jahres 1521 als Doctor in sein Kloster zurück[2]); er begann hier den Novizen das Evangelium Matthaei auszulegen, und er hatte bald von allen Seiten grossen Zulauf. Das erweckte ihm viele Feinde: die Barfüsser verläumdeten ihn, die Prälaten verklagten ihn beim Herzoge Heinrich dem Jüngeren. Der Abt nahm ihn in seinen Schutz und sandte ihn in eins der Klosterdörfer (Volkmerode); als er auch hier nicht mehr sicher war, veranlassten ihn seine Freunde, aufs neue nach Wittenberg zu gehen; dort blieb er den ganzen Sommer (1522). Bei seiner Rückkehr erhielt er die ihm zustehende Doctoratsstelle und begann nun aufs neue seine Vorlesungen im Kloster. Er legte den Römerbrief aus, kam aber damit nur bis zum 5. Kapitel. Als er Fastnacht 1523 seine Vorlesungen auf Befehl des Abtes auf kurze Zeit unterbrochen hatte, wurde

---

1) Seine Immatriculation fand am 22. April 1520 statt: Förstemann, Album academiae Vitebergensis p. 89. (Fr. Gotschalcus Cruse ordinis Benedicti).

2) Er wurde am 17. October (postridie Galli) 1521 von Karlstadt promoviert (Guden a. a. O. p. 15). Die Disputationsartikel: „Super celebratione missarum, sacramenti panis et vini et discrimine praecepti et promissionis et aliis (vgl. Bytemeister, de vita scriptis et meritis praesulum in Ducatu Luneburgico) befinden sich handschriftlich auf der Celler Ministerialbibliothek (Uhlhorn a. a. O. p. 358).

Cruse war auf Drängen seiner Freunde, ohne Wissen seiner Ordensbrüder Doctor geworden, er fand darum keine gute Aufnahme im Kloster und erhielt auch erst später die ihm zukommende Doctoratsstelle.

ihm die Wiederaufnahme derselben unmöglich gemacht. Man gab ihm Schuld, dass etliche seiner Ordensbrüder „die christliche Freiheit zum Schanddeckel der Bosheit machten"; man lästerte auf ihn; die Prälaten, „die man für grosse Rabbini und Seelsorger anbeten muss, die aber von göttlicher Schrift beinahe so viel wissen, wie die Krähe vom Sonntag", verläumdeten ihn auf jede Weise. Die Verwundung und Gefangennahme eines lutherisch gesinnten Bürgers (am Donnerstag nach Laetare, d. 10. März 1523), sowie die Nachricht, dass die Reiter des Herzogs auch auf ihn fahndeten, liessen ihn für sein Leben und seine Freiheit fürchten; heimlich verliess er sein Kloster, und um Ärgernis zu vermeiden, liess er die Verteidigungsschrift ausgehen, der wir diese Nachrichten verdanken. Sie ist ein wertvoller Beitrag zu der Geschichte jener Tage, einfach und wahr, geschrieben unter dem frischen, lebendigen Eindruck der Ereignisse, wohl unmittelbar nach der Flucht. — „Möge doch ein jeder", sagt Cruse, „Gott ernsthaft und fleissig bitten, dass er seinen Schafen wieder rechte Hirten geben will, die nicht länger die Schafe mit der Wolle verschlingen, wie es leider bis jetzt geschehen ist, sondern sie mit dem rechten und wahren göttlichen Worte speisen und weiden".

Es ist unbestimmt, wohin sich Cruse zunächst gewandt hat, die erste Spur von ihm finden wir in Hoya, von hier aus schrieb er an Luther, und seiner Empfehlung verdankte er dann die gute Aufnahme in Celle am Hofe Herzog Ernsts[1]. Aus den vorhandenen Quellen lässt sich der genaue Zeitpunkt nicht bestimmen, wann er dorthin gekommen ist. Auch können wir nur Mutmassungen darüber anstellen, welche Stellung er in der Stadt Celle bei seiner Ankunft erhalten hat. Wahrscheinlich ist es mir nach jenem oben erwähnten Briefe Luthers, dass er in näherer Beziehung zu dem herzoglichen Hause gestanden hat, vielleicht als Caplan oder Beichtvater der Fürsten. Über die Mutter des Herzogs scheint er gerade in einem seiner Briefe an Luther geklagt zu haben, und dieser spricht seinem „Gottseligen", wie er ihn nennt, nun Mut ein, er möge ihre Kleinmütig-

---

1) De Wette, Luthers Briefe II, 559: Semel tandem tuis ternis litteris respondeo, mi Gotsalige, quarum priorem ex arce Hoya, reliquas ex Cella datas accepi ... Gaudeo sane te Cellae esse, ac meam commendationem tibi profuisse. Der Brief ist datiert: 1524 Dominica post Simonis et Judae (30 October). Es lässt sich doch daraus schliessen, dass Cruse damals schon längere Zeit in Celle gewesen sein muss.

keit in Geduld tragen; es sei genug, dass sie wenigstens soweit gekommen sei, das Wort Gottes zuzulassen und nicht zu verfolgen[1]).

Aber noch in demselben Jahre hat Cruse in Celle mit Predigen begonnen, und jetzt wirkten neben ihm bereits noch zwei andere Anhänger Luthers, Heinrich Bock[2]) aus Hameln und Johann Matthaei, zu denen später noch Matthias Mylow aus Brandenburg hinzu kam[3]).

Es machen sich jetzt immer mehr im Lande selbst die Zeichen der kommenden Bewegung bemerkbar. Schon im Jahre 1524 predigte zu Adenbüttel ein lutherisch gesinnter Pastor, ein Herr Johann, bei dem die Bürger aus dem benachbarten Braunschweig eifrige Zuhörer waren[4]). Und in Celle selbst, welches ja nach einem viel citierten Worte „die erste Stadt gewesen ist, welche sich bekehret hat"[5]), ist unter den katholischen Priestern der erste Abfall bemerkbar.

Auch hier bestand das Institut der sogen. Heuerpfaffen; die Pfarrherren walteten ihres Amtes nicht in eigner Person, sondern liessen sich durch Capläne vertreten. Sie hatten allerdings wohl nicht, wie in Städten, die weniger abhängig von der Fürstengewalt waren[6]), in Celle das Recht, ihre Capläne ohne weiteres fortzuschicken; denn sonst begriffe man nicht, weshalb der Pfarrherr Kort Lüdeken[7]) zu Celle nicht von diesem Rechte Gebrauch gemacht hätte, statt

---

1) „Matrona satis bona est Domina Margaretha, fortiter etiam a fratribus suis, Principibus nostris monita, non tantum a me; verum mulier longa monachorum tyrannide sic contritam habens conscientiam et pavidam, ut brevi reparari non possit. Interim satis est, eo pervenisse, ut verbum ferat ac non persequatur. Quare feres eius pusillanimitatem". — Aus der allgemein gehaltenen Anrede: „Domino Gotsaligo Christi fideli servo apud Cellam" lässt sich leider nichts über die Stellung Cruses schliessen. De Wette a. a. O.

2) Woher Heimbürger, Ernst der Bekenner p. 57 An ** die Nachricht hat, dass Bock früher zu Wittenberg Magister der Philosophie gewesen sei, ist mir nicht bekannt. Er hat freilich in Wittenberg studiert und wurde dort am 28. April 1521 immatriculiert (Album academiae Vitebergensis ed. Förstemann p. 103.)

3) Diese Nachrichten ergeben sich aus der später anzuführenden Streitschrift der Prediger gegen die Barfüsser von 1527.

4) Rehtmeier, Braunschweigische Kirchengeschichte III p. 20 nach einem gleichzeitigen Manuscript.

5) Der Satz stammt aus der handschriftlichen Chronik von Jacob Korn, die freilich als Quelle gar nicht in Betracht kommen kann, da sie zum grössten Teil eine Compilation ist; Büntings Chronik ist stark benutzt. Die Chronik Korns stammt erst aus dem 17. Jahrhundert. Vgl. den Vorbericht in Spangenbergs histor.-topograph.-statist. Beschreibung der Stadt Celle. 1826.

6) Vgl. Rehtmeier, Braunschweigische Kirchengeschichte III, 29.

7) Der Name, den Havemann p. 92, A. 1 nicht kennt, findet sich auf der Rückseite des von mir benutzten Conceptes aus dem H.,St. A. (Des. 49. Reformation der Stifte und Klöster No. 1.) Das Schreiben ist datiert: Zelle am Tage Simonis und Judae 1524.

sich an den Herzog mit der Klage zu wenden, dass sein Caplan Christoph falsche Lehren in seinen Predigten vorbringe. Freilich mochte man die wahre Gesinnung der Fürsten wohl schon genugsam kennen, um zu wissen, er werde es nicht dulden, dass ein Prediger, der Luther zuneige, aus seinem Amte verdrängt und vertrieben werde. In diesem Sinne fiel denn auch die Entscheidung aus. — Er habe, so schreibt der Herzog, dem Caplan die gegen ihn aufgestellten Artikel zugesandt und ihn aufgefordert, sich darüber zu äussern; auf seinen Wunsch habe er Herrn Christoph eine Frist zur genaueren Prüfung derselben gegeben, und sobald derselbe sich verantwortet und man erkannt habe, ob der Caplan auf christlichen oder ungläubigen Wegen wandle, werde man dem Pfarrherrn antworten; „denn er — der Herzog — möchte gern Einsehen haben, dass nichts anderes gehandelt, gepredigt oder sonst vorgenommen werde, denn allein das allenthalben göttlich, christlich und dem heiligen Evangelio nicht zuwider sei". Und zum Schlusse wendet sich der Fürst gegen den Kirchherrn selbst und geisselt den Krebsschaden des ganzen damaligen Pfarrsystems mit ähnlichen Worten, wie das Cruse, der überhaupt wohl nicht ohne Einfluss auf dies Schreiben gewesen ist, in seiner Schrift gethan hatte[1]): „Weil in diesen gefährlichen Läufen und häufigen Abwesenheit des wahrhaftigen Hirten die Schäflein durch gemietete Knechte versäumt, übel geweidet und in Irrsal geführt werden, wäre es ein officium pastoris den Schäflein allzeit vorzustehen, es wäre deshalb auch recht, dass der Pfarrherr in Person bei den Schafen wäre, damit sie nicht vom Wolfe verschlungen würden, und auf dass es nicht so gehalten werde, als ob die Pfarrherren allein die Wolle und Frucht der Schäflein und sonst ihrer Wohlfahrt winzig begehrten".

Das war klar und deutlich gesprochen, und wenn wir auch nichts weiter über den Verlauf dieser Angelegenheit wissen, können wir doch das wohl mit Bestimmtheit annehmen, dass der Herzog den Caplan Christoph geschützt haben wird, wenn er in seiner Verantwortung zeigte, dass er auf dem Boden des Evangeliums stand. Über einen Pfarrer oder Caplan dieses Namens in späterer Zeit etwas nachzuweisen, ist mir allerdings nicht möglich gewesen.

Die Streitigkeiten, die durch Wolf Cyclop mit den Franziskanern eröffnet worden waren, ruhten inzwischen nicht, aber sie wurden nicht mehr in der frü-

---

1) Lentz a. a. O. p. 153.

heren stürmischen Weise geführt, erst später entbrannten sie, wie wir noch sehen werden, mit neuer Heftigkeit.

Wir sind damit den Ereignissen schon voraus vorausgeeilt, um das Folgende im Zusammenhang behandeln zu können.

Die ersten Massregeln gegen die Klöster und die Landtage zu Celle und Uelzen.

Der Schluss des Jahres 1523 leitet eine Reihe von Massnahmen der allerwichtigsten Art gegen einen der privilegierten Stände ein. Die Verhältnisse des Fürstentums, wie sie früher geschildert worden sind, liessen die alte Not bald wieder zu Tage treten, sie zwangen die herzogliche Regierung an eine gründlichere Abhülfe zu denken, als bisher geleistet war. Der Herzog selbst giebt in einem Schreiben an den Abt von St. Michaelis über den von ihm eingeschlagenen Weg Rechenschaft[1]): Auf mehreren Landtagen sei betreffs der Schulden verhandelt, ohne dass man die Sache gründlich erledigt habe, und man müsse jetzt wenigstens die drückendsten Schulden und Zinsen abtragen. Dem gemeinen Manne könne man nicht mehr auferlegen, daher sei im Rate für gut angesehen, dass die Klöster eine schleunige Hülfe von 28000 Goldgulden leisteten; 4000 Gulden betrage der Anteil von St. Michaelis. Mit den Klöstern Oldenstadt, Scharnebeck, Ebstorf, Lüne, Medingen, Isenhagen und Walsrode habe er sich persönlich oder durch Gesandte in Verbindung gesetzt, und alle bis auf Medingen hätten sich gefügt. Isenhagen habe bis zur Ankunft seines Propstes Bedenken erbeten und erhalten. Er hoffe, dass auch Abt Boldewin, der vor-

---

1) Das im H. St. A. (Des. 47, 1) befindliche Concept des Schreibens ist datiert: Zell am Tage Innocentium (28. December) 1524. Aus inneren Gründen, besonders weil sich nachweisen lässt, dass Laetare 1524 eine ebenso grosse Zahlung geleistet ist, wie sie hier gefordert wird, erschien es mir unwahrscheinlich, dass das Schreiben in das Jahr 1524 (nach unserer Rechnung) zu setzen sei. Der Widerspruch wurde jedoch gelöst, als es mir gelang nachzuweisen, dass damals noch im Lüneburgischen (wie auch in Brandenburg) der Gebrauch herrschte, das Jahr mit Weihnachten zu beginnen. Eine Instruction für Förster und Broke zur Verhandlung mit der Stadt Lüneburg vom Abend Circumcisionis Domini (31. Decb.) 1530 wird beantwortet Dienstag nach Trium Regum (11. Januar) 1530 (Des. 55, 8 H. St. A.). — Auf eine Schrift des Herzogs vom Donnerstag nach Luciae (18. Decemb.) 1533 antwortet der Convent von Medingen am Tage Sylvester (31. Decb.), 1534 und darauf antwortet der Herzog am Montag nach Reminiscere 1534 (2. März). (Des 49. Reform. der Stifte und Klöster 1.) -— Schomacker beginnt in seiner Chronik das Jahr mehrfach mit Nativitas Domini.

nehmste Rat des Fürstentums, sich nicht weigern, sondern die ihm gebührende Summe zum Sonntag Laetare bereit halten werde. Er werde ihm ein gnädiger Herr sein und die Privilegien des Klosters bestätigen.

Mit Bardowik setzte sich der Herzog persönlich in Verbindung, indem er auf den 10. Januar 1524 alle Capitelspersonen, Vicarien und Commendisten zu sich nach Winsen beschied, um „dort etwas mit ihnen zu reden, daran uns und unserm Fürstentum merklich gelegen ist"[1]. — Die meisten Klöster haben die Zahlung geleistet, das steht urkundlich fest; und auch die, von denen es uns nicht ausdrücklich bezeugt ist, werden sich derselben wohl nicht haben entziehen können[2].

Diese Massregeln sind ja allerdings in erster Linie finanzieller Natur, aber wenn man bedenkt, dass der Herzog bereits den Barfüssern gegenüber seine der Reformation günstige Stellung zu erkennen gegeben hatte, wenn man ferner beachtet, dass auf diese Forderung bald andere weitergehende folgen, so möchte man geneigt sein, hierin den ersten bewussten Schritt des Herzogs gegen die Selbständigkeit der Klöster zu sehen. Unterstützt wird diese Vermutung dadurch, dass man ohne vorherige Beratung mit den Prälaten den Klöstern diese Steuer auferlegte[3]. „Es sei im Rate für gut angesehen", schreibt der Herzog an den Abt von St. Michaelis, das heisst doch nichts anderes als: die weltlichen Räte

---

[1] Durch den Nachweis, dass im Fürstentum Lüneburg das Jahr mit Weihnachten begonnen wurde, wird die bei Schlöpke a. a. O. p. 356 abgedruckte Urkunde d. d. Zelle Mittwoch nach Nativitas Christi 1524 bereits in das Jahr 1523 (30. Dezemb.) gesetzt, und es wird die Ansicht beseitigt, die Schlöpke aus dieser Urkunde gefolgert hat, um den Ruhm des Stiftes Bardowik zu erhöhen: der Herzog habe, um leichter die Reformation im Lande durchführen zu können, sich im Jahre 1525 in Winsen an das im Fürstentum in besonderer Achtung stehende Stift Bardowik gewandt, mit der Forderung, sie sollten dem evangelischen Glauben beitreten. Derartiges lässt sich in der damaligen Zeit noch gar nicht nachweisen, doch hat man an der Ansicht Schlöpkes festgehalten und von einem Tage (Havemann p. 96), sogar von einem Landtage zu Winsen (Uhlhorn p. 238) geredet.

[2] Bezeugt ist die Zahlung für Ebstorf (Havemann p. 103, An. 1), Lüne (handschriftl. Kalender von Lüne: H. St. A. Verz. der Manuscripte J. 37), Scharnebeck (Urkunde des Herzogs d. d. Freitag nach Laetare 1524: Verzeichnis der Manuscripte J. 76), St. Michaelis (Freitag nach Laetare 1524: Des. 50, 1ᵇ vgl. Havemann 103, An. 1) und Bardowik (Dienstag nach Exaudi 1524: Des. 49, Bardowik 1). Bardowik zahlte nur 500 Goldgulden, die übrigen je 4000.

[3] Zu derselben Zeit etwa, wo die Zahlung geleistet werden musste, hatte der Erzbischof von Bremen mit den Geistlichen der Verdener und Mindener Diöcese einen Vertrag abgeschlossen: sich mit aller Macht dem eindringenden Luthertum zu widersetzen (Montag nach Jubilate = 18. April 1524). Auch dies spricht dafür, dass man damals hier bereits Furcht vor einem allgemeinen Angriff auf den Katholicismus hatte. Vgl. Spangenberg, Verdener Chronik p. 160.

am Hofe hätten dies beschlossen. Wie dem auch sein mag, auch wenn diese Massnahme noch nicht aus der bestimmten Tendenz entspringt, die Klöster völlig vom Fürsten abhängig zu machen, so haben wir hier thatsächlich den ersten Eingriff in die Privilegien der gesamten höheren Geistlichkeit des Landes.

Die Prälaten merkten die ihnen durch das Vorgehen des Herzogs drohende Gefahr wohl, und als sie zur bestimmten Zeit die Zahlung leisteten (im Anfang März 1524, Bardowik erst Anfang Mai), da suchten sie sich so gut wie möglich gegen eine Wiederholung derartiger Leistungen sicher zu stellen[1]. Sie liessen sich ausdrücklich bezeugen, dass sie unverpflichtet das Darlehen gegeben hätten, und dass man sie in Zukunft mit solchen Abgaben verschonen wolle. Ihre Privilegien wurden bestätigt; vom Fastenlager und Tageleistung sollen sie frei sein, die Klostermeier sollen nicht zu unziemlichen Dienstleistungen vom Herzoge gezwungen werden; die ordentliche Verwendung des Geldes wird gewährleistet.

Durch diese und ähnliche Bestimmungen — die freilich im ganzen nur das bestehende Recht bestätigten — hoffte man sich vor weiterem Schaden zu hüten, und es konnte auch scheinen, als ob gerade durch die Nachgiebigkeit der Prälaten in diesem Punkte der herzoglichen Regierung jede Gelegenheit zu weiteren Eingriffen in die Verfassung der Klöster genommen sei.

Da kam der Bauernkrieg, und wenn auch das Fürstentum Lüneburg von demselben glücklich verschont blieb, so waren die Folgen desselben doch selbst hier sehr bedeutend. Die Landbevölkerung und die Bewohner der kleineren Städte standen zwar in ihrem angeborenen conservativen Sinne und ihrer Fürstentreue der Bewegung, wie es scheint, kalt gegenüber, aber man fürchtete für die Stadt Lüneburg.

Schon im Anfange des Jahres 1525 hatte der Rat geglaubt, durch energische Massregeln das eindringende Luthertum ein für allemal niederwerfen zu müssen. Etliche Bürger, die lutherische Schriften gelesen und deutsche Psalmen gesungen hatten, wurden ohne weiteres aus der Stadt verbannt. Das Schreiben eines dieser Verbannten, Johann Funke's, welches das Lüneburger Stadt-Archiv aufbewahrt, giebt uns über diese Verhältnisse Aufschluss[2]. Es ist ein an die Herzogin

---

1) Die beiden gleichzeitigen oben erwähnten Urkunden für Scharnebeck und St. Michaelis (vom 11. März 1524) stimmen zum Teil wörtlich überein, während die für Bardowik (vom 10. Mai 1524) etwas anders formuliert ist.

2) Original im L. A., d. d. Celle, Montag nach Invocavit (6. März) 1525.

Elisabeth von Geldern, die Schwester Ernsts, gerichtetes Gesuch um Fürbitte bei dem Rate von Lüneburg. Der Mann klagt, er sei verbannt, ohne anfangs zu wissen weshalb; schliesslich habe man ihm mitgeteilt, dass es geschehen sei wegen lutherischer Sachen und Schriften, und weil er nebst andern deutsche Psalmen gesungen hätte. Er wolle das nicht leugnen, aber nur zur Prüfung habe er lutherische Bücher gelesen, und das thäten in Lüneburg sowohl Weltliche wie Geistliche. Nie habe er sich gegen den Rat aufgelehnt, er habe keinen Hader, Aufruhr oder Zwietracht veranlasst, auch keine geistliche Person, wes Standes sie sei, beleidigt, und er wolle auch in Zukunft, wenn er durch die Fürsprache der Herzogin wieder Aufnahme in der Stadt fände, aller geistlichen und weltlichen Obrigkeit gebührend gehorsam sein.

Welchen Ausgang die Sache genommen hat, habe ich nicht feststellen können, und das ist auch nicht das Wichtigste.

Die Stellung Ernsts zu diesen ersten Regungen des Luthertums in der grössten Stadt seines Landes ist bemerkenswert. Er sah darin weit mehr eine Äusserung des aufrührerischen Geistes des Pöbels, der in Thüringen gerade damals in den Städten immer mehr um sich griff, als das mit Freuden zu begrüssende Erwachen des Volkes, das sich abwendet von den alten Irrtümern zu der neuen Lehre. Obwohl er den Aufenthalt Funkes in seiner Residenz duldet — der Brief desselben ist von Celle aus geschrieben — übernimmt er doch selbst die Vermittlung nicht, sondern er richtet im Gegenteil ein warnendes Schreiben an den Rat von Lüneburg. Er befiehlt ihm ernstlich, „nachdem sich unlängs viele geschwinde Läufe und Aufruhr begeben", bei sich dafür zu sorgen, dass das Wort Gottes verkündigt und sonst allerlei Gottesdienst mit Singen, Lesen, Beten, Fasten und anderen guten Werken zur Ehre Gottes so geübt und gehalten werde, wie das seit langer Zeit gebräuchlich gewesen sei, bis von christlicher Obrigkeit eine andere Ordnung in der Christenheit eingerichtet werde. Besonders sollen sie „eine fleissige Aufsicht über die Handwerksleute und Gesellschaften üben, dass sie ihr Disputieren nachlassen, einer dem andern günstig sein möge und Friede und Einigkeit erhalten werde, damit alle Widerwärtigkeit, Unfreundschaft und Blutvergiessen verbleibe". Wer aber sich an seinem Geistlichen oder sonst jemandem vergreift, den soll man an Gut und Leben strafen[1].

---

[1] Eine Copie dieses Schreibens ist im H. St. A. (Des. 48, 2), d. d. Montags nach Cantate (15. Mai) 1525; fast völlig abgedruckt ist dasselbe bei Havemann p. 117, A. 1. Wun-

Der Herzog äusserte hier also keine Freude über die Hinneigung der Bürger zur Reformation; für ihn war allein der Gedanke an die Gefahr massgebend, welche ein Aufruhr dem Lande bringen konnte, so dass er auf das strengste die Beibehaltung der bestehenden Einrichtungen der katholischen Kirche forderte. Doch dachte er bereits, wie der Zusatz „bis von christlicher Obrigkeit eine andere Ordnung eingerichtet werde" beweist, an eine Änderung der bestehenden Verhältnisse, freilich nicht durch ein eigenmächtiges Vorgehen, sondern durch die Reichsgesetzgebung. — Allein der Bauernbewegung muss hier auch noch in anderer Richtung gedacht werden.

Aussergewöhnliche Ereignisse rechtfertigen aussergewöhnliche Massregeln. So hoffte man am Hofe des Herzogs, indem man auf die den Klöstern von den Bauern drohende Gefahr hinwies, einen Schlag gegen die hohe Geistlichkeit des Landes führen zu können.

Herzog Otto nahm selbst an der Niederwerfung der Empörer teil; er hatte dem Kurfürsten Johann von Sachsen, seinem Oheim, 250 gewappnete Reiter zugeführt, sich am 17. Mai bei Schlotheim mit ihm vereinigt und war dann zwei Tage später mit dem gesamten Heere gen Mühlhausen gezogen[1]. Aus seinem Briefwechsel mit dem Kanzler Förster[2] kennen wir allein die damals mit den Ständen stattfindenden Verhandlungen. Förster leitete dieselben, und in seinem Kopfe ist vielleicht auch der Gedanke an jene geschickte Benutzung der Zeitverhältnisse entstanden, welche wir gleich kennen lernen werden.

Herzog Ernst und das Land verdanken diesem Manne sehr viel, seine Verdienste um die Einführung der Reformation sind so bedeutend, dass wir etwas näher auf ihn eingehen müssen[3]. Johann Förster stammte — nach seiner uns erhaltenen Grabschrift[4] — aus Hessen; Tag und Jahr seiner Geburt kennen wir nicht. Schon unter Heinrich dem Mittleren war er am Hofe thätig; seinen Söhnen wurde er in der ersten schweren Zeit ihrer Regierung die beste Stütze.

---

derbar ist es, dass H. dies Schreiben gar nicht mit dem Bauernkriege in Verbindung bringt, es liegt doch auf der Hand, dass „die geschwinden Läufe und Aufruhr" sich eben auf den Bauernkrieg beziehen.

1) Vgl. Spalatin, Vitae aliquot Elect. Saxon. bei Mencken Ss. rer. Germ. II, 1113.

2) Im H St. A. Des. 49. Klostersachen Cellischen Teils, 1. Daraus sind die später anzuführenden Urkunden entnommen. — In Bezug auf den Namen des Kanzlers schliesse ich mich der Schreibung Uhlhorns an. In den Akten heisst er meist Furster.

3) Manecke, Biographische Skizzen etc. spricht auch über Förster, aber nur sehr dürftig. (p. 9 f.)

4) Er ist zu Bardowik begraben; er starb Dienstag nach Martini (15. Nov.) 1547; seine Grabschrift im Anhange bei Schlöpke a. a. O. p. 465.

Aus den vorhandenen Quellen kann man sich ein Bild von der bedeutenden Thätigkeit dieses Mannes machen; die meisten uns aus dieser Zeit erhaltenen Concepte der herzoglichen Kanzlei zeigen seine ausserordentlich charakteristische, aber schwer lesbare Handschrift.

Förster war Jurist, und als solcher hat er darnach getrachtet, eine Säcularisation aller geistlichen Güter im Herzogtume herbeizuführen, um die Macht des Herzogs dadurch zu erhöhen. Dabei war er aber auch aus innerster Überzeugung der Sache Luthers zugethan und hat, so lange er lebte, für dieselbe gewirkt. Ein Mann, der später in nahe Beziehung zu ihm trat, Pastor Undermark zu Celle, schreibt im Jahre 1529 über ihn[1]): „Dieser, als er in evangelischen Sachen wunderlicher Weis brennet und hitzig ist, wiewohl er in des Fürsten zufälligen und unzähligen Händeln und Geschäften immer unledig ist, lässt er doch nicht nach, sondern versucht und arbeitet in alle Wege, damit das Evangelium Christi glückselig von Tage zu Tage fortgehe; denn, barmherziger, ewiger Gott! was thut er nicht bei Fürsten und Edlen, Äbten und Pröpsten, Mönchen und Nonnen, Blutsverwandten und Schwägern, auf dass sie zur Erkenntnis Christi kommen: schickt und giebt den Abwesenden Bücher oder Briefe riechend nach aller Gottseligkeit und Lehre, jetzt bittet, jetzt straft er die Gegenwärtigen, ja giebt an allen Orten einen Prediger der Wahrheit[2]). Darum ein Weltweiser nach seiner Weisheit, die vor Gott eine Thorheit ist, möchte vielleicht ihm das gemeine Sprichwort vorbeugen: Nicht zu weit, lieber Herr Kanzler!"

Ihm standen andere Männer zur Seite: Juristen, wie der Licentiat Heinrich von Broke und adlige Räte, wie jener Asche von Kramm, der bei Soltau das Lüneburger Heer geführt hatte. Während wir den ersteren nur so weit kennen, als er in den Urkunden jener Zeit vorkommt; wissen wir, dass der letztere zu Luther in nähere Beziehung getreten ist. Luther schrieb auf seine Anregung, als er nach der Beendigung des Bauernkrieges (in dem Asche mitgekämpft hatte) mit ihm zusammengetroffen war und manche Fragen über das wilde Leben des Kriegsvolkes mit ihm besprochen hatte, das Büchlein: „Ob auch Kriegsleute im seligen Stande sein mögen", und widmete ihm dasselbe. — Im Jahre 1515 hatte

---

[1]) In seiner Schrift: „Auf die Lästerschrift des schwarzen Münches Augustin von Getelen" (Widmung an Herzog Ernst).

[2]) Auf dem Reichstage zu Augsburg wurde von katholischer Seite gegen ihn der Vorwurf erhoben, dass er „bis in die 100 Prediger in andere Länder habe verschicken helfen, daselbst die neue Lehre zu predigen". Müller, Hist. Protest. p. 931.

er mit Franz I. bei Mailand gekämpft, im Jahre 1527 zog er wiederum diesmal für Karl V., nach Italien. Auf dem Heimwege starb er im Jahre 1528 in Chur¹).

So könnten wir noch eine Reihe von Männern anführen, die wir zeitweise in den Geschäften des Herzogs thätig sehen. Männer wie Kurd von Bülow, Johann Haselhorst, Thomas Grote, vielleicht auch Johann von der Wyck²) u. a.; aber wir wissen über das Leben der meisten natürlich nur sehr wenig, manchem von ihnen werden wir noch in späterer Zeit begegnen³).

An Bedeutung und Einfluss treten alle diese Räte jedoch weit hinter Förster zurück. Er hat allein die eigentliche Führung der Geschäfte, sein Urteil wird in allen wichtigen Fällen gefordert. Bestimmend wird er, wie bereits angedeutet, auf den Plan eingewirkt haben, von den Klöstern und Stiftern des Fürstentums ein Verzeichnis ihrer Güter und Einkünfte und die Hinterlegung ihrer Kleinodien, „Briefe und Siegel" an einem sicheren Orte zu fordern; denn hierin bestand jener Schlag gegen die Klöster⁴).

Dass eine derartige Massregel nicht ohne den grössten Widerstand von Seiten der Prälaten sich werde durchführen lassen, das verhehlte man sich am Hofe keineswegs; denn es war diese Forderung ja etwas ganz Neues⁵), sie

---

1) Vgl. über Kramm: Spangenbergs Adelsspiegel II p. 58. Luther beklagt in einem Briefe an Nic. v. Amsdorf (1528 die Catharinae: De Wette a. a. O.) seinen Tod sehr.
2) Doctor von der Wyck wurde bisweilen von Herzog Ernst zu den Geschäften beim Reichskammergericht oder den Reichstagen benutzt. Er stammte aus Münster, war aber in den Dienst der Stadt Bremen getreten. Später wirkte er wieder in seiner Vaterstadt, wurde aber von dem Erzbischof von Bremen gefangen, als er wiederum von Münster nach Bremen fliehen musste, und im Gefängnisse enthauptet (1534) cf. Hamelmann a. a. O. p. 1208. Vgl. auch Bremer Jahrbuch Serie 2, Bd. 1. 1865. p. 154 f.
3) Zu den weltlichen Räten des Herzogs gehört nicht, wie das Havemann p. 125 angiebt, Doctor Johann Möller aus Hamburg; derselbe kommt erst unter den Söhnen Ernsts nach Celle (1556), wie das auch schon Manecke, biograph. Skizzen etc. p. 18 angiebt. Auch Nicolaus Holstein (Havemann p. 127) habe ich in der Regierungszeit Ernsts noch nicht nachweisen können. Auf Balthasar Klammer werde ich später zurückkommen. Der Irrtum in betr. Johann Möllers stammt aus Gebhardis handschriftlicher Geschichte der Äbte von St. Michaelis.
4) Vgl. oben p. 45. Noch weiter ging man in Brandenburg (vgl. W. Friedensburg, zur Vorgeschichte des Gotha-Torgauischen Bündnisses p. 34). Hier benutzte Johann Casimir den Bauernkrieg dazu, um die Klöster des Landes in seine Hand zu bekommen.
5) Es war freilich schon unter Heinrich dem Mittleren vorgekommen, dass dem Herzoge ein Verzeichnis der Klostergüter gegeben war. Das war aber nicht geschehen, damit er eine Aufsicht üben könne, sondern um eine von der gesamten Landschaft bewilligte Viehsteuer zu repartieren. (Förster an Herzog Otto: Montags nach Trinitatis (12. Juni) 1525).

stritt gegen die Rechte der Geistlichen, die gerade das Recht der Selbstverwaltung ihrer Güter mit besonderer Ängstlichkeit wahrten.

Es musste dem Herzoge vor allem darauf ankommen, die Ritterschaft für seine Pläne zu gewinnen. Er berief daher dieselbe, um eine vorherige Besprechung mit der Geistlichkeit zu verhindern, und um auf sie besser einwirken zu können, gegen altes Recht und Herkommen allein auf den 10. Juni 1525 die Prälaten dagegen erst auf den folgenden Tag zur Verhandlung nach Celle[1]).

Ein Schreiben des Kurfürsten von Sachsen, das uns nicht erhalten ist[2]), veranlasste Förster, in Herzog Ottos Namen auf einem Blankett, das dessen Unterschrift trug, ein Schreiben an Herzog Ernst zu richten, worin die Gräuel des Bauernkrieges und besonders auch die Folgen für Kirchen und Klöster geschildert werden. „Er habe allenthalben", so lässt der Kanzler Herzog Otto schreiben, „erfahren und gesehen, wie und aus welchen Ursachen überall in diesen umliegenden Ländern viele Klöster zerstört und die innewohnenden Personen zerstreut seien. Die Güter der Kirchen und Klöster seien von etlichen in das Ausland verschleppt und wären damit der Gesamtheit wohl für immer verloren. Armut sei das Los der später in die Klöster Zurückkehrenden. Deshalb habe der mehrer Teil aller geistlichen Kurfürsten, Fürsten und anderer Stände des heil. Reiches beschlossen, alle und jegliche Güter, bewegliche und unbewegliche, Kleinodien, Briefe und Siegel der Klöster beschreiben, inventieren und in Verwahrung einer gemeinen Landschaft setzen zu lassen. Vielerwärts sei das bereits geschehen; dafür zu sorgen, dass dies auch im Fürstentum Lüneburg möglichst schnell geschehe, das sei ihre — der Herzöge — Pflicht, um so mehr als ihm zu Ohren gekommen sei, dass etwan viel der Klöster des Fürstentums ihre Briefe, Siegel und Kleinodien in etliche Städte, auch in fremde Lande gebracht; so dass zu befürchten sei, dass diese Güter gemeinem Besten verloren gingen. Darum habe er seine Räte Förster und Kurd von Mandelsloh beauftragt, sich mit Herzog Ernst und seinen Räten zu beraten und Fürsorge zu treffen, dass

---

1) Die Verhandlungen auf diesem Landtage ergeben sich aus einem Schreiben Försters an Herzog Otto, d. d. Celle Montags nach Trinitatis (12. Juni) 1525. Das Datum ist in dem Original ausgeschnitten, dasselbe ergiebt sich aber aus dem ebenfalls bei den Akten befindlichen Concepte und daraus zugleich der Grund für die Verstümmelung des Originals. Der Kanzler hatte am Rande seines Briefes bemerkt, dass der alte Herzog wieder einmal Geld hätte haben wollen. Diese Bemerkung und zugleich das Datum wurden später weggeschnitten.

2) Wir können daher auch nichts festatellen über den Zusammenhang dieses Schreibens mit dem in Rede stehenden Plane Försters, gegen die Geistlichkeit vorzugehen.

alle Klostergüter, beweglich und unbeweglich, beschrieben, und die beweglichen nach Rat gemeiner Landschaft zu getreuer und guter Verwahrung den Klöstern selbst zum Besten gesetzt und gehalten würden"[1]).

Auf Grund dieses Schreibens wurden dann die Stände nach Celle berufen; dasselbe war bestimmt, den Ständen vorgelesen zu werden; der Kanzler hoffte wohl, durch seinen Inhalt einen gewissen Druck auf die Beschlüsse derselben auszuüben. Die Weltlichen erschienen, „ungeachtet sie auf das härteste erfordert", nur in geringer Anzahl. Mit ihnen wurde am Sonntage (den 11. Juni) die Verhandlungen eröffnet, und der Inhalt des erwähnten Briefes ihnen vorgetragen. Allein sie waren durchaus nicht gesonnen, dem Herzoge entgegen zu kommen: sie wollten das Schreiben erst den Geistlichen mitteilen. Im Laufe des Sonntages kamen die Prälaten nach Celle; bis auf den Propst von Medingen waren sie vollzählig erschienen. Am Montage wurde der Brief nochmals in Gegenwart aller verlesen; sie berieten sich untereinander über die darin gestellten Forderungen, und, wie zu erwarten war, lautete ihre Antwort völlig ablehnend.

Sie seien dem Herzoge zwar für ihre Bemühungen dankbar, meinten aber doch, dass die Ratgeber in dieser Sache die Verhältnisse gar nicht gekannt hätten. Die meisten ihrer Güter seien in Lüneburg auf der Sülze und seien dort vollkommen sicher. Eine Inventierung sei schon deshalb nicht nötig, da sie Herzog Heinrich früher einer Vieh-Steuer wegen die Register übergeben hätten; sie werde aber auch den Herzögen zum Nachteil gereichen; denn das im Lande verbreitete Gerede, dass die Fürsten geneigt seien, etliche Klöster zu zerstören und zu den andern „in zu jagen", erhalte dadurch neue Nahrung. Wenn sie keine freie Verfügung über ihre Güter hätten, so verlören sie ihren Credit; dann würde man aber auch ihren Bürgschaften für die Herzöge keinen Glauben

---

1) Der Brief (datiert: Veltleger vor Mühlhausen, Dienstag nach Exaudi = 30. Mai 1525) rührt nicht von Herzog Otto her, echt ist nur die Unterschrift. Weder in der Faltung, noch in den anderen äusseren Merkmalen zeigt er sich als Originalbrief; Siegelung und Adresse fehlen ganz. Dazu kommt, dass sich die Copie dieses Briefes noch bei den Akten befindet, die Förster, wie er selbst schreibt, Herzog Otto übersandt hat. — In dem auf voriger Seite Anm. 1 angeführten Schreiben Försters sagt derselbe, dass er wegen eines Briefes des Kurfürsten auf das Blankett in Ottos Namen an Herzog Ernst geschrieben habe, darauf sei der Landtag berufen. Das beseitigt jeden Zweifel in betreff des Verfassers unseres Briefes. — Ob Herzog Ernst in dem Glauben gelassen wurde, das Schreiben rühre von seinem Bruder her, geht aus der Correspondenz nicht klar hervor, es scheint aber fast so; denn am 12. Juni sagt Ernst in einem Briefe an seinen Bruder, er habe auf seinen Rat die Stände berufen. Dann käme Förster allein das Verdienst zu, den Plan ausgesonnen und ins Werk gesetzt zu haben.

mehr beimessen. Es sei ihnen, die bislang stets treue und gute Administratoren gehabt hätten, „beschwerlich", dass sie dies Recht jetzt verwirkt haben sollten. Man möge ihnen doch die nennen, welche behauptet hätten, dass Klostergüter ausser Landes gebracht seien, dann würden sie sich zu verantworten wissen. Man möge doch alles beim Alten lassen; bislang sei gemeinsame Beratung der Stände Sitte gewesen, jetzt berufe man die Stände auf verschiedene Tage. Sie fordern ihr altes Recht zurück; was dann aber einträchtig bewilligt sei, darin solle bei ihnen kein Mangel befunden werden.

Die Antwort, welche der Kanzler den Geistlichen gab, war scharf und spitz: Ihren Dank begehre der Herzog nicht, er habe nur das gethan, was er für seines Amtes hielte; die Fürsorge der Fürsten für ihr Land sei allbekannt; nur mit Wissen und Willen der Stände hätten dieselben stets gehandelt, darum sei der Vorwurf, als wollten sie etliche Klöster zerstören, doppelt ungerechtfertigt. Von der bisherigen Beratungsweise sei man nur deshalb abgewichen, um die Ritterschaft zu fragen, ob der Antrag überhaupt an die Geistlichen gestellt werden solle. Sie möchten sich nur in ihrem Gewissen prüfen, ob nicht nach Hamburg und in andere Länder Klostergüter verschleppt seien. Das dürfe aber nur mit Billigung des Herzogs und der Stände geschehen, denn diese hätten die Verweser der Klostergüter eingesetzt. Sie seien keine Erben, die Klöster gehörten erblich dem Fürsten und in das Fürstentum. Die Verweser der Klöster hielten sich oft im Auslande auf; den Klöstern müsse das Ihrige besser bewahrt werden, als das durch diese Männer geschähe, darum sei die Inventierung durchaus nötig. Man häufe Schulden auf die Klöster und beherberge Fremde; aber wenn des Fürsten Diener dort Herberge nehmen wollten, wie das doch auch alte Sitte sei, so klage man über unerträgliche Lasten.

Schliesslich versuchten die Prälaten noch dadurch, dass sie Lüneburg als den einzigen zur Verwahrung ihrer Güter passenden Ort angaben, die Pläne des Herzogs zu durchkreuzen; denn dort, an dem Zufluchtsort des Katholicismus, in der fast unabhängigen Stadt, waren ihre Güter vor dem Herzoge fast noch sicherer als in ihren eignen Klöstern.

Dass man darauf nicht eingehen werde, war vorauszusehen, und so verlief denn dieser Landtag ohne greifbares Resultat. Dem Wunsche der Ritterschaft gemäss wurde auf den 25. Juni ein neuer Tag zur Beratung der Sache in Uelzen angesetzt. Der Kanzler war gutes Mutes: Weil, so schreibt er, aus der

Inventierung viel Frucht entstehen könne, so man es dazu bringt, möge Herzog Otto sich mit Kurfürst Johann beraten und etwaige Massregeln angeben.

Dort in Uelzen sollte dann auch die Frage wegen der Regelung der Schulden des Fürstentums beraten werden, wie das schon in einem, jenem angeblichen Schreiben Ottos beigelegten Zettel gefordert war[1].

Zu rechter Zeit kam die Antwort Herzog Ottos nach Celle, und, was wichtiger war, ein Schreiben des Kurfürsten Johann an die lüneburgische Ritterschaft[2], in dem er sie ermahnt, sich selbst und gemeiner Landschaft zu Gut und zur Verhütung von Nachteil dafür zu sorgen, dass alles dasjenige, so in den Klöstern und Stiftern vorhanden, eigentlich verzeichnet, inventiert und alsdann an einen Ort nach S. L. Bedenken und Gefallen wohl verwahrt und versichert gelegt werde. Wenn der Aufstand vorbei sei, solle es den Klöstern und Stiftern wieder zugestellt werden.

Dieser letzte Satz entsprach nun durchaus nicht den Tendenzen der Regierung zu Celle, welche eine dauernde Aufsicht über die Güter der Geistlichen wünschte. Es erscheint mir sehr fraglich, ob dies Schreiben der Ritterschaft wirklich vorgelegt worden ist; Förster sagt in seinem Berichte nichts darüber, und Herzog Otto hatte es in seinem Briefe ausdrücklich in das Belieben seines Bruders gestellt, die Schrift an ihre Adresse gelangen zu lassen oder nicht. Jedenfalls hielt es Förster noch für nötig, im Namen Herzog Ottos zwei Schreiben, eins an die geistlichen, das andere an die weltlichen Stände aufzusetzen, in denen sie mit Beziehung auf jenen früheren Brief nochmals aufgefordert wurden, für die Inventierung und Hinterlegung der Güter zu sorgen[3].

Ehe der Landtag eröffnet wurde, erhöhte ein unangenehmer Zwischenfall die Aufregung der Geistlichen. Auf dem Wege nach dem nah gelegenen Uelzen wurde nämlich der Propst von Ebstorf, Heino von dem Werder, bei dem Dorfe Melzingen[4], durch Christoph von Steinberg überfallen, sein Begleiter Goderit von

---

[1] Herzog Otto hatte selbst Geld gefordert, sein Bruder konnte ihm aber erst nach einiger Zeit dasselbe schicken, auch dann nicht mehr als 300 Gulden Uelzener Münze.

[2] Otto erklärt sich mit allem, was geschehen ist, einverstanden und sendet noch ein Paar Blankette, falls man seine Unterschrift bedürfe. Sein Brief ist datiert: Weimar, Dienstag nach Viti und Modesti (20. Juni) 1525 (Orig.).

Der Brief des Kurfürsten ist undatiert und nur in Copie vorhanden.

[3] Sie befinden sich bei den Akten nur im Concepte von Försters Hand. Das eine ist undatiert, das andere d. d. Weimar, Donnerstag nach Viti und Modesti (22. Juni) 1525. Auch diese wurden (nach dem Berichte Försters) auf Blankette mit der Unterschrift Ottos geschrieben.

[4] Der bisher unbekannte Ort ergiebt sich

Torny niedergeworfen, und der Propst gefangen weggeführt. Christoph von Steinberg hatte nämlich dem Hildesheimer Domkapitel, dessen Decan Heino war, Fehde angesagt, weil eine Summe von 4000 Goldgulden, welche sein Vater dem Domkapitel in der Stiftsfehde geliehen hatte, noch nicht bezahlt war. Heino hatte sich dafür verbürgt, und durch die Gefangennahme des Propstes suchte sich Christoph seinen Anteil an dieser Erbschaft seines Vaters zu sichern. Eine derartige That hatte man nicht vermutet, noch kurz zuvor hatte der Steinberg in Oldenstadt bei Uelzen sein Ablager gehalten; die Bestürzung war daher zunächst sehr gross[1]).

Trotzdem wurde der Landtag zur festgesetzten Zeit eröffnet (am 25. Juni). Man begann mit der Beratung, allein die Prälaten wollten sich auf nichts einlassen. Unter dem Eindruck der That Steinbergs fordern sie, die so vielfach für die Herzöge Bürgschaften geleistet hätten, Befreiung von denselben, damit sie nicht auch noch, wie der Propst von Ebstorf, dafür zu leiden hätten[2]). — Auch die weltlichen Stände hatten sich inzwischen nur noch enger an die Geistlichkeit angeschlossen; sie hatten abermals über die ihnen vorgelegten Briefe Ottos beraten und sie forderten nun, man möge die Prälaten doch bei ihren alten Freiheiten lassen. Aber der Kanzler erklärte im Namen der Herzöge, man wolle den Geistlichen ihre Privilegien und Freiheiten und das Ihre nicht nehmen; der Herzog wolle nur „Gelegenheit, Aufkommen und Ausgabe der Güter" wissen, und das würde man ihm mit Recht nicht weigern können. Der Fürst wolle sogar, damit man offen vor allen Häuptern der Christenheit und Ständen des heil. Reichs seine Absicht erkennen könne, ihnen seine Forderung schriftlich geben, dann sollten aber auch sie ihre „vermeinten Ursachen ihres Ausfluchts und Weigerung" schriftlich anzeigen. Allein die Geistlichen blieben bei ihrer Weigerung und wollten von einer schriftlichen Antwort erst recht nichts wissen.

---

aus einem handschriftlichen Bericht, der von Ebstorf aus, am 22. Juli 1629, dem Herzoge Christian von Braunschweig-Lüneburg über die Einführung der Reformation in Ebstorf zugesandt wurde (Des. 49, 3). Vgl. Blumenbach Extractus Actorum etc. in der Zts. d. hist. Vereins f. Niedersachsen. 1848, p. 56 ff.

1) Die Akten über den Fall Heino sind sehr umfangreich, ich werde noch später darauf zurückkommen. — Bei den in Uelzen versammelten Adligen erregte es besonderen Zorn, dass Steinberg dem Goderit von Torny seinen Fingerring zum Zeichen der Unterwerfung genommen habe, „was doch beim Adel nicht üblich".

2) Wie bedeutend derartige Bürgschaften bisweilen waren, ergiebt sich aus einer Nachricht im Vaterländischen Archiv, 1836 p. 410, dass Otto von Estorf sich für 39700 Goldgulden, 94950 fl. und 1500 Mark in 42 Bürgschaften während der Regierungszeit Ernsts verbürgt habe.

Der Kanzler wendet sich darauf zu den Weltlichen und begehrt ihre Meinung zu wissen. Sie weichen aus und erwidern: Sie seien nichts gefragt. — „Ob der Herzog nicht genugsam Ursach angezeigt, dass angesetzte Inventierung und Hinterlegung billig geschehen sollt?" Auch auf diese Frage geben sie eine unbestimmte Antwort: Man möge wenigstens solange mit einer Entscheidung der Sache warten, bis durch die Häupter der Christenheit und einträchtig heil. Reich beschlossen werde, wie es mit den Gütern der Klöster und Geistlichen sollte gehalten werden. Aber damit giebt man sich nicht zufrieden. Bei ihren Eiden und Pflichten sollen sie ihren Rat geben, „was in diesen Sachen zu thun und zu lassen, auch göttlich, ehrlich und billig sein wolle". Nun musste die Entscheidung der weltlichen Stände (die hier schon als massgebend angesehen wird), entweder den Fürsten beleidigen oder die Geistlichkeit auf immer von ihnen trennen. Beides wollten sie vermeiden; in ihren Interessen fühlten sie sich noch völlig mit den Geistlichen eins, darum bitten sie für dieselben; aber andererseits hatten sie Grund, den Fürsten nicht durch eine geradezu ablehnende Antwort zu kränken. So thun sie das, was in derartigen Fällen das Bequemste ist: sie spielen die beleidigte Unschuld. Sie beschweren sich höchlich, dass sie „so gestrenge und dermassen um Rat sollten gefragt werden" und bitten, „sie mit solchem Rat zu verschonen".

Damit ist nun aber auch die Geduld des Fürsten erschöpft; kann er bei ihnen keinen Rat bekommen, so wird er ihn anderswo finden und selbst beschliessen. „Man denke nicht länger zu leiden" — das ist gleich die erste fürstliche Verfügung noch auf diesem Landtage — „dass etliche Pröpste sich ausserhalb des Fürstentums aufhielten; so sie nicht in ihren Klöstern residieren wollten, werde man zu anderen gebührlichen Wegen gedenken". Diese Verordnung, vielleicht mit hervorgerufen durch die Gefangennahme des Propstes von Ebstorf (der ja in seiner Eigenschaft als Decan des Domkapitels zu Hildesheim gefangen worden war) richtete sich wohl besonders gegen Johann von Mahrenholz, Propst von Medingen, dessen Nichterscheinen auf dem Landtage zu Celle ausdrücklich erwähnt wurde, und der überhaupt einer der widerspenstigsten Geistlichen des ganzen Landes war[1]).

„Ist ihnen sauer in die Nase gegangen!" schrieb der Kanzler nach dieser

---

1) In einem Briefe an ihn, d. d. Celle, Montag nach trium regum (8. Januar) 1526, beschwert sich der Herzog über sein Ausbleiben auf letztem Landtage.

Verfügung. „Sie können nicht leiden, dass L. F. G. Wissen haben, was ihr Vermögen und Aufkommen sei; verhoffe zu Gott, den wollen E. F. G. um seine Gnade bitten, es solle zu guten Wegen gereichen: denn sie sind nie also gefasset gewesen als itzt".

Neben der Inventierungsfrage wurde auf dem Uelzener Landtage auch die Schuldenfrage behandelt. Man forderte von Seiten des Herzogs, dass die Geistlichen die eine, Bürger und Bauern die andere Hälfte der väterlichen Schulden, die 204000 Gulden betrugen, tilgen sollten. Dessen weigern sich die Geistlichen entschieden, denn dazu seien sie zu arm. Der Herzog und die Edelleute schätzten jedoch das Vermögen der Prälaten auf 550000 Goldgulden, und um genaue Einsicht in die Vermögensverhältnisse der Klöster zu bekommen, forderte der Herzog Rechenschaftsablage. Diese wurde zunächst versprochen, dann aber widerrufen. So stellt Abt Boldewin selbst die Sache dar[1]). Der Kanzler berichtet nur, dass man ihm in der Schuldfrage „hart entgegen gewesen sei". Es wurde schliesslich nur mit Mühe ein Ausschuss zusammengesetzt, um über die Mittel zu beraten, wie man die dringendsten Schulden bezahlen könne, und um überhaupt eine Übersicht über den ganzen Umfang derselben zu gewinnen. „Die Sache mit den Geistlichen" werde aber, so hofft Förster, „das andere fördern". Man dachte sie auch hier wohl, eingeschüchtert wie sie waren, leichter zur Nachgiebigkeit zu bewegen[2]).

Der Bericht des Kanzlers giebt uns keinen Aufschluss über eine endliche Beschlussfassung in der Frage der Inventarisation; aber sie erfolgte, entweder schon hier oder bald darauf auf einem anderen nicht bekannten Landtage. Die Landschaft beschloss in der That, dass sie geschehen solle, und selbst mehrere Geistliche stimmten zu[3]).

Wir haben den Gang der Ereignisse einfach geschildert und gezeigt, dass

---

1) Gebhardi (Bd. 14) giebt einen Auszug aus einem undatierten Schreiben, in dem diese Verhältnisse besprochen werden. G. setzt dasselbe irrig zum Jahre 1521, während die in demselben sich findenden Worte, der Herzog habe „des Uprors wegen" die Inventarisierung gefordert, beweisen, dass dasselbe hierher zu setzen ist. v. Weihe-Eimke folgt G's. Ansicht.

2) Die Verhandlungen ergeben sich aus dem Berichte des Kanzlers an Herzog Otto, der sich damals noch immer bei Kurfürst Johann aufhielt, d. d. Dienstag nach Johannis Baptistae (27. Juni) 1525.

3) In einem Schreiben an den Abt Boldwin sagt der Herzog, dass die meisten Geistlichen es zugegeben und die Landschaft es beschlossen hätte. Dasselbe (Concept) ist vom Sonntag nach Asumpt. Mariae (20. August) 1525 von Scharnebeck aus erlassen.

die Tendenz des Herzogs darauf ging, die Klöster in bezug auf die Verwaltung von sich abhängig zu machen. Denn dass wegen des Bauernkriegs den Klöstern selbst zum Nutzen, wie dies von fürstlicher Seite ausgesprochen wurde, die Inventarisation geschehen sollte, daran glaubten weder die Prälaten noch auch wohl der Kanzler selbst; auch lange nach Beendigung des Krieges wurde die Forderung noch wiederholt. — Wie weit man aber hier schon von einem festen Plane reden kann, den der Herzog zum Zweck der Einführung der Reformation in seinem Lande verfolgt habe, ist schwer festzustellen. Allerdings wissen wir aus verschiedenen Anzeichen, dass der Fürst der Lehre Luthers schon längst geneigt war[1]: Er hatte von den Barfüssern Rechenschaft über ihre Lehre gefordert; hatte vertriebene Anhnger Luthers in Celle aufgenommen; mit dem evangelisch gesinnten Kursachsen bestand gerade in dieser Zeit eine sehr enge Verbindung und stetiger Zusammenhang[2]; und die Zeit war nicht mehr fern, wo er offen dem Bunde gegen den Katholicismus beitrat.

Dies alles lässt es als sehr wahrscheinlich erscheinen, dass er schon durch jene Schritte gegen die Prälaten auf eine Reformation seines Landes habe hinarbeiten wollen.

Allein es muss auch hervorgehoben werden, dass gerade damals die Frage nach der Säcularisation der Kirchengüter eine allgemeine war; selbst entschieden katholische Fürsten dachten daran, und es war zur Beratung darüber bereits ein Reichstag in Aussicht genommen[3]. Im Einklang mit dieser Zeitrichtung sind verschiedene Äusserungen, die wir in den Berichten und in den Briefen dieser Tage finden. So die Erklärung von Seiten des Fürsten, dass die Klöster dem Fürsten und dem Fürstentum erblich gehörten, dass die zeitigen Inhaber nur Verwalter, nicht aber Erben seien, und dass der Fürst Macht habe, sie zu entsetzen, wenn sie ihr Amt nicht in richtiger Weise führten[4]. Auch die Befürch-

---

1) Nach Lyssmann a. a. O. (p. 135) hatte Ernst schon 1524 eine Bibel in Luthers Übersetzung an den Convent von Medingen gesandt, dieselbe war jedoch von der Äbtissin ins Feuer geworfen. Nach Gebhardi geschah dies erst 1529 und das ist wohl jedenfalls das richtige Jahr.

2) In einem Schreiben, d. d. Zwickau, Dienstag nach Visitat. Mariae (4. Juli) 1525 stellt Herzog Otto die Anwesenheit von kursächsischen Räten auf dem nächsten Landtage in Aussicht, falls man es wünsche.

3) Vgl. Ranke, Reformation Band 2. p. 168 ff. (Säcularisationsversuche). (6. Auflage).

4) Herzog Otto spricht dies in dem Anm. 2 angeführten Briefe vom 4. Juli 1525 aus. Übrigens hält er es nicht für thunlich, einen Rat in Sachen des Fürstentums zu geben, erklärt sich aber mit allem völlig einverstanden, was geschehen sei, und was noch gethan werde.

tung der Prälaten, dass der Herzog beabsichtige, etliche Klöster zu zerstören, braucht man nicht notwendig als Besorgnis betreffs der Religion zu deuten, sondern man kann sie ebenso gut als die Scheu vor der Säcularisation betrachten.

Wir können also bislang nur eine Begünstigung der Reformation von Seiten des Herzogs constatieren, nicht aber einen festen Plan zur praktischen Durchführung derselben. Aber wie die zuerst erwähnte Massnahme gegen die Klöster kam auch diese einer etwaigen späteren Reformation zu gute.

Widerstand der Prälaten und der Stadt Lüneburg gegen die Forderungen des Herzogs.

Der Beschluss, dass die Inventarisation stattfinden solle, war also gefasst und der Herzog konnte für die Folgezeit darauf fussen. Allein der Widerstand der Geistlichen gegen jene Bestimmungen war durchaus noch nicht gebrochen. Nur Oldenstadt, Scharnebeck[1]), Ebstorf, Isenhagen und Wienhausen sträubten sich nicht allzulange[2]). Die Stifter Bardowik und Ramelsloh hingegen sandten ihre Verzeichnisse nicht ein[3]), und Boldewin von Mahrenholz, der Abt von St. Michaelis zu Lüneburg, zog sein auf dem Landtage gegebenes Versprechen zurück. Im Anfang August schrieb er an den Herzog: Aus „bedorflichen, angstferdigen forchten" habe er mit Vorbehalt der Genehmigung des Convents versprochen, das Verzeichnis der Güter einzusenden. Aber bei seiner Heimkehr sei er mit „scharfen Reden angesprochen", dass man von ihm, dem Haupte, ein solches Betragen gegen sie, die Glieder, nicht erwartet habe; die herzogliche Forderung sei gegen alle päpstliche, kaiserliche und fürstliche Begnadigung und gegen die Privilegien des Herzogs selbst. Er (Boldewin) habe geschworen, das Kloster bei seiner Macht zu erhalten; lasse er dies zum unüberwindlichen Schaden und Verderb desselben zu, so werde man an gebührlichen Orten gegen ihn klagen. Weil ihm nun, so schliesst der Abt, ein ewiger Ungehorsam oder Schlimmeres daraus entstehen, und er vielleicht seines Standes schimpflich entsetzt werden könne, so bitte er den Herzog, ihn in Gnaden von der Zusage zu entbinden[4]).

---

1) Das Register von Scharnebeck im H.St.A. (Des. 49, Scharnebeck 1): Register des Klosters Scharnebeck, so der Abt übergeben. 1525.

2) Das ergiebt sich aus der Vorrede zu dem Verzeichnis von Medingen (Des. 55, Medingen 1).

3) Das ergiebt sich aus den späteren Verhandlungen.

4) Boldewin an den Herzog, Montag nach Invent. Stephani (7. August) 1525 (Orig. Des. 47, 1).

Auch Lüne und Medingen hatten bis Anfang September die Verzeichnisse noch nicht eingesandt.

Hinter den Klöstern stand Christoph, der Erzbischof von Bremen und Administrator von Verden, ein Bruder Heinrichs des Jüngeren von Wolfenbüttel. Mit Feuer und Schwert ging derselbe in seinem Gebiete gegen die Anhänger und Prediger der neuen Lehre vor. Auf sein Geheiss starben Heinrich von Zütphen und Johann Bornemacher den Märtyrertod, und man sang schon in jener Zeit von ihm:

Wenn Christus nicht getötet wär,
So möcht er kommen zu Verden[1].

Schon vor mehr als Jahresfrist hatten sich auf seine Anregung die Geistlichen und Prälaten der Diöcesen Verden und Minden, also auch der grösste Teil der Lüneburger Geistlichkeit schriftlich verpflichtet, gegen die neue Lehre zu kämpfen und sie mit allen Kräften niederzudrücken[2]. Er hatte dies Versprechen erfüllt: dafür zu sorgen, dass auch die ihm unterstellten Klöster ausharrten in ihrem Vorhaben, hielt er für seine Pflicht. Abt Boldewin war aus Furcht vor dem Zorne des Herzogs so weit gegangen, den Erzbischof zu bitten, den Klöstern geradezu zu verbieten, das geforderte Verzeichnis zu liefern[3], und dass dies Verbot wirklich erfolgt ist, beweist die Klage des Propstes von Medingen, dass jetzt nicht er allein, sondern alle im Stifte und Fürstentume Lüneburg gelegenen Klöster sich in einer schwierigen Lage befänden[4].

Aber trotzdem fügten sich auch Medingen und Lüne schliesslich. Am 14. September sandte der Propst von Medingen sein Verzeichnis an den Herzog, „obwohl das im Fürstentum kein Gebrauch und ihm beschwerlich sei" zur Vermeidung fürstlicher Ungnade, „aber mit öffentlicher Protestation und Bedenken,

---

1) Spangenberg, Verdener Chronik, p. 162. Gedicht über die Verbrennung Joh. Bornemachers.

2) Montag nach Jubilate 1524: Spangenberg, Verdener Chronik, p. 160. Schlöpke a. a. O. p. 365 giebt (nach einer handschriftlichen Verdener Chronik) Montag nach Jubilate 1525 an; und ihm ist man darin gefolgt. Da aber dies Verdener Manuscr., wie schon oben gesagt, kein anderes gewesen ist als die erst 1720 gedruckte Chronik des Cyriacus Spangenberg (derselbe war 1528 geboren), so haben wir uns an dessen, nicht aber die abgeleitete Nachricht Schlöpkes zu halten. Im Januar 1525 trat Christoph dem Regensburger Convente bei. Cf. Friedensburg, der Regensburger Convent, in den Aufsätzen dem Andenken an G. Waitz gewidmet, p. 537.

3) Diese Nachricht findet sich in dem p. 54 Anm. 1. erwähnten Schreiben.

4) In der Schlussbemerkung des Verzeichnisses von Medingen. Der Propst verweist auf eine mitgesandte (nicht erhaltene) Copie (vielleicht der Erlass Christophs).

vorbehalten die Freiheiten und Verschreibungen, die dem Kloster gegeben seien"[1]). Am 15. August waren bereits Abgeordnete des Herzogs im Kloster Lüne gewesen, allein ein dort eingetretener Todesfall hinderte damals die Aufnahme des Inventars[2]). Sie hatten sich von hier nach Scharnebeck begeben und hier wohl ohne grosse Mühe ihr Ziel erreicht[3]). Auch von Lüne traf dann nach einiger Zeit (19. September) das Verzeichnis ein[4]).

Weiter konnte der Herzog jedoch vorläufig nichts erreichen. Auch die fortgesetzten Verhandlungen mit Boldewin führten zu keinem Resultate; nur noch schroffer trat der Abt auf. Er habe doch die Entscheidung des Conventes vorbehalten. Nie habe er sich bei einem allgemeinen Beschluss der Landschaft geweigert, eine Steuer zu bezahlen und werde dies auch in Zukunft nicht thun; den alten Herzog habe er oft unterstützt. Vor Gewalt würde ihn aber das Reich bewahren, unter dessen Obhut er stehe und dessen Schutz er anrufen werde, wenn es zum äussersten komme[5]).

Der Herzog konnte ihn nicht zwingen; er konnte hier nicht wie bei den anderen Klöstern durch persönliche Beeinflussung zu seinem Ziele gelangen. Die Lage des Klosters St. Michaelis innerhalb der Ringmauern von Lüneburg sicherte dasselbe vor einer derartigen Beeinträchtigung seines freien Willens.

Dass die Stadt Lüneburg dem Herzoge ziemlich unabhängig gegenüber stand, wurde schon angedeutet. Wohl hatte sie im Jahre 1520 dem alten Herzoge Heinrich gehuldigt, allein die Huldigung war noch nicht erneuert, seit dieser die Regierung niedergelegt hatte. Jetzt that die Stadt nichts zur Tragung der gemeinsamen Last: sie gab keinen Beitrag zur Erhaltung des Reichsregiments und des Reichskammergerichts, und zur Tilgung der Landesschulden wollte sie erst dann beisteuern, wenn man ein Mittel wüsste, durch welches ein für alle

---

1) Vorrede zu dem Verzeichnis von Medingen, dem wir die meisten dieser wichtigen Nachrichten verdanken. Dass die Darstellung (sowie das Datum: 17. September) bei Havemann (p. 97) falsch ist, geht wohl aus allem hervor. Die Vorrede ist datiert: Donnerstag nach Nativ. Mariae (14. Septb.) 1525.

2) Handschriftl. Kalender von Lüne (Verz. der Manuscripte J. 37): 1525, Assumptionis voluerunt principes hic venire, cancellarius et alii fuerunt hic et bona nostra inventare, sed noster dispensator moriebatur et reversi sunt de nobis ad Scharmbeke.

3) Hier war der Herzog persönlich am 20. August, vgl. p. 54. Anm. 3.

4) Kalender von Lüne: die II. post Lamberti (18. Sept.) Über Walsrode fehlt uns jede Nachricht; es ist aber nicht wahrscheinlich, dass man sich dort gesträubt haben sollte, das Verzeichnis zu geben. Der Einfluss des Bischofs von Verden war hier ausgeschlossen.

5) Boldewin an den Herzog, Mittwoch nach Assumpt. Mariae (16. August) 1525 (Des. 47, 1).

Mal geholfen würde¹), und auch dann nur gegen entsprechende Gegenleistung von Seiten des Herzogs.

Aber man musste wohl überlegen, ehe man irgend einen energischen Schritt gegen die Stadt wagte. Darum riet auch der Kanzler in einem Briefe, der ein glänzendes Zeugnis für seinen politischen Scharfblick ist, zur allergrössten Vorsicht²): Es sei, sagt er, die Verhinderung zu bedenken, welche dem Fürsten seinem jetzigen Vorhaben die von Lüneburg thun könnten; denn es sei zu besorgen, dass die Prälaten und Klöster sich an die Stadt anschliessen würde; ein grosser Teil der Klostergüter sei in derselben, und der Adel stehe zum Teil auf ihrer Seite. Auch möge der Herzog das schlechte Verhältnis bedenken, in dem er zu seinem Vater stehe. Erfahre dieser, dass ein Streit zwischen ihm und der Stadt ausgebrochen sei, so sei es leicht möglich, dass er sich an die von Lüneburg und ihren Anhang begebe und von ihnen aufgenommen werde.

Zwar wurde in den damals eingeleiteten Verhandlungen ein dem Herzog insofern günstiges Resultat erzielt, als der Rat versprach, eine Beisteuer zu leisten, aber bei dem Versprechen blieb es auch³), und in anderer Beziehung zeigte sich ebenfalls, wie wenig der Herzog der Stadt gegenüber vermochte. Schon kurz vor dem Zusammentritt des Landtags zu Celle nämlich hatte ein Schreiben Ernsts vom Rate verlangt: da etliche vertriebene Vorsteher und Prälaten der im Bauernkrieg zerstörten Klöster ihre auf der Sülze in Lüneburg belegenen Güter verkauften oder sonst dem Fürstentum entfremdeten, so solle man diese Güter und ihre Nutzung bis auf weitere Entscheidung mit Beschlag belegen, und ohne des Fürsten und der Landschaft Bewilligung keine Veräusserung derselben gestatten⁴). Es ist derselbe Gedanke, der dann in Celle ausgesprochen wurde, dass die Kirchengüter, auch die, welche Ausländer inne haben, dem Fürsten und dem Lande erblich gehören, der hier zum ersten Male praktisch ins Leben tritt. Man liess in Lüneburg das Schreiben einfach unbeantwortet; und als der Her-

---

1) Der Rat an den Herzog, 1525 Freitag nach Dionysii (13. Octob.) (Des. 55, 11).

2) Förster an den Herzog, d. d. Hoya, Montag nach Nativit. Mariae (11. Septemb.) 1525. Er bespricht darin die Frage, ob man Lüneburg durch strengeres Vorgehen zur Huldigung und Zahlung eines Beitrages zwingen solle.

3) Herzog Ernst an Boldewin: 1526, Montag nach Kiliani (9. Juli). Er bittet, der Abt möge mit dem Propst von Lüne dahin wirken, dass die von der Stadt versprochene Beihülfe geleistet werde.

4) Herzog Ernst an den Rat, Celle, Dienstag in den Pfingsten (6. Juni) 1525. Orig. im L. A.

zog dann seinen Befehl wiederholte und denselben besonders auf die Güter des zerstörten Klosters Michelstein angewandt wissen wollte, dessen Bewohner das Kloster „abgetreten" und in Anzahl von drei oder vier Personen an andern Orten und Enden versammelt seien, darum kein Anrecht mehr an die Klostergüter hätten[1]), da antwortete der Rat ablehnend und sehr kühl, dass dazu gar kein Grund vorhanden sei; weil die Mönche, wenn sie jetzt auch zerstreut auf ihren Klosterhöfen lebten, ihr Kloster bald wieder aufzubauen gedächten. Der Abt von Michelstein sei erst kürzlich in Lüneburg gewesen und habe sich die Rente von 1525 und einen Vorschuss auf das laufende Jahr geholt[2]). Dagegen war der Herzog einfach machtlos.

Erstes aktives Vorgehen des Herzogs in Sachen der Religion.

Der Fürst hoffte damals noch, dass auf dem kommenden Reichstage, die Frage wegen der Kirchengüter eine allgemeine Erledigung finden werde[3]). Ob diese aber den Fürsten günstig sein werde, das war schwer vorauszusehen. Die Stimmung des Kaisers war den evangelisch Gesinnten feindlicher denn je, so viel als möglich, suchte er die katholische Partei zu stärken, und die Mitglieder derselben waren eifrig thätig, eine engere Verbindung vorzubereiten. Zur Sicherung gegen diese Gefahr hatten der Landgraf von Hessen und der Kurfürst von Sachsen (Ende Februar 1526) sich zu Gotha verpflichtet: einander mit allen Kräften beizustehen, im Falle sie wegen des göttlichen Wortes oder der Abschaffung der Misbräuche angegriffen würden. Man sah sich nach Bundesgenossen um; der Kurfürst Johann wandte sich an seine Neffen Otto und Ernst, auf die er, wie wir sahen, grossen Einfluss hatte, und deren jüngster Bruder an seinem Hofe sich aufhielt. Ernst hatte schon früher mit dem Kurfürsten von Sachsen über die allgemeinen Fragen correspondiert[4]). In Magdeburg traten am 12. Juni 1526 die Brüder[5]) nebst andern lutherisch gesinnten Fürsten dem Bunde bei. „So bildete sich zuerst eine compakte evangelische Partei"[6]), und

---

1) Otto und Ernst an den Rat, d. d. Celle, am Tage Matthiae apli. 1526 (24. Februar). Orig. L. A.

2) Der Rat an den Herzog, Sonnabend nach Reminiscere (3. März) 1526. (Concept im L. A.)

3) Er spricht dies in dem Anm. 1 angeführten Schreiben vom 24. Februar 1526 aus.

4) Vgl. Friedensburg, Zur Vorgeschichte des Gotha-Torgauischen Bündnisses, p. 98.

5) Alle drei Brüder waren in Magdeburg. Vgl. Hortleder, Ursachen des evangel. Krieges, VIII, 1.

6) Ranke, Reformation, II, 249.

diese führte unter entscheidender Mitwirkung der süddeutschen Reichsstädte dann auf dem kurz nachher stattfindenden Reichstage zu Speier den Abschied herbei: „dass in Sachen, die das Wormser Edict betreffen, jeder Stand so leben, regieren und es halten werde, wie er es gegen Gott und kaiserliche Majestät zu verantworten sich getraue".

Durch seinen Beitritt zum Bündnis von Gotha hatte der Herzog seinen Anschluss an die Reformation offen bezeugt; er hatte durch diese That ausgesprochen, dass er auch in seinem Lande nach der Durchführung derselben trachten werde. Das musste bei den Prälaten des Fürstentums die schlimmsten Befürchtungen erregen. Herzog Ernst war selbst auf dem Reichstage zu Speier gewesen[1]. Aber nicht sowohl die dort gefassten Beschlüsse, als vielmehr das Gefühl der Zusammengehörigkeit mit den andern evangelisch gesinnten Fürsten hatte auf Ernst einen bedeutenden Einfluss. Das zeigt sich schon, als die Verhandlungen über den Beitritt zum Gotha-Torgauischen Bunde noch nicht völlig abgeschlossen waren. Aufs Neue war von den Klöstern Geld gefordert[2]. Mit dem Abte von St. Michaelis hatten der Propst Heinrich von Kramm und der Kanzler Förster im Auftrage des Herzogs verhandelt, und als man ihm wieder einen Schein versprochen hatte, dass er das Geld unverpflichtet nur als Darlehn gegeben habe, zahlte er Ostern 1526 1000 Goldgulden. 14 Tage nach Ostern wurde der Abt nach Celle beschieden, und hier beredete ihn Heinrich von Kramm auf den Schein zu verzichten, der Herzog könne denselben der andern Klöster wegen nicht ausstellen. Ja, noch mehr. Der Abt musste in Celle einen Revers ausstellen: „J. F. G. bestes to donde na juwen vermogen". Obwohl das gegen das Herkommen war, und selbst angesehene Adlige, wie Asche von Kramm, ihm abrieten, that er es mit schwerem Herzen[3]. — Das alles beweist, dass der

---

1) Die Anwesenheit des Herzogs ergiebt sich aus der in der Zts. des hist. Ver. für Niedersachsen, 1848, p. 69 mitgeteilten Urkunde. Das dort nicht angegebene Datum ist: Montag nach Laurentii (13. August) 1526. (H. St. A.).

2) Scharnebeck musste Ostern 1526 5000 Goldgulden zahlen (Verz. d. Manuscr. J. 76 H. St. A.)

3) Diese Vorgänge werden erwähnt in einem eigenhändigen undatierten Schreiben Boldewins an seinen Schwager, welches Gebhardi (Bd. 14) im Auszuge mitteilt. Die Erwähnung Asches von Kramm, der 1527 an dem Kriege Karls V. in Italien teilnahm und bereits 1528 starb, zwingen uns diese Ereignisse bereits auf Ostern 1526 und nicht wie dies v. Weihe-Eimke p. 129 thut, erst in das Jahr 1529 zu setzen. Auch ist die Geldzahlung ausserdem für das Jahr 1526 bezeugt durch Gebhardi, welcher mitteilt, dass der Abt 1526 1000 Gulden für den Herzog und 100 Gulden für den alten Herzog Heinrich habe zahlen müssen.

Nur das ist zweifelhaft, ob der Abt, wie er dies selbst schreibt, schon Ostern 1526 bezahlt hat, oder ob er damals noch mehr versprochen

Herzog jetzt bereits eine ganz andere Stellung den Klöstern gegenüber einnahm als im Jahre 1524.

Der Speierer Abschied hatte vorläufig keinen Einfluss auf den Gang der Ereignisse im Fürstentume Lüneburg. Die Berufung auf denselben als die gesetzliche Grundlage für das jus reformandi der Fürsten erscheint auch hier erst später, erst im Jahre 1528[1]). Noch im December 1526 nehmen die Barfüsser in Celle die Beschlüsse von Speier als für sich günstig in Anspruch und schreiben: „Es sei dem Herzoge nicht verdeckt, wie nach kaiserlichem Edict und auch nach dem Abschied von Speier der christliche Kirchengebrauch ohne allen Widerspruch gehandhabt werden solle"[2]).

In das Jahr 1526 fällt das erste aktive Vorgehen des Herzogs gegen den Katholicismus im Fürstentume, aber zunächst greift er nur da ein, wo sich eine günstige Gelegenheit bietet, das entsprach seiner vorsichtigen und zuwartenden Natur. Sein Einschreiten gegen die Lehre und das Wirken der Barfüsser in Celle wurde veranlasst durch die Streitigkeiten, die wiederum zwischen den Mönchen und den Predigern ausgebrochen waren. Ehe wir auf dieselben eingehen, müssen wir zwei andere Episoden berühren, die als Vorläufer der späteren Kämpfe unser Interesse in Anspruch nehmen.

Die alten Klagen wegen der Unsittlichkeit der Geistlichen hatte sich auch im Amte Gifhorn gegen die dort begüterten Mönche des Klosters Marienrode bei Hildesheim erhoben. Auf einem ihrer Höfe (sie besassen solche zu Bekla, Bokelsberg und Anderten) hatten sie, wie die Klage des Herzogs lautete, durch aufgerichtete Bilder das Volk verführt, daneben sich Eingriffe in die grundherrlichen Rechte des Herzogs zu Schulden kommen lassen[3]). Nach der Untersuchung der Sache durch den Amtmann zu Gifhorn waren im Jahre 1526 die Mönche ausgewiesen, eine Kapelle und etliche Gebäude des Hofes zu Bekla zerstört, und ihre Güter eingezogen worden. Der Abt Jobst von Marienrode wandte sich klagend an den Kaiser; erst in Augsburg erfolgte im Jahre 1530 eine

---

hat, denn im Anfang Juli lässt ihn der Herzog bereits wieder mahnen, die versprochenen 1000 Gulden zu zahlen. (Concept H. St. A. Des. 47, 1 vom Montag nach Kiliani (9. Juli) 1526).

1) Vgl. über diese Auffassung des Speierer Abschieds: Kluckhohn, der Speierer Reichstag von 1526, in der Hist. Ztr. 1886, p. 215 ff.

2) Wethenkamp an den Herzog (in d. Handelyng twyschen den Barvoten und den Predigern to Celle) am Thomastage 1526.

3) Sie hatten in einem Walde, worin sie nur die Mast hatten, Holz hauen lassen.

Verhandlung der Sache¹). Der Herzog erbot sich den Mönchen die Höhe ihres jährlichen Einkommens von den betreffenden Höfen zu zahlen. Allein der Abt wollte eine völlige Restitution und erwirkte daher ein Strafmandat des Kaisers, in welchem dem Herzoge die Rückgabe der Güter bei Strafe auferlegt wurde. Gegen dieses Mandat protestierte jedoch Ernst zu rechter Zeit vor Notar und Zeugen. Er wiederholte das zu Augsburg gemachte Anerbieten und that dies auch in einem besondern Schreiben an den Abt. Da die kaiserliche Verfügung nur auf Anklage einer Partei erfolgt sei, und weil der Abt die Sache falsch dargestellt habe, bestritt der Herzog in seinem Proteste die Rechtsgültigkeit des Mandates. Die Angelegenheit scheint damit erledigt gewesen zu sein, wir wissen wenigstens weiter nichts darüber²).

Im Jahre 1526 forderte Ernst, wie bereits erwähnt, von den Klöstern neue Geldleistungen, und es wird uns von Lüne berichtet³), dass der Herzog gedroht habe, falls man nicht zahle, werde er alle Güter des Klosters an sich nehmen und den Nonnen das zum Leben Nötige geben. Solche Befürchtungen, die uns auch von anderer Seite bestätigt werden⁴), lagen, wie wir gesehen haben, zum Teil in den Zeitverhältnissen begründet; aber es schien um so eher Grund dazu vorhanden zu sein, als schon ein ähnliches Verhältnis in einem Kloster des Fürstentums im Jahre 1526 faktisch durchgeführt worden war.

Nach der Gefangennahme des Propstes Heino von dem Werder dachte man nämlich am Hofe sofort daran, diesen Umstand, so unangenehm er auch im Augenblicke war, auszunutzen und die Verwaltung des Klosters völlig in die Hände des Fürsten zu bringen. Kurz nach Schluss des Landtages war Ernst mit seinem Kanzler nach Ebstorf geritten, um dort die nötigen Anordnungen zu treffen⁵). Er hielt sich für berechtigt und verpflichtet dazu, wie das schon aus sei-

---

1) Erwähnt bei Seckendorf a. a. O. III, p. 18. Aus ihm hat sie Guden a. a. O. p. 56, sonst hat man diese Nachricht nicht beachtet.
2) Der Thatbestand ist entnommen drei Schriftstücken des H. St. A. (Calenberg. Br. A. Des. 7, 6). Das Pönalmandat (in dem sich die Angabe findet, dass die Ausweisung der Mönche vor etwa 4 Jahren geschehen sei) ist datiert: Augsburg, d. 7. October 1530. Es wurde am 12. Februar 1531 in Celle überreicht, am 13. Febr. erfolgte der Protest des Herzogs. Das Schreiben des Herzogs an den Abt (Concept) hat nur das Jahr 1531.
3) Kalender v. Lüne z. J. 1526 (H. St. A. Verz. d. Manuscripte J. 37).
4) Denkschrift des Proptes Koller von St. Johann in Lüneburg an den Rat daselbst, 1528 am avende Johannis (L. A.)
5) Bericht Försters an Herzog Otto über den Landtag zu Uelzen. Aus demselben geht auch hervor, dass Herzog Ernst damals in Uelzen und nicht, wie Havemann (Bd. III p. 104) meint, zu dieser Zeit ausser Landes war.

nen Erklärungen in Celle und Uelzen hervorgeht. Ein weltlicher Beamter[1], der völlig im Dienste des Herzogs stand und ihm alljährlich Rechenschaft ablegen musste, wurde als Verwalter des Klosters eingesetzt[2]. Auch er nannte sich Propst, aber er hatte Weib und Kind zu Uelzen, und das musste bei den Nonnen natürlich grosses Ärgerniss erregen[3].

So lange Heino — niemand, auch er selbst nicht, wusste wo — gefangen gehalten wurde und noch zuerst nach seiner Freilassung, bemühten sich die Herzöge eifrig für ihn, sie klagten bei befreundeten Fürsten und beim Reichskammergericht, um Christoph von Steinberg zur Strafe heranzuziehen[4]; das waren sie dem alten Diener schuldig, der 11 Jahre in der Kanzlei ihres Vaters und 24 Jahre als Propst und geistlicher Rat dem Fürstentum gedient hatte[5]. — Aber ein Umschwung trat ein, als der Propst wieder in sein Kloster zurückkehren wollte. Das war gerade zur Zeit des Reichstages zu Speier. Die herzoglichen Beamten verweigerten ihm den Eintritt in das Kloster, auch seine dort vorhandenen Sachen behielt man vorläufig noch zurück. Klagend wandte er sich an Herzog Otto, der nicht in Speier an den Verhandlungen teilnahm. Er erhielt den Bescheid, dass ihm bis zur Rückkehr Ernsts nicht gestattet werden könne, „zum Kloster und dessen Gütern zu kommen"[6].

Es scheint ziemlich zweifellos zu sein, dass der offene Anschluss des Herzogs an die evangelische Partei schon hier seine Wirkung that. Man dachte gar nicht daran, Heino wieder in seine Propstei kommen zu lassen, und auch als der Propst am 18. September persönlich in Celle war, erhielt er von Ernst nur gute Versprechungen. Er möge wenigstens so lange sich vom Kloster fern hal-

---

1) In einem undatierten Schreiben teilen die Herzöge den Nonnen mit, dass sie Thile von Honstedt beauftragt hätten, für sie zu sorgen, da sie die Geschäfte nicht allein besorgen könnten und es auch nicht ziemlich sei, wenn der Schreiber dies thäte. (Concept: Des. 55, Ebstorf 1.)

2) Der Herzog an Thumpropst und Kapitel von Hildesheim, Zell, Montag nach Nativitat. Christi 1529 (also 28. Decemb. 1528).

3) Zuerst erscheint ein gewisser Thile Honstedt als Verwalter, aber nur auf kurze Zeit (undatiertes Concept: Des. 55. Ebstorf 1.); schon 1526 war es Simon Reinecke. Unter ihm stand dann wohl noch ein Schreiber (Joachim Rauh). Vgl. den früher erwähnten Bericht über die Reformation in Ebstorf vom 22. Juli 1629 im H. St. A.

4) Die Akten über den Streit Heinos mit Steinberg und später mit dem Herzoge sind sehr umfangreich und auch in dem Aufsatze von Blumenbach: Extractus actorum des Thumdechanten Heino von dem Werder (Zts. des hist. Vereins f. Niedersachsen, 1848) noch nicht genügend verarbeitet. Besonders kommt die Akte des H. St. A. Des. 55, Ebstorf 1 in betracht.

5) Heino an den Abt von St. Michaelis, d. d. Braunschweig, am Tage Lucae (18. October) 1526.

6) Instruktion Herzog Ottos für Heinrich von Brocke, Celle, Montag nach Laurentii 1526.

ten, bis seine Sache mit Steinberg erledigt sei, damit das Kloster dadurch nicht in Gefahr komme[1]). Durch derartige Vorwände suchte man ihn vom Kloster fern zu halten, man suchte ihn auf andere Weise zu befriedigen. In Hannover sollte die Sache verhandelt und womöglich erledigt werden. Dorthin wurden vom Herzoge an dem festgesetzten Tage (den 10. Januar 1527) der Kanzler Förster, Curd von Alten und der dem Fürsten sehr ergebene Propst von Wienhausen, Heinrich von Kramm, gesandt. Es wurde Heino versprochen, man wolle ihm in vier Terminen die 2000 Gulden, die er Christoph von Steinberg als Lösegeld habe bezahlen müssen, ersetzen[2]); jährlich wolle man ihm, so lauge er lebe, 200 Mark Lüb. geben; sein im Kloster befindliches Eigentum solle ihm zurückgegeben werden. Dafür solle er denn allen Ansprüchen an das Kloster und dessen Verwaltung entsagen. Der Propst nahm nach längerem Bedenken diese Vorschläge an; allein es kam wegen der eiligen Abreise des Kanzlers nicht sofort zur Ausfertigung der Urkunde. Während Heino die Rückkehr desselben in Celle erwartete, trat eine Sinnesänderung bei ihm ein; er liess dem Herzoge andere Vorschläge machen: Man solle ihn in sein Kloster zurückkehren lassen, seine Briefe und Siegel ihm wiedergeben, die Propstei wieder in die Hand der Klosterjungfrauen geben und sie bei freier Election und Kore der Pröpste lassen. Darauf konnte und wollte der Herzog nicht eingehen, er versuchte nochmals auf Grund der früheren Abmachungen zu verhandeln, und als Heino diese jetzt völlig verwarf, da brach auch der Herzog die Verhandlungen ab. Wollte der Propst seine Vorschläge nicht annehmen, so liess er ihm sagen, dann möge er ihn verklagen, er sei ein Fürst des Reichs und werde sich vor dem Kaiser zu verantworten wissen. Bei Nacht verliess Heino Celle und begab sich zu seinem Domkapitel nach Hildesheim[3]).

1) Heino an die Herzöge, d. d. Braunschweig, am Freitag nach Dionysii (12. October) 1526.
2) 2000 Gulden betrug die Summe, die Steinberg von dem Hildesheimer Domkapitel zu fordern hatte. Heino verlangte, der Fürst solle ihm die Summe ersetzen, da er im Dienste des Fürstentums gefangen sei. — Dies wurde jetzt mit dem Zusatze bewilligt, dass Heino die Summe zurückgeben solle, wenn das Domkapitel sie ihm zurückerstatte.
3) Die Äusserungen beider Parteien stimmen nicht überein. Der Propst verbreitet ein gewisses Dunkel über die Verhandlungen zu Hannover, während der Herzog nicht genau die letzten Forderungen Heinos präcisiert. Als diese glaube ich die oben angegebenen aus einem Schreiben Heinos an die Stände vom Tage Egidii (1. Sept.) 1527 zu erkennen. Die anderen Nachrichten stammen aus zwei Schreiben des Herzogs, von denen das eine an die Räte des Fürstentums (Celle am Tage Thomae apli. (21. December) 1527), das andere an Thumpropst und Kapitel von Hildesheim (Montag nach Nativ. Christi 1529 (28. Decemb. 1528)) gerichtet ist.

Noch im Jahre 1527 wandte sich der Propst an den Kaiser; denn nur dieser Ausweg, so behauptete er, sei ihm nach jenem Bescheid des Herzogs übrig gelassen. Um seine Sache am kaiserlichen Hofe führen zu können, erbat er sich die nötigen Geldmittel vom Rate zu Lüneburg[1]), und man wird sie ihm wohl gewährt haben, denn damals noch mehr als früher unterstützte der Rat jede gegen den Herzog und das Luthertum gerichtete Bewegung. — Schon am 3. Februar 1528 erging von Burgos aus ein kaiserliches Pönalmandat gegen den Herzog: bei Strafe von 40 Mark löt. Goldes dem Propste das Seinige zurückzugeben, das Kloster bei seinem christlichen und löblichen Herkommen zu lassen, seine dort eingesetzten Verwalter zu entfernen und auch dem Kloster die von demselben erhobenen 12000 Gulden samt den Zinsen wieder zu erstatten[2]). Der Befehl wurde jedoch vorläufig unwirksam gemacht durch eine Protestation des Herzogs, die dahin ging, dass die Klagen des Propstes unbegründet und unwahr seien, und daher auch das Mandat nicht zu Recht bestehen könne[3]).

Auch eine jetzt eingeleitete nochmalige Verhandlung führte zu keinem Ziele, da der Propst in seinen Forderungen nicht nachgeben, der Herzog aber nur auf Grund der früheren Abmachungen unterhandeln wollte. Der Herzog behauptete sein Recht auch darin, dass er dem Kloster eine Besteuerung auferlegt hatte mit Berufung auf den Speierer Abschied; und der Propst klagte: „dass der Herzog damit seine geübte Handlung bedecken wolle, das müsse ein armer Priester auf seinem Worte beruhen lassen"[4]). Anklage- und Verteidigungsschriften wurden von beiden Seiten erlassen; die Landschaft, fremde Fürsten und die Stadt Lüneburg suchte eine jede Partei für sich zu gewinnen. Schwere Anschuldigungen waren es, die der Herzog gegen den Propst erhob: er habe die benachbarten Fürsten und Herren gegen ihn aufgewiegelt und bemühe sich Zwietracht zu stiften zwischen Vater und Sohn. So gut es ging, suchte sich der Propst dagegen zu verteidigen. Er führte inzwischen seine Klage weiter und erwirkte denn auch ein Mandat des Kammergerichts gegen den Herzog, das am 5. December 1528 an den Kanzler übergeben wurde. Der Stadt Lüneburg wurde befohlen, bis zur

---

1) Heino an den Rat von Lüneburg, d. d. Hildesheim, Mittwoch nach Bartholomaei (28. August) 1527.
2) Blumenbach a. a. O. p. 70 f.
3) Blumenbach a. a. O. p. 71 f.
4) Am Sonntag Judica (29. März) 1528 war der Propst persönlich in Celle gewesen: vgl. eine undatierte Schrift Heinos (Des. 55. Ebstorf 1).

Entscheidung der Sache, die Propsteigüter von Ebstorf mit Beschlag zu belegen. Allein auch hiergegen erfolgte am 17. December 1528 eine Protestation[1]).

Das Wichtigste für beide Parteien war jedenfalls die Stellung der Stadt Lüneburg, da sich dort die Haupteinkünfte von Ebstorf befanden. Erkannte der Rat das Mandat als zu Recht bestehend an, so durfte er dem Herzoge nicht mehr die Propsteigüter ausfolgen lassen; betrachtete man jedoch den herzoglichen Protest als genügend, um die Gültigkeit des Erlasses zu vernichten, so halfen dem Propste alle seine Bemühungen nichts.

Beide suchten die Stadt für sich zu gewinnen: Heino forderte die Verkündigung des Mandats, der Herzog suchte dagegen von der völligen Rechtswidrigkeit desselben zu überzeugen. Auch an das Domkapitel zu Hildesheim sandte der Herzog jetzt eine Verteidigungsschrift, und diese fand ihren Weg ebenfalls nach Lüneburg[2]). Der Rat schwankte, zunächst gab er dem Herzoge einfach keine Antwort; erst auf wiederholtes Drängen erfolgte eine solche: Es wolle ihnen doch eigentlich nicht geziemen, über die Rechtsgültigkeit der Mandate zu disputieren, der Herzog möge die schwere Pön bedenken, die auf die Übertretung derselben gesetzt sei. Doch willigen sie ein, dem Fürsten das fällige Geld stets auszuzahlen, „gegen einen ringen Schein", dass sie für den Fall ihrer Bestrafung an den Gütern des Klosters Ebstorf schadlos gehalten werden sollten[3]). Aber zur Ausstellung desselben kam es nicht; denn von Speier aus erging am 24. April 1528 ein neues kaiserliches Mandat, in welchem dem Herzoge nochmals bei Strafe geboten wurde, binnen drei Wochen den Propst zu restituiren und innerhalb einer Frist von 45 Tagen etwaige Einwände bei dem Reichskamgerichte vorzubringen[4]).

Daran scheint sich der Herzog überhaupt nicht gekehrt zu haben. Abermals wandte er sich an den Rat von Lüneburg und forderte ihn auf, die Güter der Propstei herauszugeben. Es komme ihnen als Unterthanen des Fürsten zu, Gehorsam zu leisten; auch werde das Kloster durch die Zurückhaltung des Einkommens schwer geschädigt[5]). Der Rat war nun gerade da-

---

1) Concept vom Donnerstag nach Luciae im H. St. A. (Des. 55. Ebstorf 1).
2) Herzog Ernst an Thumpropst, Senior und Capitel zu Hildesheim, d. d. Celle, Montag nach Nativit. Christi 1529 (28. Decb. 1528). (L. A.)
3) Der Rat an den Herzog, Sonnabend nach Laetare (13. März) 1529 (Des. 55. Lüneb. 11).
4) Copie im H. St. A. (Verz. der Manuscripte J. 76).
5) Ernst an den Rat, Freitag nach dem Pfingsttage (21. Mai) 1529. (L. A.)

mals in einer Lage, die ihn, wie wir später noch sehen werden, williger machte, derartigen Vorschlägen Gehör zu geben. Sie erkennen an, dass Heino im Grunde zu solcher Forderung, durch die das Mandat erwirkt sei, wenig Berechtigung hätte; dass sie nie Klagen über die herzogliche Verwaltung in Ebstorf gehört hätten, und dass die Vollstreckung der Mandate zur Verwüstung des Klosters und zum Verderben der Klosterjungfrauen gereichen werde. Sie sind bereit dem Herzoge nachzugeben, wenn er etwas ausfindig machen könne, wodurch sie vor Schaden bewahrt würden[1]). — Das scheint denn auch geschehen zu sein, denn die Akten über diesen Streit werden damit geschlossen. Ob es noch zu einer Verhandlung vor dem Kammergerichte gekommen ist, oder ob der alte, von Kummer jetzt wohl tiefgebeugte Heino gestorben ist, und die Sache damit ihre natürliche Erledigung gefunden hat, das habe ich nicht entscheiden können.

Diese Episode ist auch darum nicht unwichtig, weil die Ordnung der Verwaltung in Ebstorf und selbst die Abmachungen mit dem Propste zu Hannover für ähnliche spätere Verhältnisse ein Vorbild gewesen sind. Ich habe deshalb geglaubt, sie im Zusammenhange behandeln zu sollen.

Wir sind hierdurch bereits in eine Zeit geführt, wo man die Lehre Luthers im Fürstentum Lüneburg schon offener predigte als im Jahre 1525. Damals wagten es die Katholiken noch, unter den Augen des Herzogs auf Luther und seine Anhänger zu schelten; in seiner eignen Residenz war er noch weit entfernt, das erreicht zu haben, was er für das ganze Land erstrebte.

Wir sahen früher, wie der Kampf, den Wolf Cyclop hervorgerufen hatte, einem mehr besonnenen und darum nicht minder tiefgehenden Wirken der Prediger zu Celle Platz gemacht hatte. Die Irrtümer der Gegner suchte man zu widerlegen in Predigten und in öffentlichen Unterredungen, die in den Pfarrhäusern abgehalten wurden. Verhältnismässig schnell kam es zu einem Wiederausbruch der Feindseligkeiten zwischen den Franziskanern und den Anhängern Luthers. Die Barfüsser konnten nicht lange ruhig bleiben, sie wollten die früher erlittene Niederlage rächen.

Es war am Thomastage (21. Dezember) 1525, als Bruder Bernhardinus in

---

1) Der Rat an den Herzog am 8. Tage Corporis Christi (3. Juni) 1529. (Des. 55. Lüneb. 11.)

seiner Predigt nicht blos die verordneten Prediger der Stadt Celle, sondern auch die Lehre Luthers überhaupt auf das Heftigste angegriffen hatte. Da glaubten es die Prediger nicht länger verantworten zu können, dass diese Barfüsser auf diese Weise das Volk verführten. Sie wandten sich an die Herzöge, und Bruder Bernhardinus wurde aufgefordert, seinen Sermon aus der Schrift zu beweisen. Eine öffentliche Disputation fand statt in Gegenwart der Herzöge, des Rates zu Celle und der Kirchenvorsteher; die Zeit derselben ist unbestimmt[1]). — Der Guardian des Klosters Matthias Teufel, den wir schon kennen, stand seinem Ordensbruder zur Seite: während Bernhardinus ungeschickt antwortete, „war Teufel wie ein Proteus, der seine Gestalt wandeln konnte, um sich aus den Banden, worin ihn die Wahrheit schlug, zu befreien". Auf einen Beweis ihrer Behauptungen aus der Schrift liessen sich die Barfüsser nicht ein; daher befahl der Herzog, bis das geschehen sei, sollten sie sich des Predigtamtes enthalten.

Die Mönche thaten das Ihrige, um sich auf den Kampf, der ihre Existenz in Frage zu stellen drohte, zu rüsten. Der Guardian zog tüchtige Ordensleute an sich; so den Andreas Grove, der noch einmal mündlich verhandeln wollte und, als schriftliche Antwort gefordert wurde, vorschlug, die Sache vor eine Versammlung anderer Geistlichen zu bringen; natürlich solcher, die ihrem Orden günstig gesinnt waren.

Die Ordensleute, die sich nicht als brauchbar gezeigt hatten, wurden von ihren Oberen in andere Klöster versetzt; auch an die Stelle Teufels trat ein Mann, der ausgerüstet war mit grossem Wissen und guter Redefertigkeit, und der in dem späteren Streite eine grosse Rolle zu spielen bestimmt war, Barthold Wethenkamp; neben ihm stand Johann Möller. In Stadt und Land arbeitete man, um das Volk auf seine Seite zu ziehen und, wie man aus allen jenen Verhandlungen ersieht, war ihr Einfluss durchaus nicht zu unterschätzen; ihre Anhänger waren noch sehr zahlreich.

Nicht um jene Predigt drehten sich jetzt die Verhandlungen, sondern um die Institution, die von den lutherisch Gesinnten als die Verkörperung alles

---

1) Die Nachrichten sind entnommen der Schrift der Celler Prediger: Handeling twyschen den Barvoten tho Celle und den verordneten Predigern darsulvest etc. (Der vollständige Titel ist oben angegeben). Dieselbe besteht aus verschiedenen Briefen, die zwischen den Mönchen und den Predigern gewechselt wurden. Ein undatierter Brief der Prediger geht dem ganzen Büchlein vorauf, er giebt eine Übersicht über den Gang des Kampfes bis zum Drucke der Correspondenz im Anfang des Jahres 1527.

Schlechten, was der Katholicismus an sich habe, angesehen wurde — um die Messe. Am 1. December 1526 war den Mönchen durch „Kanzler, Licentiat und Räte" der Befehl des Herzogs vorgetragen, ihre Lehre aus der Schrift zu beweisen. Auch die Prediger hatten sie im Anfange December aufgefordert, ihre Misbräuche und die Messe abzustellen. Da aber alles dies gar keinen Eindruck machte, so wandten sich die Prediger Gottschalk Cruse, Heinrich Bock und Johann Matthäi, zu denen inzwischen noch der aus Brandenburg geflohene Matthias Mylow hinzugekommen war[1]), an den Herzog mit der Bitte, ein Einsehen zu haben und dafür zu sorgen, dass nicht bloss hier, sondern auch im ganzen Fürstentume die Messe abgestellt werde. Kein Mensch, kein Engel oder irgend eine andere Kreatur dürfe das heilige Sacrament, das die rechte Messe sei, anders gebrauchen, als Christus verordnet habe. „Nur die rechte Feier kann den Trost bringen, den wir darin suchen. Die Barfüsser aber wollen nicht Gottes Glorie und des Nächsten Seligkeit durch ihre Messe fördern, sondern wollen selbst Vorteil davon haben". Zur Ehre Gottes und zum Wohle der Unterthanen würde daher die Abstellung derselben gereichen[2]).

Das veranlasste nun aber auch Wethenkamp am 21. December ein Schreiben an die Herzöge zu richten[3]), das freilich nicht geeignet war, eine den Barfüssern günstige Stimmung zu erwecken.

Auf eine Vertheidigung seiner Lehre lässt er sich nicht ein; denn er „bildet sich nicht ein, klüger zu sein als alle die gelehrten Leute, wie Faber, Mensing u. a., als die Kurfürsten, Fürsten und Bischöfe des Reiches". Auf sie — die Barfüsser — poche man stets so herzlich und rufe: Schrift! Schrift! Aber ehe man sich an sie wende, solle man die Beweise aller jener hochberühmten Männer umstossen. Er geht seinerseits sofort zum Angriff über; da die Schrift der Prediger ihm gezeigt habe, wie wenig die Aussender derselben von der heiligen Schrift verständen, so fühlt er sich gedrungen, sie zu belehren und wirft nun eine ganze Reihe von Gegenfragen auf, welche die Behauptungen seiner Gegner entkräften sollen. „Warum feiert man das Sakrament nicht auch am Abend, denn Christus hat es doch zu dieser Zeit gefeiert? Christus war

---

1) Er scheint nicht direkt von Brandenburg aus nach Celle gekommen zu sein. Am 25. November 1524 wurde er in Wittenberg immatriculiert, vgl. Förstemann, Album academiae Vitebergensis, p. 123.

2) Die Prediger an den Herzog, Freitag nach Luciae 1526 (Handelyng etc.).

3) Wethenkamp an die Herzöge, am St. Thomae Tage 1526 (Handelyng etc.).

doch ein Jude, er hat hebräisch consecriert und nie hat er die Messe gesungen. Wie darf es denn Luther unternehmen Noten zur Messe zu machen und deutsch zu consecrieren? — Das ist doch auch nicht schriftgemäss".

Persönliche Vorwürfe gegen die Prediger fehlen natürlich nicht. Er verdächtigt ihre Liebe zur Wahrheit; denn nicht diese, sondern Lust am Lästern hat jene Schrift hervorgerufen. Da man seine Antwort gewünscht habe, so wolle er nicht „weltflüchtig" werden, wie Matthias Mylow, „der auf der Kanzel und vor dem simpeln Volke wohl habe stürmen können", aber als er sich habe verantworten sollen vor dem Kurfürsten Joachim, da sei er geflohen. Die Prediger hätten gut reden; „wenn's ans Greifen geht, so laufen sie fort, damit ihre grosse Liebe kund wird". — Auch auf den Speierer Abschied beruft er sich; denn es sei doch J. F. G. nicht verdeckt, wie nach diesem und nach kaiserlichem Edict der christlichen Kirche Gebrauch ohne alle Widerspruche gehandhabt werden müsse.

In einer längeren Widerlegung der Schrift Wethenkamps, die sie dem Herzoge im Anfange des Jahres 1527[1]) überreichten, heben die Prediger mit Recht hervor, dass auf den eigentlichen Kernpunkt der Frage gar nicht eingegangen sei. Ihre Antwort ist in jenem Tone mitleidiger Erhabenheit und Überlegenheit gehalten, der den schwächern Gegner am meisten erbittern muss. Falls Wethenkamp sich über die rechte Bedeutung des Wortes „Messe" unterrichten will, so empfiehlt man ihm das „Dictioner" Reuchlins. Wenn die Messe darum gut ist, weil die Obrigkeit sie duldet, dann muss auch Ehebruch, Hurerei und Wucher gut sein, denn das findet man ja auch sehr viel und meist bei den Geistlichen. „Aber der Guardian riecht den Braten wohl, dass es ihnen in der Küche kalt und im Keller leer werde, wenn die Messe aufhört". Sie — die Prediger — suchten die Wahrheit, und „was kann das Licht dazu, wenn die Augen blöde sind? und was können wir dazu, wenn die Fledermäuse das Licht fliehen, und die Schuldigen den Tag hassen und scheuen?" Wethenkamp spreche, sie sollten nicht richten, aber er vergesse, was Christus mit den Pharisäern gethan habe. Er weise sie an die Doctoren, um seinen eignen Kopf aus der Schlinge zu ziehen; er wolle zu Felde kommen wie ein Held, aber erst nachdem die Schlacht

---

1) Die Prediger an die Herzöge, Donnerstag nach Circumcision. Domini (3. Januar) 1527 (Handelyng etc.).

geschlagen sei. Während derselben wolle er ausser Schussweite sein; dann aber an den Übriggebliebenen als Ritter sich erweisen und das entwirren, was die Doctoren übrig gelassen hätten. — Sie gehen dann auf die Einwürfe des Guardians ein und weisen nach, dass es nicht auf die äussere Form und Ceremonie, sondern auf den Kern beim Sacrament ankomme. Ein Misbrauch sei es, dass einer für sich allein esse und trinke, dass nicht in einer allgemein verständlichen Sprache geredet werde, und dass die Feier ohne Verkündigung des göttlichen Wortes geschehe. Besonders verwerflich aber sei es, dass die Messe gegen Geld, und auch für Tote gehalten werde, und dass sie Wein und Brot, ehe man consecriert habe, an Christi Stelle setzten und den himmlischen Vater bäten, das Opfer für die ganze Christenheit anzunehmen.

Auch eine nochmalige mündliche Verhandlung des Herzogs mit den Mönchen brachte weiter nichts als neue spitzige Antworten derselben, so dass der Fürst im Anfang desselben Jahres ihnen noch einmal vorhielt, wie redlich er sich bemüht habe, sie von ihren Irrtümern abzubringen. Er weist auf jene Verschreibung hin, wodurch sein Vater und seine Mutter Anteil haben sollten an den guten Werken der Barfüsser und in der denselben versprochen wurde, dass sie durch das Begräbnis in den Kleidern des Ordens der ewigen Seligkeit teilhaftig werden sollten[1]. „Wenn schon ihre Verführung bei Fürsten, die doch gute und getreue Ratgeber haben, so gross ist, wie sehr muss dann der gemeine Mann durch sie in das Verderben und um seiner Seelen Seligkeit gebracht werden!" Eine solche Gotteslästerung dürfe man nicht länger dulden, man müsse darauf bedacht sein, weil sie es nicht selbst thäten, ihr gottloses Wesen abzuthun und er — der Fürst — hoffe, dass dies allen Christgläubigen gefallen werde, auch handele er kaisl. Majestät damit nicht zuwider[2]. Eine ganz ähnliche Schrift liess der Herzog auch in die Veröffentlichung der Prediger aufnehmen und sandte sie bald darauf an die Prälaten und Räte des Fürstentums und forderte sie auf, ihm ihren Rat nicht vorzuenthalten. In allem, was christ-

---

1) Affschrift der vorsegelden Vorschrywung ynn welcker de Barvoten ohre guden werke den andern mildichlich uthdeelen. (Gedruckt in der: Handelyng etc.).

2) Herzog Ernst an die Barfüsser, d. d. Zelle, Montag nach Trium Regum (7. Januar) 1527. (H. St. A. Verz. der Manuscripte J. 76). Mit Hülfe dieser Urkunde lässt sich die in der „Handelyng etc." abgedruckte Schrift: „Grunt und orsake worumb dorch förstlike Overicheit den Barvoten de gemeinschop des volkes verboden", genau datieren.

lich und göttlich sei und ohne Verletzung des Gewissens geschehen könne, werde er ihnen folgen[1]).

Wethenkamp hatte trotz seines früheren Mutes und trotzdem er „nicht weltflüchtig werden" wollte, es doch vorgezogen, seine Person in Sicherheit zu bringen, als er sah, dass der Herzog vorzugehen drohte. Er hatte sich in das Kloster seines Ordens zu Lüneburg begeben.

Aus den Schriften ergiebt sich nicht genau, welcher Art die Massregeln waren, die der Herzog gegen die Mönche ergriffen hatte. Wahrscheinlich durften sie ihr Kloster nicht verlassen; so ist wohl der Ausdruck, dass ihnen „die Gemeinschaft des Volkes verboten" worden sei, aufzufassen.

Gegen diese Verfügung erhob Wethenkamp von Lüneburg aus in einem Schreiben an den Herzog Protest[2]). Aber sein Brief war in einem ganz andern Tone gehalten, als der frühere. In den demütigsten Ausdrücken bittet er den Fürsten, der sich den Brüdern ja bisher so gnädig erwiesen habe, um eine ihm gelegene Malstätte zur Verantwortung[3]). Allein zugleich mit diesem Schreiben kamen auch Gerüchte von Lüneburg, die mit der Devotion desselben nicht im Einklang standen. Seine Bitte wurde abgewiesen und ihm zugleich energisch Ruhe geboten[3]). Der Rat von Lüneburg wurde von den Verhandlungen in Kenntnis gesetzt[4]); es wurde hingewiesen auf die Umtriebe der Mönche, welche „sich befleissigen sollen, uns bei euch und unser Stadt Einwohnern und sonst auch anzugeben und in die simpeln Gewissen zu bilden, als hätten wir wider Billigkeit gegen sie gehandelt", und der Rat aufgefordert, der „unziemlichen Ausbreitung" der Ordensleute „kein Statt noch Glauben zu haben". Sie sollen ihnen den Bericht des Herzogs vorhalten, welcher auch den Zünften, Gilden und den Einwohnern überhaupt vorgelegt werden soll.

Eine längere Zeit hören wir nichts wieder über den Streit, und der endliche Abschluss desselben wird erst verständlich, nachdem wir die Entwicklung der Verhältnisse des Landes kennen gelernt haben.

---

1) Decret bemelte Barfusser belangend an die Prälaten und Räte des Fürstentums (es schliesst sich an die in voriger Anm. angegebene Schrift des H. St. A. an, wo sich die übrigen bislang unbekannten die Barfüsser betreffenden Schriften befinden). Diese Schrift ist auch wohl vom 7. Januar 1527 („Datum ut supra").
2) Wethenkamp an den Herzog, d. d. Lüneburg in unserm Kloster am St. 'Antoniustage (17. Januar) 1527.
3) Ernst an Wethenkamp, Montag nach Fabiani (21. Januar) 1527.
4) Ernst an den Rat von demselben Datum.

Die Landtage des Jahres 1527.

Wir haben schon darauf hingewiesen, dass der offene Anschluss der Herzöge an die lutherische Partei bei der katholischen Geistlichkeit des Landes die schlimmsten Befürchtungen erregen musste. Sie sannen auf Gegenwehr. Gefahr drohte dem Katholicismus natürlich am meisten von dem Fürsten. Gelang es diese Gefahr zu beseitigen, so war viel gewonnen. So liess man sich zu einem Schritte hinreissen, dessen Folgen auf das Haupt der katholischen Partei zurückfielen.

Noch lebte der alte Herzog Heinrich der Mittlere in Frankreich, auf ihn richteten sich die Blicke der Prälaten; er sollte die Regierung wieder übernehmen; dann, so hoffte man, konnte man mit Erfolg sich gegen das eindringende Luthertum wehren. — Herzog Heinrich war zur Rückkehr bereit. Seine Lage in Frankreich scheint nicht beneidenswerth gewesen zu sein, vom französischen Hofe wurde er nur wenig unterstützt, mit seinen Söhnen hatte er sich wegen seiner beständigen Geldforderungen überworfen. Sein Ansehen bei dem Könige von Frankreich war naturgemäss gesunken, seit er keinen Einfluss mehr im Fürstentume hatte; man gab ihm sogar das Scheitern des oben erwähnten Verlobungsplanes schuld.

In den religiösen Fragen bestand anfangs ein ziemlich scharfer Gegensatz zwischen Ernst und seinen Eltern. Seine Mutter Margaretha, eine gute, wohlthätige[1] Frau, war nach dem Urteil Luthers durch die lange Tyrannei der Mönche verschüchtert[2]. Die Franziskaner hatten ihr ja durch die Erlaubnis sich in den Kleidern des Ordens begraben zu lassen, die Seligkeit gewissermassen garantiert. Luther selbst hat es nach seinen eignen Worten bei ihr an Ermahnungen nicht fehlen lassen; schon im Jahre 1519 hatte er ihr den Sermon von der Busse gewidmet[3]. Dem Einflusse Cruses scheint es bald gelungen zu sein, sie dem Luthertume zu gewinnen, denn schon im October des Jahres 1525 erscheint sie in einem Briefe an den Rat von Bremen[4] als Anhängerin der reinen

---

[1] Vgl. Steffens, hist. diplom. Abhandlungen über Celle p. 245.
[2] De Wette a. a. O. II, 559.
[3] Walch, Luthers Werke X, 1477.
[4] Der Brief vom 9. Oct. 1525 betrifft etliche Celler Franziskaner, die in Bremen durch Disputieren und Predigen Ärgernis erregt hatten, dann aber in Celle mit ihrem Siege prahlten. Die Herzogin bittet den Rat um genaue

Lehre und wünscht auch dem Rate Glück zur Annahme derselben. Ihre letzten Lebensjahre wurden verbittert durch das Leid, welches ihr untreuer Mann ihr bereitete; sie verlebte dieselben, wie es scheint, in tiefster Zurückgezogenheit am Hofe ihres Bruders, des Kurfürsten von Sachsen.

Heinrich der Mittlere stand der Religion überhaupt ziemlich gleichgültig gegenüber; er war weit davon entfernt, ein fanatischer Anhänger des Katholicismus zu sein. Sein Urteil ging dahin: „Ich bin wohl geständig, dass mir der alte Glaube noch zur Zeit bass denn das neue Wesen gefällt; doch halte ich, sie taugen im Grunde beide nichts und bedürfte wohl eines Mittels, dass aus beiden ein Guts gemacht würde. Zu welchen Zeiten solches geschieht, will ich mich mit der Hülfe Gottes halten, wie einem frommen Christen zusteht, und es meines Teils bei dem Abschied zu Speier lassen. Bin wohl zufrieden, wenn ich glaube, was mir Gott ins Herze giebt; ein anderer desgleichen thue"[1].

Der alte Herzog ist keine unsympathische Erscheinung, trotzdem Sinnlichkeit ein hervorstechender Charakterzug desselben ist. Er war rasch und heftig und liebte es nicht, da zu reden, wo er handeln konnte. Jene Anekdote, die Hämmenstädt uns von ihm erzählt, charakterisiert ihn ganz: Als seine Räte lange zu Ebstorf mit der Stadt Lüneburg wegen der Huldigung verhandelten, wurde der Herzog ungeduldig. Eines Morgens ritt er „kurz und gut, in Stiefel und Sporen", ohne irgend einem vorher Mitteilung davon zu machen, in die Stadt und erledigte noch an demselben Morgen die ganze Sache zur allgemeinen Zufriedenheit.

Wo politische Erwägungen in Frage kamen, da war ihm die Religion Nebensache. Als der Official des Bischofs einst den herzoglichen Vogt zu Winsen gebannt hatte, da forderte Heinrich die schleunige Aufhebung des Bannes, „sonst werde er ihm zeigen, wer Herr im Fürstentum sei"[2].

Auf diesen Mann richteten sich die Blicke aller derer, die mit der Regierung Ernsts unzufrieden waren. — Seit dem Anfang des Jahres 1527 war Ernst alleiniger Regent geworden, Herzog Otto war mit Harburg abgefunden worden[3].

Auskunft über diese Vorgänge. Gedruckt Bremer Jahrbuch, Serie 2. Bd. 1. p. 53 f.

1) Die Urkunde (aus dem H. St. A. im Auszuge gedruckt bei Havemann a. a. O. p. 99, Anm. 1) ist von der Mitte des Jahres 1528. (Auch Elvers hat sie in seinem Discursus historico-politicus benutzt). Havemann giebt das Datum derselben nicht an.

2) Havemann a. a. O. p. 98.

3) Havemann a. a. O. führt die Urkunde (Montags nach Antonii (21. Januar) 1527) aus dem H. St. A. an.

Das beschleunigte wohl die Rückkehr des alten Herzogs und konnte vielleicht als Handhabe gegen Ernst dienen. Er versuchte gerade in dieser Zeit seinen Frieden mit dem Kaiser zu machen. Sein Schwager, Kurfürst Johann, verwandte sich für ihn bei Karl V. und veranlasste auch Heinrich von Nassau Fürbitte einzulegen[1]). Die Bitten wurden hinfällig durch das Vorgehen Heinrichs des Mittleren. „Auf den Rat etlicher Prälaten", wie Schomaker ausdrücklich berichtet, verliess er Frankreich. Mit der festen Absicht, die Regierung selbst wieder zu übernehmen, kam er im Anfang April in das Land seines Sohnes und begab sich nach Winsen a. d. Luhe[2]).

Alles stand auf dem Spiele das, was schon gewonnen war, und die Frucht künftiger Jahre, wenn es Heinrich gelang, sich im Lande einen Anhang zu verschaffen und gegen seinen Sohn erfolgreich aufzutreten. Aber die Aufnahme des Herzogs mag nicht so ausgefallen sein, wie er erwartet und man ihm vielleicht vorgespiegelt hatte. Sein Schuldenmachen stand noch im frischen Andenken und war eine Gefahr für das Land, gegen die man sich schützen musste. Auch kann man jetzt wohl schon von einer lutherischen Partei im Lande reden, die natürlich völlig auf Seiten Ernsts stand.

Eiligst rief der Herzog auf Gründonnerstag (18. April) 1527 einen Landtag nach Scharnebeck zusammen, und es scheint ihm dort ohne grosse Schwierigkeit gelungen zu sein, den Beschluss herbeizuführen: „dass dem alten Herrn sein Mutwille solle gesteuert werden"[3]).

Als Herzog Heinrich von diesem Beschlusse Kunde erhielt, begab er sich sofort, noch am Charfreitage (19. April) in die Stadt Lüneburg, deren Abgeord-

---

1) Kurf. Johann an den Kaiser, Torgau 20. April 1527 und an Heinrich von Nassau. (Ernest. Ges. Archiv in Weimar). Er betont besonders, dass Heinrich der Mittlere sich von Franz I, zu keinem Kriege gegen Karl V. habe brauchen lassen.

2) Es war nach Schomaker „circa Palmarum" 1527, man kann also nicht den Tag seiner Rückkehr ganz genau bestimmen, wie Havemann dies (p. 97) thut, indem er das „circa" unbeachtet lässt.

3) Der Landtag zu Scharnebeck, für den die Chronik Schomakers die einzige originale Quelle ist (Hämmenstädt ist daraus abgeleitet), hat in der Reformationsgeschichte des Fürstentums eine gewisse Berühmtheit erlangt. Man hat auf ihm die Stände den ersten Beschluss über die Einführung der Reformation fassen lassen. Wenn man nun auch zugiebt, dass die Veranlassung nahe lag, in Scharnebeck über die Religion zu verhandeln, so berechtigen uns die vorhandenen Quellen doch nicht dazu, zu behaupten, dass hier ein derartiger Beschluss gefasst wurde. Es ist das eben nur eine Vermutung; andere Zeugnisse lassen es gewiss erscheinen, dass der Beschluss erst später gefasst wurde. Auch damit kann ich mich nicht einverstanden erklären, dass man, wie dies Uhlhorn thut und andere vor ihm gethan haben, den bei Jacobi I. p. 134 ff. abgedruckten Landtagsabschied vom August 1527 einfach auf den Landtag zu Scharnebeck bezieht.

nete ebenfalls in Scharnebeck gewesen waren, die aber doch wohl ein geheimes Einverständnis mit ihm unterhielt. Er schlug hier vorläufig seinen Wohnsitz im Fürstenhause auf, und die Stadt gab ihm, was er zum Leben nötig hatte¹).

Allein das gegenseitige Wohlgefallen, welches man zunächst an einander pfand, dauerte nicht lange. Herzog Ernst forderte von dem Rate, er solle dem alten Fürsten den Aufenthalt in der Stadt nicht gestatten und erklärte, dass er etwaige Schulden desselben nicht bezahlen werde. Das hatte zunächst zur Folge, dass die täglichen Lieferungen aufhörten²). Auch von anderer Seite wurde der Rat aufgefordert, den Herzog nicht zu unterstützen³). Ernst suchte eine Versöhnung mit seinem Vater, aber er verlangte, dass zuvor die Ungnade des Kaisers beseitigt, die alte Freundschaft mit den braunschweigischen Vettern und der Friede mit seiner Mutter wieder hergestellt werde⁴). Natürlich war dabei Voraussetzung, dass Heinrich sich jedes Eingriffs in die Regierung enthalten werde. Er hatte es nämlich versucht sich in die Angelegenheiten seines Sohnes einzumischen, so erliess er in Sachen des Propstes von Ebstorf eine Verfügung, deren Annahme natürlich verweigert wurde⁵).

Die strengen Erlasse des Herzogs, sowie die Furcht, Heinrich könne ihnen dauernd zur Last fallen, bewirkte bei dem Rate von Lüneburg eine völlige Änderung in der Stimmung; so dass der alte Herzog jetzt bitten musste, ihn nicht aus der Stadt zu treiben; er halte dort ja nicht sein Hof-, sondern nur sein Notlager, er wolle selbst Bürgerpflicht leisten und seine Diener dem Rate schwören lassen. Er habe bereits die nötigen Schritte zu einem Ausgleich mit dem Kaiser und zur Versöhnung mit den braunschweigischen Vettern und seiner Gemahlin gethan⁶). Auch seine Tochter Elisabeth, sowie deren Gemahl, Herzog Karl von Geldern verwandten sich bei dem Rate für ihn⁷); und so blieb denn

---

1) Da das Fürstenhaus (um einen längeren Aufenthalt der Herzöge in der Stadt zu verhindern) keine Küche hatte, sandte der Sothmeister ihm täglich acht Gerichte und vier Stübchen Wein (Schomaker).
2) Schomaker a. a. O. fügt hinzu: Actum Jubilate, und Hämmenstädt sagt: Herzog Heinrich lag binnen Luneborch bet Frydag na Jubilate (17. Mai). Das ist aber nicht richtig, sein Aufenthalt hat noch länger gedauert, es bezieht sich dies wohl nur (wie bei Schomaker) auf das Aufhören der täglichen Lieferungen.
3) So vom Kurfürsten Joachim von Brandenburg.
4) Havemann a. a. O. p. 100.
5) Heino an die Lüneburger Landschaft, Freitag nach Georgii, und der Kanzler an die Räte des Fürstentums, am Tage Thomae apli. 1527 (H. St. A. Des. 55. Ebstorf 1).
6) Auszug aus der Urkunde, d. d. Donnerstag nach Mariae Magdal. (23. Juli) 1528 bei Havemann p. 100. Anm. 3. Vgl. auch Elvers, Discurs., der diesen Brief ebenfalls kennt.
7) Elvers a. a. O.

Heinrich in der Stadt, bis ein Ausgleich mit seinem Sohne herbeigeführt wurde. Derselbe wurde freilich, obwohl ihn der Herzog jetzt selbst zu wünschen schien, dadurch verzögert, dass er sich zu einem Schritte hinreissen liess, der ihm sehr schadete und ihm den letzten Rest von Achtung raubte, der bei seinen wenigen Freunden noch übrig geblieben war. Bald nach dem Tode seiner Gemahlin Margaretha, die am 7. December 1528 zu Weimar starb[1], ging er eine neue Ehe mit seiner damaligen Geliebten ein, die der „Papenmeister" Dietrich Rhode in Lüneburg kirchlich einsegnete[2].

Im Juni des Jahres 1529 kam es dann endlich zu einer Versöhnung[3]. Heinrich wiederholte seinen Verzicht auf die Regierung, und es wurde ihm eine jährliche Rente von 700 Goldgulden ausgesetzt[4]. Vorläufig blieb er in Lüneburg und Ernst hatte auch, nachdem sein Vater im Jahre 1530 von der Acht gelöst war[5], die Absicht ihm das Fürstenhaus dort zum ständigen Wohnsitz anzuweisen, allein dies betrachtete der Rat als einen Eingriff in seine Freiheiten[6], und Ernst musste nachgeben. Den Rest seines unruhigen Lebens verbrachte Heinrich der Mittlere in Wienhausen; hier ist er denn bereits im Jahre 1532 gestorben[7].

Der Tag von Scharnebeck bedeutet einen grossen Erfolg Herzog Ernsts: die alten Anhänger wurden nur noch enger an ihn gefesselt, und neue wurden gewonnen durch den errungenen Sieg. So konnte er daran denken jetzt noch weiter vorzugehen. Nicht ohne Bedeutung war es für ihn, dass er im Juni 1527 auf der Hochzeit des Kurprinzen Johann Friedrich mit Sybilla von Cleve

---

1) Spalatin bei Mencken II, 1102.
2) Ob dies gerade Anna von Campe, seine frühere Geliebte gewesen ist, darüber sagt unsere Quelle (Hämmenstädt) nichts: Der Fürst sei „mit dieser lichtfertigen Plage sunderlich vorhafft" gewesen.
Die Urkunde, in der Herzog Ernst über diese Heirat klagt, führt Havemann p. 102 an, leider ohne Datum.
3) Der nochmalige Aufenthalt in Frankreich, den Havemann p. 103 annimmt, ist gar nicht bezeugt. Er könnte nur in die Zeit von December 1528 (Heirat Heinrichs nach dem Tode Margarethas) bis zum Juni 1529 (Verzichturkunde) fallen. Ich habe keine Spur davon gefunden.

4) Die Urkunde ist vom Dienstag nach Bonifacius (8. Juni) 1529. Vgl. Havemann p. 131, Anm. 2.
5) Die Lösung aus der Acht geschah auf Fürbitte Erichs v. Calenberg und Heinrichs von Wolfenbüttel, Die Urkunde darüber gedruckt bei Lünig, Bd. 9 p. 408 ff.
6) Der Rat an den Herzog, Mittwoch nach Vincula Petri 1531 (Copie. Des. 55, 8).
7) Über den Todestag sind verschiedene Angaben vorhanden: Schomaker giebt Invocavit (17. Februar), Hämmenstädt Montag nach Invocavit (18. Februar), am besten ist wohl die Nachricht des Necrologs von Wienhausen, 25. Februar: Zts. d. hist. Vereins f. Niedersachsen. 1855, p. 232, Anm. 34.

zu Torgau anwesend war. Er traf dort mit Luther zusammen, und es lässt sich vermuten, dass er sich mit ihm sowie mit den Fürsten von Sachsen über seine nächsten Schritte in Sachen der Religion beraten hat. Eine Anekdote ist freilich das einzige, was uns von seinen damals mit Luther geführten Gesprächen erhalten ist. Herzog Ernst, einer der sittenstrengsten Fürsten seiner Zeit, klagte über das unmässige Saufen an den deutschen Fürstenhöfen. „Da solltet ihr Fürsten und Herren dazu thun", antwortete Luther. Darauf der Herzog: „Ja, lieber Herr Doctor, wir thun freilich dazu; es wäre sonst längst abkommen"[1]).

Ohne Einfluss wird diese Begegnung nicht gewesen sein; vielleicht ist durch sie der Befehl hervorgerufen, den Ernst jetzt an seine Prediger zu Celle ergehen liess: die Misbräuche, die sich bei den Pfarren im Fürstentum Lüneburg fänden, in ein Buch zu verfassen[2]). Am 3. Juli 1527 überreichen die „verordneten Prediger zu Celle" (ihre Namen sind nicht einzeln angegeben) ihre Schrift dem Herzoge[3]). Sie ersuchen ihn in der Vorrede, die Artikel zu prüfen und ihre Befolgung anzubefehlen, bis sie durch gemeine christliche Ordnung verbessert und vollkommen gemacht worden seien. „Nun wird", so heisst es in der Vorrede weiter, „ungezweifelt L. F. G. vor Gott sich schuldig erkennen, in einer wohlgeschickten, löblichen Landordnung dies vor allen Dingen höchsten Ernstes zu verschaffen, dass zuerst die gebührliche, wahrhaftige Ehre Gottes, demnächst aber rechte und billige Ordnung und Wege aufgerichtet, gefördert und gehandhabt werden, dass dergestalt in der Gemeinheit Ruhe und Einigkeit leiblich, Friede und Freude geistlich möge erhalten werden. Dazu werden L F. G. nicht allein von geistlichen Dingen, sondern auch von der Ehre oder Unehre Gottes, von dem Gedeihen oder Verderben der Seele, so viel bei I. F. G. des Verstandes oder Vermögen gewesen, für ihre Unterthanen dem Allmächtigen Rechenschaft ablegen müssen. Darum getrösten wir uns, I. F. G. werden aus diesen und andern unvermeidlichen Ursachen dermassen bei den angeführten Gebrechen gnädiglich und ernstlich ein Einsehen haben, dass der armen einfältigen Unter-

---

1) Bünting, Braunschweig-Lüneburgische Chronik p. 38. Er giebt die Hochzeit aber ein Jahr zu früh an: 2. Juni 1526.

2) Wiederholt sagt der Herzog in seinen Urkunden, dass er die Abfassung des Artikel-Buches veranlasst habe; so in dem Schreiben an den Rat von Lüneburg, d. d. Isenhagen, Division. apostol. 1529 (L. A.).

3) Artikel darinne etlike mysbruke by den Parren des Fürstendomes Lüneborg entdecket, unde dar gegen gude ordenynge angegeven werden, mit bewysinge und vorklarynge der schrifft. Vgl. Richter, die evang. Kirchenordnungen des 16. Jahrhunderts I, 70 ff.

thanen Gewissen dadurch gerettet und getröstet, der Allmächtige aber in Ewigkeit dafür möge gepriesen werden".

Diese Gedanken über den Beruf eines christlichen Fürsten, die wir hier für das Fürstentum Lüneburg zuerst ausgesprochen finden, hat Ernst sich zu eigen gemacht und häufig in seinen Erlassen wiederholt.

Das sog. Artikel-Buch zerfällt in zwei Teile, in dem ersten werden die abzuschaffenden Misbräuche in 21 Artikeln festgestellt, im zweiten folgt der Beweis ihrer Unrichtigkeit aus der heiligen Schrift. Das Büchlein ist, wie das meiste in der damaligen Zeit, was nicht gerade aus der herzoglichen Kanzlei kam, in niederdeutscher Sprache geschrieben.

An die Spitze wird die Forderung gestellt, die auch Ernst schon früher, wie wir sahen, ausgesprochen hatte, dass jeder Pfarrherr in eigner Person an seiner Kirche wirken soll. Lauter, klar und rein soll er das Evangelium predigen; Fabeln und andere unnütze „Wascherei" vermeiden. Christus allein und die Liebe des Nächsten möge gepredigt werden (Art. 2). Kein Pfarrherr soll für alle Zeiten eingesetzt werden. Die Obrigkeit muss Macht haben, die Säumigen zu strafen, an die Ungeschickten ihr Mass anzulegen und die Kranken zu versorgen (Art. 3). Jede Gemeinde soll durch Einsehen der Obrigkeit angehalten werden, dass ihr Pfarrer und die Kirchendiener eine genügende Versorgung haben (Art. 4), aber alle Amtshandlungen sollen frei sein, nur den Vierzeitenpfennig darf der Pfarrer fordern (Art. 5). Die Geistlichen sollen sich eines ehrbaren Lebens befleissigen; wem es nicht gegeben ist, keusch zu leben, der soll sich in den Ehestand begeben (Art. 6). Die Gelübde der Klosterjungfrauen dürfen nur von solchen, die zu beständigen Jahren gekommen sind, und auch dann nicht auf ewige Zeit abgelegt werden (Art. 7). Fasten und die Feier der Festtage (mit Ausnahme des Sonntags) soll man in eines jeden Belieben stellen, aber solche Feste, wie Hagelfeier u. a., deren sich die Bauern in abergläubischer Weise bedienen, sollen abgeschafft werden; dagegen soll bei gegenwärtiger Not (wie schlechtem Erntewetter) im Gotteshause ein Gebet mit vorheriger Ermahnung aus der Schrift stattfinden (Art. 8—11). Wallfahrten nach Bildern und die Bettelei, die besonders bei Geistlichen und Ordensleuten ein Gräuel ist, soll abgeschafft werden; aber man soll eine Ordnung schaffen, durch welche die Hausarmen versorgt werden und nicht zu betteln brauchen (Art. 12—14). Messe soll nicht um Geld gehalten werden. Es soll dabei das Wort Gottes gepredigt und sie soll Sonntags und nicht an andern Tagen, wenn keine Communicanten da sind, gefeiert werden (Art. 15). Vigilien, Seelenmessen, Kalande und Brüderschaften sollen abgethan werden, ebenso Gesänge zu Ehren Marias, auch soll man kein Wachs, Wasser, Salz u. dgl. weihen (Art. 16. 18. 19). Die Toten sollen ehrlich mit einer kurzen Ermahnung für die Lebenden begraben werden (Art. 17). Bei der Taufe soll deutsch geredet werden, damit nicht mehr so leichtfertig wie bisher bei der Übernahme der Pathenschaft verfahren wird (Art. 20). Alle diese Artikel sollen so gelehrt und ausgelegt werden, dass die Schwachen nicht geärgert werden und die Ruchlosen keine „Freiheit fassen" (Art. 21).

Das ist in kurzen Worten der Inhalt der Artikel. Es zeigt sich auf den ersten Blick, wie vorsichtig sie abgefasst sind, „damit die Schwachen nicht geärgert werden". Für das Abendmahl unter beiderlei Gestalt behält man den Namen Messe bei; auf die Klöster wird nur wenig eingegangen, nur über das Klostergelübde der Nonnen wird gesprochen. Die Artikel sind die erste Kirchenordnung des Fürstentums Lüneburg geworden und sind es längere Zeit geblieben, ergänzt wurden sie erst in einigen Punkten durch die herzoglichen Verfügungen vom Jahre 1543.

Das Artikel-Buch sollte nun — dazu hatte es der Herzog bestimmt — den Ständen des Fürstentums zur Annahme vorgelegt werden und zwar schon in nächster Zeit.

Ein neuer Landtag war ausgeschrieben auf die Woche nach dem Tage Laurentii (10.—17. August), wir können nur ungefähr die Zeit desselben angeben, auch den Ort kennen wir nicht[1]). — Zur Verhandlung lagen zwei hochwichtige Sachen vor; es sollte über die Schulden und über die Religion beraten werden. Nur sehr spärlich sind wir über die Teilnahme und über die äusseren Ereignisse des Tages unterrichtet. Nachweisen lässt sich ziemlich sicher die Anwesenheit des Abtes Boldewin[2]); die Partei der Prälaten muss hier sogar, wie sich aus den Beschlüssen des Landtages ergiebt, ziemlich stark ge-

---

1) Dürfte man annehmen, dass die von Herzog Ernst erlassene „Verschreibung an die Stände" unmittelbar am Schluss des Landtages erlassen wäre, so hätte der Landtag zu Celle stattgefunden, da von hieraus die Urkunde erlassen ist. Dieser Schluss würde aber bei jedem andern Orte sicherer sein als gerade bei der herzoglichen Residenz.

2) Seine Anwesenheit ergiebt sich aus der Vorrede der „Verschreibung". Davon, dass sich früher die Prälaten geweigert hätten, auf den Landtagen zu erscheinen (Ranke II, 322), findet sich keine Spur.

wesen sein. Das Resultat des Landtages liegt uns vor in einer Urkunde, die Herzog Ernst am Sonnabend nach Laurentii (17. August) 1527 von Celle aus erliess[1]); wir können daraus manche Schlüsse über die Verhandlungen des Landtages ziehen.

Das Ergebniss war in betreff der Schuldenfrage für den Herzog ein sehr günstiges, allein es musste mit grossen Gegenleistungen erkauft werden. Die Landschaft übernahm es, die Pfennigschuld, über die ein Register vorgelegt worden war, zu bezahlen, dafür wurde den Ständen eine ganze Reihe Rechte teils neu erteilt, teils wieder bestätigt. Allgemein werden alle Privilegien bestätigt; zur Erhaltung derselben dürfen sich die Stände jederzeit frei versammeln. Holz- und Jagdrecht, sowie die Patrimonialgerichtsbarkeit werden besonders gewährleistet. Nur mit Bewilligung aller Stände dürfen Steuern ausgeschrieben, Fehden angesagt und Bündnisse geschlossen werden. Die Bezahlung der herzoglichen Schulden ist keine Pflicht, die Stände brauchen nicht für Schulden zu bürgen, wozu sie keine Ursache gegeben haben. Die Burgfestdienste werden beschränkt; die Gewaltthaten der herzoglichen Amtleute verboten; gegen den Herzog kann bei den Räten des Fürstentums geklagt werden. Die Hofhaltung des Herzogs soll beschränkt werden. Leidet ein Ritter in seinem Dienste Schaden, so soll ihm derselbe ersetzt werden. Die Gerichtspflege soll eine schnelle sein; eine Gerichtsordnung soll vereinbart werden.

Die Gegenleistungen des Herzogs sind, wie man sieht, nicht unbedeutend. Auch auf die religiösen Fragen, die hier beraten wurden, wird die Schuldenfrage nicht ohne Einfluss gewesen sein. Die Partei der Prälaten war noch immer stark genug, um eine Forderung des Herzogs zum Scheitern zu bringen. Wollte derselbe ihre Zustimmung zu der Übernahme der Pfennigschuld durch die Landschaft gewinnen, so musste er auch ihnen gegenüber noch besondere Opfer bringen.

Ausdrücklich liessen sich jetzt die Klöster die freie Election der Pröpste bestätigen, freilich nach vorheriger Nomination etlicher Personen durch den Fürsten. Das war eine Bestätigung des Zustandes, wie er sich (wie gezeigt ist) seit längerer Zeit herausgebildet hatte. Aber dieselbe war gerade in dem jetzigen Augenblicke, wo der Bestand der Klöster jeden Augenblick in Frage gestellt werden konnte, durchaus nicht unwichtig[2]).

---

1) Gedruckt bei Jacobi, Landtagsabschiede I, 134 ff.

2) In seinem Schreiben vom Tage Egidii (1. Sept.) 1527 beruft sich Heino von dem War-

Der Herzog wünschte, die Annahme des Artikelbuches und damit die Gültigkeit der Vorschriften desselben für das ganze Land durchzusetzen. Er legte dasselbe auf diesem Landtage den Ständen vor und forderte besonders die Geistlichen zur Prüfung desselben auf. Fänden sie darin nichts gegen die Heilige Schrift, so möchten sie die Ordnung gütlich aufnehmen und nach ihr in „Kirchendiensten und Sachen des Gewissens unvorweislich handeln". Damit man aber genügende Zeit habe, die Sache zu prüfen, oder sich mit Schriftverständigen zu besprechen, wolle er den geistlichen Räten das nächste Vierteljahr Zeit dazu geben und noch mehr, wenn sie daran nicht genug hätten. Der Vorschlag, so milde er war, wurde zurückgewiesen; nicht einmal auf eine Prüfung des Buches wollte man sich einlassen. Es gelang aber dem Herzoge doch noch, einen Beschluss herbeizuführen: „Mit gemeiner Verwilligung der Prälaten, Stände und aller Mannschaft wurde erhalten beschlossen und allerseits angenommen, Gottes Wort überall in des Fürstentums Stiftern, Klöstern und Pfarren rein, klar und ohne menschlichen Zusatz predigen zu lassen". Und mit diesem Abschied „ist ein jeder friedlichen abgezogen". So giebt der Herzog in einem Schreiben an den Rat von Lüneburg den Inhalt desselben an[1]). Allein es war noch eine Beschränkung zu Gun-

der der Landschaft gegenüber auf dieses Versprechen.

1) Nach dem Vorgange von Schlöpke hat man die Vorlage des Artikel-Buches erst auf einen Ostern 1529 gehaltenen Landtag gesetzt und hat dann entweder nur zwei Landtage (Uhlhorn bezieht die „Verschreibung" vom August 1527 auf den Landtag von Scharnebeck und nimmt dann im August keinen mehr an) oder drei, auf denen in betreff der Religion verhandelt worden sei, angenommen. Auf allen dreien ist dann im Grunde dasselbe beschlossen worden, nur durch verschiedene Worte hat man das Resultat verändert.

Meine Bemühungen Ostern 1529 einen Landtag nachzuweisen, waren vergeblich, er findet sich zuerst bei Schlöpke. Im Februar 1529 hat freilich einer stattgefunden, aber der vorhandene Abschied bezog sich nur auf eine Verhandlung mit der Stadt Lüneburg.

Bei meiner Ansicht über diese Landtage stütze ich mich auf das erwähnte Schreiben des Herzogs an den Rat von Lüneburg, d. d. Isenhagen, Division. Apostol. (15. Juli) 1529 und ein ähnliches an das Kloster St. Michaelis, d. d. Lüne am Tage Margarethae (13. Juli) 1529. (Das Original des ersteren befindet sich im L. A., eine Copie des letzteren im H. St. A. Des. 49. Reform. der Stifte und Klöster 1).

Der Herzog rechtfertigt in diesen Schreiben sein Vorgehen gegen die Klöster im Juli 1529 und geht dabei auf die Verhandlungen eines Landtages ein (ohne dessen genauere Zeit anzugeben). Dass dies ein Landtag gewesen ist, der Ostern 1529 abgehalten wurde, ist ganz unmöglich; denn der Herzog sagt darin: dass, obwohl der angegebene Abschied allseitig angenommen worden sei, derselbe doch bei den Geistlichen in Vergess gekommen sei. Das habe er nicht erwartet, da es nun aber geschehen sei, habe er mit Geduld und und Schmerzen eine Zeit her den Abbruch göttlicher Ehre und vielfältiges Ärgernis getragen. — Wenn nun aber, wie man das angenommen hat, der Herzog Ostern 1529 den Geistlichen auf dem Landtage das Artikel-Buch zur Prüfung übergab und ihnen ein Vierteljahr oder länger Zeit dafür gewährte, wie kann er dann kaum ein Vierteljahr nach dem Landtage schreiben, er habe eine Zeit her mit Schmerzen das angesehen, dass der Absten der katholisch Gesinnten gemacht worden, die sich aus der „Verschreibung" des Herzogs vom 17. August ergiebt: Den Vorständen und Prälaten der Klöster, den Stiftern Bardowik und Ramelsloh und der Ritterschaft wurde es in den von ihnen abhängigen Kirchen „in ihr Gewissen gestellt, es mit den Ceremonien zu halten, wie sie es vor Gott verantworten könnten". Ebenso nahm auch der Herzog — und das ist sehr wichtig — für sich das Recht in Anspruch: „In den Kirchen, so von uns oder Ausländischen zu Lehen gehen, wollen wir mit Ceremonien und Verkündigung des göttlichen Wortes es also zu halten uns vorbehalten haben, als wir das vor Gott, auch kaiserlicher Majestät und menniglichem zu verantworten verhoffen und wollen".

Indem der Herzog die Forderung der katholischen Partei in betreff der Ceremonien gewährte, musste er sich sagen, dass damit eine Einwirkung auf dieselbe in religiösen Sachen ausgeschlossen war, wenn man wenigstens anscheinend das Wort Gottes predigte. Denn unter dem Ausdruck „Ceremonien" können

---

schied nicht befolgt worden sei?

Ich erkläre mir den Irrtum bei Schlöpke auf folgende Weise: Schl. kannte das Schreiben an den Rat (er giebt das Datum desselben an), aber nicht genau genug. Aus dem Vorschlage des Herzogs, den Prälaten ein Vierteljahr Zeit zur Prüfung des Artikel-Buches geben zu wollen, kam er durch ungefähre Berechnung dazu, einen Landtag auf Ostern 1529 anzusetzen, und das Vorgehen des Herzogs wurde dann dadurch erklärt, dass bis Juli 1529 noch keine Antwort der Prälaten eingetroffen war.

Nun ist in der „Verschreibung" vom 17. August 1527 die Verfügung des Herzogs erlassen: „Als dan auch auf vorigem gehaltenen Landtage es der massen verlassen, angenommen und bewilligt, wollen wir mit den Ceremonien zu halten, den Vorständen und Prälaten der Klöster (dasselbe wird später von den Stiftern Bardowik und Ramelsloh und von der Ritterschaft gesagt) in ihr Gewissen heimgestellt und gegeben haben, also in den Klöstern im Fürstentum gelegen und den Pfarrkirchen als von ihnen zu Lehen gehen, zu handeln, dass sie es vor Gott mögen bekantstehen; doch unbeschadet, dass sie sich des jüngst bewilligten Abschieds halten und in ihren Kirchen und Klöstern das Evangelium lauter, rein und ohne menschlichen Zusatz verkündigen und den befohlnen Seelen predigen lassen". Dieser eigentliche Hauptbeschluss des Landtages stimmt mit dem Abschiede, welchen Ernst in seinen beiden Schreiben erwähnt, fast wörtlich überein, und das zwingt uns, den Landtag, von dem Ernst redet, bereits in das Jahr 1527 vor den 17. August zu setzen.

Das kann aber nicht der Landtag zu Scharnebeck gewesen sein; denn das Artikel-Buch wurde auf dem Landtage vorgelegt und dasselbe wurde erst am 3. Juli dem Herzoge überreicht.

Meine Annahme, dass der Landtag in die Woche nach Laurentii (10.—17. August) fällt, wird dadurch gestützt, dass der Propst Heino von dem Werder am 12. August (Montag nach Laurentii) an „Abt Boldewin, Prälaten, Räte, Mannschaft, Städte und alle Stände des Fürstentums" gegen den Herzog eine Klageschrift richtet, auf die derselbe von den Ständen am 1. September 1527 bereits eine Antwort erhalten hatte.

Endlich will ich noch erwähnen, dass Ernst gerade um Ostern 1529 nicht im Fürstentume, sondern auf dem Reichstage in Speier war.

sich alle möglichen Misbräuche verstecken, und es ist dasselbe hier wohl nicht einfach mit „Liturgie" identisch[1]).

Folgen des Landtages vom August 1527.

Der Herzog hatte sich auf dem Landtage dasselbe Recht vorbehalten, welches er den Klöstern, Stiftern und der Ritterschaft hatte einräumen müssen; und das nicht bloss für die Kirchen, die von ihm selbst, sondern auch für die, welche von Ausländischen zu Lehen gingen. Das war wieder ein Schritt weiter; denn damit war die Aufhebung des „jus patronatus" des Bischofs ausgesprochen, und der Herzog nahm in den bisher bischöflichen Kirchen des Fürstentums, deren es eine ganze Anzahl gab, das Patronat in seine eigne Hand.

Die Thätigkeit des Herzogs in den nun folgenden beiden Jahren richtete sich darauf, in den ihm unterstellten Kirchen die Reformation auf Grund des Landtagsbeschlusses durchzuführen. Das Artikel-Buch bildete dann für die reformierten Kirchen die Kirchenordnung, nach der sich die Pfarrer zu richten hatten. Auch danach wird der Herzog getrachtet haben, möglichst viele von der Ritterschaft zu gewinnen, damit auch in ihren Patronatskirchen die päpstlichen Misbräuche abgeschafft werden konnten. Eifrig unterstützt wurde er darin von seinem Kanzler Förster, der ja bei „Fürsten und Edlen, Äbten und Pröpsten und Nonnen, Blutsverwandten und Schwägern" für die Beförderung der Reformation thätig war und „an allen Orten einen Prediger der Wahrheit gab".

Nur von verhältnissmässig wenig Kirchen des Fürstentums kennen wir genau den Zeitpunkt der Einführung der Reformation, aber doch finden wir gerade in dieser Zeit, dass eine Reihe von Orten sich der Reformation anschliesst. 1526 war bereits Burgdorf zum Luthertum übergetreten. In Uelzen wurde 1527 Wemaring aus Stade erster lutherischer Propst. In Dannenberg hob der Rat im Jahre 1528 die Gilden auf, der katholische Propst Matthias Dorheide trat in den Ehestand (er wurde später Bürgermeister) und Matthias Mylow, bisher in Celle, wurde dort Pastor[2]). In demselben Jahre wurde Johann Prühl erster evan-

---

[1] Havamann a. a. O. p. 105, nach Gebhardi Bd. 14.

[2] Vaterländ. Archiv 1820: Sultemeier, zur Geschichte Dannenbergs, p. 230 und 239.

gelischer Prediger zu Lüchow[1]) und Henning Kelp zu Walsrode[2]). 1529 werden in Bergen, einer Patronatskirche des Klosters St. Michaelis[3]), und in Amelinghausen der Katholicismus abgeschafft, und an dem letzteren Orte wird Johann Corbicula der erste lutherische Pfarrer[4]). Heinrich Palster wird Pastor zu Dorne in den Freien, sein untauglicher Vorgänger wird durch Herzog Ernst vorläufig auf sechs Jahre versorgt[5]). An die Stelle des zum Predigtamte ungeschickten Bartold tritt in Holdenstedt Heinrich Lange. Bartold wird vom Herzoge auf Lebenszeit versorgt, jedoch nur unter der Bedingung, dass er „de mynschen, de he suslane in unehren by sick gehadt, sick schall geuen und ehlich vertruven laten", sonst bekommt er gar nichts[6]).

Wenn wir nun auch nicht behaupten wollen, dass an allen diesen Orten der Herzog den Wechsel der Religion herbeigeführt und dass nicht auch das Volk dabei die Initiative ergriffen habe, so sind doch dem Herzoge die wesentlichsten Erfolge zu danken, die das Luthertum in diesen Jahren davon getragen hat. In den ihm unterstellten Pfarren hatte er bis zur Mitte des Jahres 1529 den Katholicismus wenigstens äusserlich völlig beseitigt.

Vor Pfingsten desselben Jahres hatte der Herzog bereits im Amt und Vogtei Celle eine Visitation der Pfarrer vornehmen lassen. „Weil viele Gebrechen, Unwissenheit christlicher und göttlicher Lehre, viele Misbräuche und Gotteslästerung bei den Kirchherren und Seelsorgern gefunden waren, hatte er sie in Gottes Wort verhören und in christlicher Lehre unterweisen lassen". Man hatte gefunden, dass die Barfüsser aus Hannover und Lüneburg grossen Einfluss hatten, und dass auf ihre Veranlassung viel Abgötterei durch Beschwörung, Gesichte und Visionen getrieben wurden. Bücher und Kristalle, deren man sich bei diesem ungöttlichen Treiben bediente, kamen gerade aus der Stadt Lüneburg[7]).

---

1) Schlegel, Hannoversche Kirchen- und Reformationsgeschichte II, 53.
2) Urkundenbuch von Walsrode No. 411. Kelp war in Lamspringe 1498 geboren (U. B. v. Walsrode nr. 373); er hatte 1521 in Wittenberg studiert: Förstemann Album academiae Vitebergensis p. 107.
3) v. Weihe-Eimke, die Äbte des Klosters St. Michaelis p. 137 aus Gebhardi VII.
4) Schlöpke p. 509.
5) Der frühere Inhaber, Joh. Holthusen, darf auf 6 Jahre die Wiese der Kirche in der Hannoverschen Masch gebrauchen, dazu soll er von seinem Nachfolger 2 Gulden jährlich erhalten. Urk. Ernsts, d. d. Zelle, Sonnabend nach Matthaei 1529 (H. St. A. Des. 48. Klostersachen 10).
6) Auf Lebenszeit soll Bartold, der sich aus beweglichen und redlichen Ursachen zum Kirchenamte ungeschickt erfunden hat, vom Herzoge jährlich 8 Gulden, vom Kirchenvorstand 2 Gulden und von dem jetzigen Pastor 4 Schinken erhalten. Urk. Ernsts d. d. Mittwoch, nach Quasimodo geniti 1530. (Ebendort).
7) Der Herzog an den Rat von Lüneburg Sonnabend in den Pfingsten (22. Mai) 1529.

Das Artikel-Buch brachte der Herzog in seinen Kirchen völlig zur Durchführung, so dass er Mitte Juli 1529 an den Rat der Stadt Lüneburg schreiben konnte[1]: „Wiewohl wir nun willig für uns selbst auch in Kraft des angeführten Abschieds verpflichtet gewesen sind, Gottes Wort predigen zu lassen, haben wir nichts desto weniger auf Grund unserer Ordnung bei unsern Pfarren den Kirchherren gnädiglich und ernstlich befohlen, in der Verkündigung des Wortes die Misbräuche bescheidentlich abzustellen, derselben Ordnung bis zur Besserung zu leben und sich hierin richtig zu halten, wie es in unsern Pfarr-Lehen wird bis anhero erfunden".

Mit allem, was noch irgendwie nach einer Begünstigung des Klosterlebens aussehen konnte, brach Ernst jetzt völlig, obwohl er, was sehr beachtenswert ist, gegen die Klöster des Landes, deren Vorsteher zu den Ständen des Fürstentums gehörten, keine direkten Schritte unternahm. — Er habe bis dahin, sagt er selbst in einem Schreiben vom Ende des Jahres 1528, alle Klöster im Fürstentum bei ihren gewöhnlichen Ceremonien ungehindert bleiben lassen, um ihrer Schwachheit willen und ihnen bis heute keine Lehre vortragen lassen, die sie zu Irrsal oder Beschwerung führen möchte. Auch die Befolgung des Landtagsbeschlusses habe er bisher ihrer eignen Verantwortung überlassen und es sei ihnen kein Eintrag geschehen[2].

Eine Schwester des Herzogs, Apollonia, war noch immer im Kloster zu Wienhausen, wohin sie als zartes Kind von ihrem Vater gebracht worden war, und sie war dem Katholicismus sehr ergeben. Um sie aus dem Kloster zu entfernen, nahm Ernst zu einer List seine Zuflucht, und dabei leistete der Propst des Klosters Heinrich von Kramm hülfreiche Hand. Unter der Vorspiegelung, ihre Mutter wolle sie vor ihrer Abreise nach Meissen noch einmal sehen, wurde sie veranlasst nach Celle zu kommen (Anfang October 1527), und ihr dann von ihrem Bruder die Rückkehr ins Kloster verweigert. Alle ihre Bemühungen Ernst anders zu stimmen waren vergeblich; man sandte sie an den Hof des Kurfürsten von Sachsen; eine ehemalige Nonne, die zum Luthertum übergetreten war, war

---

Der Rat soll nach derartigen Dingen suchen, sie confiscieren und dem Herzoge senden (L. A.)
1) In dem erwähnten Schreiben, d. d. Isenhagen, Division. Apostol. 1529.

2) In dem bereits erwähnten Schreiben an Thumpropst, Senior und Capitel zu Hildesheim, Montag nach Nativit. Christi 1529 (1528).

ihre Begleiterin. Später söhnte sie sich mit ihrem Schicksal aus, aber sie blieb stets unvermählt[1]).

Der Propst Heinrich von Kramm, der durch die Begünstigung dieser Entführung Apollonias die Ordnung seines eignen Klosters verletzt hatte, legte etwa ein Jahr später sein Amt nieder. Schon lange war er ein treuer Anhänger des Herzogs gewesen, jetzt trat er demselben (am 22. November 1528) die Verwaltung des Klosters völlig ab, so dass in Wienhausen die Sachlage dieselbe war, wie in Ebstorf. Der Herzog ernannte Heinrich von Kramm zum Amtmann von Gifhorn (am 5. Juli 1529) und verwandte ihn häufig in den Geschäften des Fürstentums[2]).

Auch für die Mönchsklöster (mit Ausnahme der Barfüsser) scheinen die Beschlüsse des Landtags nicht ohne Folgen geblieben zu sein.

In Scharnebeck verliessen im Anfange des Jahres 1528 bereits einige Mönche das Kloster, und dem Abte schärfte der Herzog ein: sich in dieser Sache zu verhalten, wie er es aus christlichem Gewissen vor Gott und allen Christgläubigen verantworten könne[3]).

Der Abt von Oldenstadt dachte sogar daran, selbst dem Klosterleben zu entsagen. Er ist eine sehr wohlthuende Erscheinung, dieser alte Heino Gotschalk, wahrhaft fromm, wohlthätig gegen Arme, milde gegen Fremde. Schon im Jahre 1523 hatte er sich geweigert, in Lüne die Einkleidung von zwölf Klosterjungfrauen vorzunehmen, wozu man ihn aufgefordert hatte[4]). Die Jahre hatten seine Hinneigung zur Lehre Luthers gefördert und befestigt. Er wandte sich an Luther und bat ihn um seine Meinung über die Frage, ob ein alter Abt, der sich abgewandt habe von den Misbräuchen des Katholicismus, wohl im Kloster ohne Gefahr für seine Seele bleiben könne. „Ich freue mich", antwortete ihm Luther, „dass Gottes Gnade sein Wort auch in jenem Winkel und Ende der Erde hat aufgehen lassen und bitte, dass er es bei uns allen zum guten Ende führen möge". Ruhig könne der Abt im Kloster bleiben, wenn er nur nicht die ungöttlichen Messen feierte, oder sonst etwas gegen den Glauben thäte. Er

---

1) Vgl. Bertram, Evangelisches Lüneburg p. 126 f.
2) Vgl. Bötticher, Necrolog und Verzeichnis der Pröpste und Äbtissinnen von Wnhausen: Zts. d. hist. Vereins f. Niedersachsen 1855 p. 252.
3) Herzog Ernst an den Abt zu S. (sic!), d. in unserm Kloster Scharnebeck am Tage Pentecostes 1528 (Concept im H. St. A. Des. 49, Reform. der Stifte und Klöster 1).
4) Havemann a. a. O. p. 109; aus Gebhardi XIV.

könne dort den Brüdern dienen, mit ihnen die heilige Schrift lesen, die Horen abhalten und das Abendmahl feiern. Das Klosterleben hindere nichts, wenn nur Freiheit des Geistes herrsche. Er würde nicht einmal solchen alten, ehrwürdigen Männern zum Verlassen des Klosters raten; draussen könne er leicht andern lästig werden, das sei im Kloster nicht der Fall. Er selbst würde noch jetzt im Kloster leben, wenn es bei der Beschaffenheit desselben angegangen wäre[1]).

Auch den Barfüssern gegenüber brachte der Herzog jetzt die Vorschriften des Artikel-Buches zur Anwendung, wie bei den ihm unterstellten Kirchen. In Winsen a. d. Luhe kam es zuerst zur völligen Aufhebung des Franziskaner-Klosters. Der bisherige Guardian Joachim Gustrow, der dem Herzoge, wie es heisst, früher viel zu schaffen gemacht hatte, war in ein Kloster in Mecklenburg versetzt; an seine Stelle kam Johann Oldersen. Ehe derselbe sein Amt antrat, forderte der herzogliche Hauptmann Ludolf Klenk auf Befehl Ernsts von den Barfüssern, sie sollten „kein Salz oder Wasser weihen, weder heimlich noch öffentlich predigen, keine Messe halten, keine Psalmen lesen und im Fürstentum Lüneburg nicht betteln" — lauter Missbräuche, deren Abstellung auch in dem Artikel-Buch verlangt worden war. Aber die Brüder „verlachten, verachteten und verspotteten" dies Gebot und trieben es ärger als zuvor.

Die Übernahme des Guardianats durch Oldersen verstärkte den Zorn des Herzogs. Noch am 8. Juli 1528 schrieb der neue Guardian an den Herzog und bat um Erhaltung des „alten Standes des Klosters" mit Berufung auf die Stiftungsurkunde Herzog Friedrichs (von 1477)[2]. Allein der Hauptmann warnte ihn: er möge sich vorsehen, dass der Herzog nicht mit Ungnade gegen ihn handle, oder ihn vielleicht nach Celle bringen lasse; er wolle ihn in Winsen nicht als Guardian haben, darum möge er sich eine andere Stätte aussuchen. Das veranlasste Oldersen zur Flucht nach Lüneburg (9. Juli), von wo aus er sich noch einmal an den Herzog wandte. Er wiederholte seine alte Bitte und berief sich zugleich auf das, was in der Vorrede des Unterrichts der Visitatoren in

---

1) Luther an den Abt Heino, Wittenberg penultima Februarii 1528. De Wette III, 284 f. Havemann (p. 109. Anm. 3) setzt dies Schreiben in das Jahr 1529, weil er eine Abschrift der Gebhardischen Sammlung in der Kgl. Bibl. zu Hannover benutzt hat, die kein Jahr hat.

2) Joh. Oldersen an den Herzog, Winsen, am 8. Juli 1528 (Copie im H. St. A. Verzeichn. d. Manuscripte J. 76, wo sich auch die Copien der folgenden Urkunden befinden).

Sachsen gesagt sei. Er könne christlichen Unterricht leiden und wollte mit göttlicher Hülfe alles unbillige Vornehmen abthun[1]).

Doch es war zu spät, nach wenigen Tagen erfolgte der Ausweisungsbefehl. Nur das habe er, so schreibt Ernst, aus ihrem Vergehen ersehen können, dass sie alle seine Fürsorge verachteten und seine Befehle überschritten, daher müsse er auf andere Weise seine Unterthanen vor ihnen zu retten suchen. Durch ihren Misbrauch sei das ihnen früher erteilte Privileg verwirkt, und sie würden dasselbe überhaupt nicht erhalten haben, wenn sein Ahne die richtige Einsicht gehabt hätte. Ein armes, nach Wahrheit hochbegieriges Volk wollten sie in ihrem verderblichen Wesen behalten. Während doch St. Franciscus durch seiner Hände Arbeit den armen Leuten gedient hätte, brächten sie durch ihre Bettelei das Volk um sein sauer verdientes Brot. Mit welchem Gewissen und mit welcher Stirn sie es wagen dürften, das, was sie für ihre Ordensregel hielten, bekräftigen zu wollen. Er, der Herzog, habe stets so gehandelt, wie es die Not seiner Unterthanen erfordere, und wie er das vor Gott und Kal. Majestät schuldig sei. — „Weil ihr aber", so schliesst das Schreiben, „göttlicher Forderung und wahrhaftig christlichem Leben nicht zu folgen bedacht seid, wollen wir die zwei gethanen eure Schriften hiermit verantwortet, euch aber ernstlich und redlich befohlen haben, dass ihr euch von Stund an von dannen hebt, unser Städtlein räumt, im Abzug aber die eingesessenen Bürger unverworren, auch was zum Kloster an allerlei Kleinodien gehörig, unverrückt daselbst lasset, und werdet ihr anderswo euer Bestes nach Vermögen, Willen und Billigkeit wohl wissen zu schaffen"[2]).

Am folgenden Sonnabend, den 18. Juli, mussten die Mönche das Kloster und die Stadt verlassen[3]). Ein Teil von ihnen wandte sich nach Lüneburg[4]).

In Celle suchte der Herzog noch in letzter Stunde einen friedlichen Ausgleich herbeizuführen. Ende Juli liess er den Mönchen durch seine Räte den Vorschlag machen: Sie sollten das Kloster freiwillig verlassen, dann wolle er die zum Predigen Geschickten zu Pfarrern machen, die andern ein Handwerk lernen lassen und die alten versorgen. Ihr Stand und Leben sei in der Schrift nicht begründet, darum könne er sie nicht länger im Kloster dulden. — Es sind An-

---

1) Oldersen an den Herzog, Lüneburg, am 10. Juli 1528.
2) Herzog Ernst an den Guardian von Winsen, Sonntag nach Kiliani (12. Juli) 1528.
3) Vgl. das Schreiben Heinrichs des Mittleren an den Rat von Lüneburg (Havemann a. a. O. p. 100. Anm. 3).
4) Vgl. Hümmenstädt a. a. O. Als Datum der Ausweisung giebt derselbe Freitag vor Jacobi (24. Juli) an.

erbietungen, die wir später noch bei andern Klöstern wiederholt finden werden, und die dem Herzoge alle Ehre machen. Auf Grund des letzten Landtagsbeschlusses, den die Mönche nicht befolgten, hätte er kraft seiner fürstlichen Macht dieselben ohne Rücksicht auf ihr späteres Fortkommen des Landes verweisen können.

Eine Annahme dieser Vorschläge war jedoch von den fanatischen Ordensleuten nicht zu erwarten. Aber sie versuchten jetzt eine Art Rechtfertigung ihres Ordenslebens, die man lange gefordert hatte, zu geben und damit die drohende Gefahr zu beseitigen: Die Länge der Zeit bestätige ihren Stand und Leben, ergründet sei er von etlichen gemeinen christlichen Concilien, bestätigt von der christlichen Kirche und bezeugt durch mannigfache Mirakel. Dadurch würden alle Zweifel an der Berechtigung desselben von ihnen genommen. Ihrerseits schieben sie den Predigern den Beweis zu; sie möchten die betreffenden Artikel ihrer Lehre schriftlich angeben und sie zur Prüfung an das Kammergericht oder an ein allgemeines christliches Concil gelangen lassen. „Die Prediger verkündigen dem Volke, dass niemand verpflichtet sei, etwas zu geloben, zu thun oder zu lassen, was nicht in der Heil. Schrift begründet ist; nun aber findet man doch nirgends, dass man den Evangelien Matthäi, Marci, Lucae und Johannis allein glauben soll und nicht auch dem Evangelio Nicodemi oder Bartholomaei. Darum mögen die Prediger doch ihre Lehre aufschreiben und prüfen lassen, weshalb wir dem von Menschen geschriebenen Evangelio glauben, das doch Christo von Gott nicht schriftlich übergeben worden ist, dann wollen auch wir unsere Lehre beweisen". — Der Fürst möge sie bei ihrem Leben lassen, wäre er aber (was sie nicht glaubten) gesonnen, sich mit Gewalt an ihnen, „den armen nackenden Brüdern" zu vergreifen, so seien sie einträchtig entschlossen, nach dem sicheren Stande ihres Lebens, gegrundfestet in der göttlichen Schrift, da sie im Gehorsam ihrer Obersten (wie Christus im Gehorsam gegen Gott) zur Stelle geschickt seien, um der Liebe Christi willen, lieber Tods zu sterben, als die Stätte zu verlassen oder Vorschläge des Herzogs anzunehmen[1]).

Die theologischen Bedenken und Behauptungen der Mönche liess der Herzog durch seine Prediger zu Celle widerlegen, an deren Spitze damals Heinrich Bock stand. Von Cruse ist seit dem Anfang des Jahres 1527 keine Spur mehr

---

1) S. F. G. undertbänige Underaaten gemeyns arme Bröder im Kloster to Zelle an Herzog Ernst am abend Vincula Petri (31. Juli) 1528.

nachzuweisen[1]). Zugleich mit der Antwort der Prediger übersandte der Herzog den Barfüssern am 6. August den Befehl, das Kloster zu räumen: Seit 6 oder 7 Jahren habe er nun mit ihnen verhandeln lassen, um für sich selbst Unterricht zu empfangen, worauf sein Herz und Gewissen friedlich ruhen könne; alles sei vergeblich gewesen, nicht einmal die Schrift der Prediger hätten sie beantwortet. Darum müsse er sie, da sie ihr ungöttliches Wesen nicht abstellten, Gott und seinem Gerichte überlassen; aber seine Unterthanen wolle er wenigstens vor ihnen schützen. „Und befehlen alsdann hiermit, gesinnen auch gnädiglich und wollen, dass ihr ungesäumt euch erheben und aufmachen, das Kloster mit allen so dazu gehörig (räumen), auch ohne Bewegnis dieser Stadt an andere Orte, wo ihr euer Bestes werdet zu schaffen wissen, euch verfügen sollt. Welches wir euch, danach euer Ding zu richten, nicht wollten bergen"[2]).

Die Mönche waren darauf vorbereitet; ihre Habseligkeiten lagen seit etlichen Tagen zum Abzuge fertig gepackt da; ein jeder ergriff sein Bündel, und sie verliessen das Kloster. Im Angesichte des Volkes, das sich versammelt hatte, um das Schauspiel anzusehen, stimmten sie ein Tedeum an und zogen dann Klagegebete murmelnd ihre Strasse.

Das Gefühl, als Märtyrer für ihren Glauben ausgetrieben zu werden, das Kreuz auf sich zu nehmen, wie so viele ihrer Vorgänger, erhöhte ihren Mut. Auch das Volk war nicht gefühllos dabei, der Anhang der Barfüsser war noch gross, nicht viel fehlte, so hätte man zu ihren Gunsten in Celle einen Aufstand ins Werk gesetzt, und die Aufregung legte sich erst allmählich. Noch in der Mitte des August hielten es die Prediger zu Celle für angezeigt eine Verteidigungsschrift ausgehen zu lassen, um die Vertreibung der Mönche beim Volke zu rechtfertigen. Ihr sind unsere Nachrichten über den Auszug der Barfüsser entnommen[3]). — Es ist dies wohl der einzige Fall, wo wir im Fürstentum Lüneburg einen Widerstand des Volkes gegen die Reformation constatieren können.

---

1) Eine alte Vermutung (Seckendorf) ist es, dass Cruse der „Dominus K." gewesen sei, von dessen Selbstmord Luther im December 1527 an Just. Jonas schreibt (De Wette III, p. 35). Diese Ansicht ist allerdings völlig unhaltbar, vgl. Corp. reform. I, 925.

2) Herzog Ernst an die Barfüsser, 1528, Donnerstag nach Vincula Petri (6. August). Von demselben Datum ist die Schrift der Prediger, der ein Auszug aus den Regeln des heil. Franciscus beigefügt ist.

3) Verantwortung der Prediger zu Celle, am Tage Assumptionis (15. August) 1528. „Allen christlichen Personen, die diese Schrift lesen, wünschen wir Heinrich Bock und andere verordnete Prediger zu Celle Gnade und Friede" lautet der Eingang.

Einsetzung lutherischer Prediger in den Klöstern. Die Übernahme der Verwaltung der Klostergüter durch den Herzog[1]).

Als Herzog Ernst in seinen Kirchen die Durchführung der Reformation beendet hatte, konnte er daran denken weiter zu gehen. Seine Anwesenheit auf dem Reichstage zu Speier im Jahre 1529, wo er nebst seinem Bruder Franz die Protestation der evangelischen Fürsten unterschrieb, mag sein Handeln beschleunigt haben. Nur noch enger hatte er sich an seine Glaubensgenossen angeschlossen und war vielleicht gerade von ihnen angetrieben, jetzt endlich auch Hand an die Reformation der Klöster zu legen.

Schon seit einiger Zeit hatte der Herzog begonnen, auf Grund der früheren Beschlüsse und seiner in früheren Jahren erlassenen Befehle gegen einige besonders renitente Geistliche vorzugehen; von der Erfüllung des letzten Landtagsbeschlusses hatte er dabei jedoch, wie wir erwähnten, vorläufig abgesehen und das dem eigenen Ermessen der Prälaten überlassen.

Der Propst von Medingen hatte sich nicht weiter um den in Uelzen erlassenen Befehl des Herzogs, dass die Pröpste im Fürstentum residieren sollten, gekümmert; er lebte in Halberstadt nach wie vor. Daher forderte der Herzog ihn am 18. Mai 1528 nochmals nachdrücklich dazu auf, in Medingen zu wohnen, sonst werde er sich genötigt sehen, auf andere Weise Abhülfe zu schaffen. „Es sei wahrlich nicht fein, als vornehmstes Glied des Fürstentumes die Ehre und Nutzung hinzunehmen, und das Land und Kloster winzig zu bedenken"[2]).

Johann von Mahrenholz liess es in seiner Antwort zwar an Entschuldigungen und Versprechungen nicht fehlen, allein an eine wirkliche Änderung dachte er nicht[3]). — Mit heftigen Worten hielt der Herzog, nachdem fast ein Jahr verstrichen war, ohne dass er sich im Fürstentume hatte blicken lassen, dem Propste vor, dass bei ihm die bewiesene Geduld mehr schade als nütze. Er möge doch dem Herzoge, „die Verwaltung des Klosters folgen lassen", wenn er sich der-

---

1) Hauptquelle für das Folgende sind nachstehende Akten des H. St. A.: Des. 49, Reform. der Stifter und Klöster 1. Des. 49, 3. Des. 50, Kloster St. Michaelis 2. Des. 55 Ramelsloh 5. Des. 55 Bardowik II, 1. Des. 40, 4. Des. 49. Bardowik 1. Des. 48. Klosterarchen 10.

2) Der Herzog an Johann von Mahrenholz, Montag nach Cantate 1528. (H. St. A.).

3) Johann v. Mahrenholz an Herzog Ernst, Freitag nach Cantate (22. Mai) 1528.

selben nicht annehmen wolle. Man würde aber, wenn er auch jetzt keine Abhülfe schaffe, auf das Fürstentum und das Kloster mehr Rücksicht nehmen als auf ihn[1]). Durch diese drohenden Worte fühlte sich der Propst „beschwert", da er stets das Beste des Klosters und des Fürstentums vor Augen gehabt. Er bat um Frist bis nach Ostern[2]), und auch diese gewährte ihm die Milde des Herzogs.

Auch die Canoniker von Bardowik hatten die Bestimmungen des Landtages von Uelzen nicht erfüllt, sie sollten daher auf Ostern 1528 vor dem Herzoge in Winsen erscheinen, allein ein schrecklicher Brand verhinderte den Tag. Doch scheint die Furcht vor dem Herzoge die Abstellung der Messe bereits zu Ostern 1529 veranlasst zu haben[3]).

Ende Juni 1529 begann der Herzog mit einer Visitation der Stifter und Klöster seines Fürstentums. Gestützt auf die beiden Landtagsbeschlüsse, dass das Inventar der geistlichen Güter eingeliefert werden, und dass das Wort Gottes lauter und rein gepredigt werden sollte, ging er jetzt vor. Die Nichterfüllung der Beschlüsse ermächtigte ihn, kraft fürstlichen Amtes einzuschreiten. Wohin er kam, da setzte er evangelische Prediger ein, und es scheint sogar nach einer uns erhaltenen Nachricht schon damals eine Einteilung des Landes in verschiedene Superintendenturen stattgefunden zu haben[4]). Die eingesetzten Prediger wurden mit einer Instruction versehen, „wie und was sie predigen sollten"[5]).

Diese Instruktion ist ausserordentlich charakteristisch für das besonnene

---

1) Der Herzog an den Propst, d. d. Celle, Circumcisionis Domini (1. Jan.) 1529.
2) Der Propst an den Herzog, Halberstadt, Dienstag nach Circumcis. Dni. (5. Januar) 1529.
3) Die Nachricht, die Schlöpke p. 357 angiebt, bestätigt das alte Kapitelbuch, dem sie entlehnt ist. Dort heisst es: „D. Gosman Tunder Scholmester und Cantor, so nu vom Capitel mit der Commende Johannes Baptistae belehnt, hefft lest mal eine Missen papistico more celebreret und. gesungen, 3a feria post pascha (30. März) 29". Diese Erscheinung steht einzig da; eine völlige Abschaffung der Messe wird es auch wohl weniger gewesen sein, als eine Abstellung der öffentlichen Feier derselben.
4) In der gleich anzuführenden Instruktion.
5) „Wie und was wir Ernst v. G. G. Herzog zu Braunschweig und Lüneburg unsers Fürstentums Pfarrherren und Predigern zu predigen befhalen" (H. St. A.). Die Schrift ist undatiert, lässt sich aber ziemlich sicher datieren. Sie wird zuerst genau erwähnt, als der Herzog sie am 13. Juli 1529 dem Kloster St. Michaelis zusandte. In ihr wird auf Bugenhagens Hamburger und Braunschweiger Kirchenordnung (die damals schon im Fürstentum verbreitet gewesen zu sein scheint) verwiesen. Daher können wir die Instruktion ihrer Entstehung nach in die Zeit von Mai—Juli 1529 setzen.
Der von Uhlhorn p. 201 angeführte niederdeutsche Titel der Instruction: „Eyn underricht und schriftliche summe ofte bevel, wo sich do parner und prediger in deme predigen holden schullen" stammt aus Gebhardi (Bd. XIV), der jedoch die Schrift nicht näher kennt.

und conservative Vorgehen des Herzogs. Sie scheint mir ein Vorbild gewesen zu sein für die „Formulae caute loquendi" des Urbanus Rhegius von 1535. Die Schwachen im Glauben sollen durch die Prediger nicht verwirrt, die aber, welche die christliche Freiheit zum Schanddeckel der Bosheit machen, sollen in ihrem Irrtume nicht bestärkt werden, das ist der Grundgedanke der Instruktion; erst soll der Grund gebaut werden, ehe man das Gebäude aufrichtet.

Man hat diese Schrift bislang nur dem Namen nach gekannt, ich kann es mir daher nicht versagen, hier einen Auszug aus derselben zu geben:

Weil seit langer Zeit mancherlei Misbräuche eingerissen sind, die nicht leicht ausgerottet werden können, erfordert es eine **Klugheit der Geister** und eine **christliche Bescheidenheit**, zuerst einen guten Grund zu legen, auf dem man dann weiter bauen kann, so dass der falsche Schein der Irrtümer verloren geht. Darum sollen die Pfarrer und Prediger nicht unziemlich und unbescheiden mit Ärgernis der Zuhörer gegen menschliche Gerechtigkeit fechten, weil der Grund der göttlichen Gerechtigkeit, Christus, noch nicht gelegt, weil seit langer Zeit das Evangelium nicht gepredigt worden ist, dass nur in Christo Gnade und Vergebung zu finden ist. Nur ein närrischer Mensch baut ohne Grund, flickt ein altes Kleid mit neuen Lappen und thut Most in alte Schläuche. Fangen die Menschen erst an, die göttliche Gerechtigkeit zu verstehen, so ist es leicht, das Falsche zu verdammen.

Um etwas Fruchtbares auszurichten, sollen die Prediger nicht unnütze und ungeschickte Arbeiter sein. Sie sollen nicht eine ganze Stunde so aus der Schrift predigen, dass sie nur nichts Böses predigen, aber ihre Zuhörer keinen Nutzen haben. Sie sollen nicht alles in einen Haufen werfen; nichts dazu thun, was nicht dazu gehört, sondern ein bestimmtes Ziel haben und schliesslich alles kurz zusammenfassen. Da die Seligkeit wenig nützt, wenn sie nicht durch Gottes Wort unterbaut ist, sollen die Prediger dem Lesen der Heil. Schrift und denen, die sie rein und ohne menschlichen Zusatz handlen, höchsten Fleisses obliegen; auch nicht alles ohne Unterschied unter den Haufen plaudern, sondern auf die Schwachen Rücksicht nehmen, sich mit den Unwissenden bereden und ohne Unterlass Gott anrufen. Vor allem aber sollen sie die ermahnen, die noch in menschlicher Gerechtigkeit arbeiten. Sie sollen aber folgendes predigen:

Rechtschaffene Erkenntnis der Sünde. Auf Busse und Vergebung ist die Erbauung in der Predigt gerichtet. Die Prediger sollen ihre Zuhörer zu der Erkenntnis führen, dass sie wahrhaftig verdammt sind, nicht blos wegen der äusserlichen groben Sünden, sondern weil sie der innern Herzensgerechtigkeit ermangeln; diese fordert das Gesetz, giebt sie aber nicht. Diese Predigt des Gesetzes, eine Auslegung der zehn Gebote, soll klar und dem gemeinen Manne verständlich sein; sie fördert zur Busse. Aber —

Keine Hoffnung in uns. Ist die Sünde auch erkannt, so ist sie damit noch nicht weggenommen. Darum sollen die Prediger lehren, dass durch eignes menschliches Vermögen die Sünde nicht weggeschafft wird; wir sind in Gottes Gericht gefallen. Mit welchen Kräften können wir dem Teufel widerstehen und — können wir es — was bedürfen wir Christus? Unseretbalben müssen wir verzweifeln. Auf diese Weise sollen die Zuhörer erkennen, was sie sind und was sie vermögen. Aber dabei sollen die Prediger mit dem Gewissen säuberlich fahren, wenn sie jemanden finden, der erschrickt über seine Sünden.

Vergebung der Sünde und ewiges Leben durch Christum. Auf die Verdammnis, die uns droht, trifft das Evangelium, die Verkündigung, dass die Sünde durch Christum vergeben ist, die Hoffnung mitten in der Verzweiflung. Siehe, das Himmelreich, wo du eben zur Hölle verdammt warst. Auch der frömmste Christ spricht: Christus ist für meine Sünde gestorben. Wie gut du auch im Vergleich mit andern scheinen magst, dies musst du bekennen: Die grösste Zahlung ist für deine Sünde gegeben, Gottes eingeborener Sohn. Was ist die ganze Welt dagegen? — Es ist mehr denn genug gethan.

Glaube. Ohne ihn kann man die Vergebung nicht erlangen. Glaube aber ist Vertrauen in Gottes Barmherzigkeit ohne unser Verdienst um Christi willen. In diesem Vertrauen bitten wir: Vergieb uns unsere Schuld, wie wir vergeben unsern Schuldigern. Der Glaube ist eine Erkenntnis, die von den Menschen nicht kann begriffen werden, sondern die Gott geben muss. Man darf daraus keine fleischliche Freiheit und Müssiggang guter Werke lernen.

Kraft des Glaubens. Er rechtfertigt uns und thut uns an mit Christi Gerechtigkeit, und dadurch hat Gott uns erlöset vom Tode und Teufel. Alle früheren Erfindungen: Messe, Orden, Ablass sind unnütz, sie trauen nicht auf Gottes Barmherzigkeit und verleugnen Christi Blut. Doch muss hierbei der Prediger christliche Bescheidenheit anwenden in betreff derer, die das Evangelium lernen, aber noch nicht verstehen, weshalb das alles unnütz ist.

Gebrauch des Glaubens. Durch die Liebe dem Nächsten dienen ist

Brauch des Glaubens. Gute Werke sind not als Bethätigung desselben; aber das sind nicht Werke des Aber- oder Unglaubens, sondern der Liebe Werke, die der heilige Geist in uns ungeboten hervorbringt. Der Obrigkeit Gehorsam leisten, die Eltern ehren, das Hausgesinde mit Gottes Wort versorgen, dem Nächsten dienen, den Prediger achten und versorgen, für alle beten, die Pflichten jedes Alters und Standes, alles das sind Werke, die der Glaube wirkt. Dazu sollen die Prediger verkündigen, wie der Glaube lehrt, Kreuz und Widerwärtigkeit zu tragen, nicht Rache zu üben, für die Brüder zu bitten.

Sacrament. Dasselbe ist uns neben dem Worte Gottes zum Troste gegeben und soll nach Christi Einsetzung gehalten werden. Die Prediger werden auf Bugenhagens Schrift über die Taufe und auf dessen Braunschweiger Kirchenordnung verwiesen. Schwache Jünger Christi mögen sich des Sacraments enthalten, bis sie Christi Ordnung kennen. Von dem abscheulichen Misbrauche, der Messe, sollen die Prediger erst dann mehr predigen, wenn das Volk aus göttlicher Ordnung unterrichtet ist (wie das auch in der Braunschweiger Ordnung gelehrt wird); immer aber sollen sie sich nach Zeit und Gelegenheit ihrer Zuhörer richten.

Ehestand. Er ist von Gott eingesetzt und geheiligt. Die Pastoren sollen darüber mit Zucht und ohne schandbare Worte predigen. In zweifelhaften Fällen sollen sie nichts thun ohne den Rat des Superintendenten.

Ceremonien. Nichts soll gesungen und gelesen werden, was nicht aus der Heil. Schrift ist. Nur Gott soll man anrufen, Christus allein ist Fürbitter im Himmel, nicht die Heiligen. Alle Fabeln und Erfindungen sollen abgethan werden. Eine Schande ist es, dass man nicht weiss, dass Gottes Wort allein gepredigt werden soll. Ausser Christus keine Gerechtigkeit!

Das ist die Instruction, die der Herzog den evangelischen Predigern seines Fürstentums erteilte, als er auch in den Klöstern mit der Abschaffung der Misbräuche begann. Sie sollte den allzu eifrigen Geistlichen Zügel anlegen, damit die noch katholisch Gesinnten nicht abgestossen würden. Langsam und schonend, aber gründlich sollte vorgegangen werden.

Am 27. Juni 1529 erschien der Herzog persönlich, von seinen Räten begleitet, in Ramelsloh und forderte auf Grund des Landtagsbeschlusses die Übergabe des Inventars, die bisher auch hier nicht erfolgt war. Ramelsloh war wenig bedeutend, und die Nachrichten über das Stift sind nur spärlich; in den späteren Verhandlungen erscheint es meist als untergeordneter Anhang zu Bardowik. Als Ernst, nachdem er hier einen Prediger eingesetzt hatte, noch an demselben Tage sich nach Bardowik begab, liess er den mitgebrachten Amtschreiber von Winsen, Joh. Tobing, und den Pastor Heinrich Wolder von Sinsdorf hier zurück und erteilte den Domherren und Vicarien des Stiftes den Befehl, durch diese beiden Männer ihre sämtlichen Einnahmen und ihre Güter, bewegliche und unbewegliche, aufschreiben zu lassen. Man musste gehorchen; zwei Tage darauf (am 29. Juni) erschienen der Decan Bernhard Kock, der Senior Albert Vahrenholz und der Domherr Cord Schevenhagen vor den herzoglichen Beamten und teilten ihnen das Verzeichnis ihrer Güter und Kleinodien mit. Dasselbe ist uns erhalten[1]).

Noch am 27. Juni finden wir den Herzog in Bardowik[2]). Das Stift war ungleich reicher und bedeutender als Ramelsloh. Als der Herzog ankam, waren die Canoniker gerade in der Kirche versammelt und sangen die Tertien. Der Kanzler Förster und der Marschall Klenk begaben sich dorthin; eine Weile hörten sie dem Gesange zu, dann unterbrach ihn der Marschall, indem er mit der Hand auf des Cantors Buch schlug und nach dem Decan fragte. Der war nicht anwesend; man wies ihn an den Senior Conrad Sneverding. „Herr, wer hefft ju singen beten?" fragte der Marschall. „Herr, wer hefft it uns verbaden?" lautete die trotzige Antwort. Aber man merkte an dem Auftreten der Diener, dass es dem Herrn heute Ernst sei; ein Canoniker nach dem andern verschwand aus der Kirche. Dann erschien der Herzog selbst und liess seinen Prediger Matthias Ginderich, den er mitgebracht hatte, in der Kirche predigen.

Ginderich war einer der bedeutenderen Geistlichen des Fürstentums Lüneburg in jener Zeit. Er hatte dem Augustinerorden angehört und galt schon im Anfang der zwanziger Jahre in Wesel für einen Ketzer. Später musste er fliehen und kam dann nach Lüneburg[3]). In der Folgezeit hat er zusammen mit Martin Undermark in Emden für die Einführung der Reformation gewirkt; im Jahre 1535 kehrte er nach Bardowik zurück[4]).

---

1) Orig. im H. St. A. Vgl. auch Pfeffinger a. a. O. II, 111.
2) Für diese Vorgänge in Bardowik folgt Schlöpke den Nachrichten des gleichzeitigen Kapitelbuches.
3) Uhlhorn a. a. O. p. 171 aus dem mir nicht zugänglichen: „Versuch einer Reformationsgeschichte der Stadt Wesel" von Grimm, in Grimm und Muzels Stromata (1787).
4) Am Sonnabend nach Epiphanias (9. Januar) 1535 richteten Ginderich und Undermark ein Schreiben an die Räte in Celle, aus dem

Nach der Predigt Ginderichs begannen die Verhandlungen des Herzogs mit dem Domkapitel, geleitet durch den Marschall Klenk und den Hauptmann von Winsen, Johann Haselhorst. Die Canoniker zeigten sich anscheinend sehr nachgiebig. Sie versprachen die Misbräuche abzustellen, die christlichen Ceremonien zu halten, das Abendmahl unter beiderlei Gestalt zu feiern, Ginderich zum Prädicanten anzunehmen und ihm jährlich 60 Mark Besoldung zu geben.

Der Erfolg schien ein schneller und sicherer, allein der Widerstand begann sehr bald. Schon zwei Tage später brachten die Canoniker ihre Kleinodien in Sicherheit in ihr Haus nach Lüneburg und liessen dort von einem öffentlichen Notar ein Verzeichnis derselben aufstellen[1]. Auch der Rechenschaft, die sie dem Herzoge über ihre Einnahme und ihre Güter ablegen sollten, entzogen sie sich später auf diese Weise. Der lutherischen Predigt im Dome zu Bardowik konnten sie freilich einen genügenden Widerstand nicht mehr entgegensetzen, aber nach wie vor hielten sie dort ihre „horas canonicas", und auch nicht hierüber entbrannte später mit dem Herzoge ein langer und heftiger Streit, sondern vielmehr wegen der Nichterfüllung der Beschlüsse des Landtages von Uelzen. Von einer wirklichen Durchführung der Reformation kann bei den Canonikern von Bardowik noch lange nicht die Rede sein.

Im Anfang Juli führte der Herzog das begonnene Werk weiter fort. In Wienhausen, dessen Verwaltung ja schon völlig in den Händen des Herzogs war, wurde am 4. Juli trotz des Widerstandes der Nonnen ein evangelischer Prediger eingesetzt, dem Michaelis desselben Jahres noch ein zweiter hinzugesellt wurde[2].

Wir dürfen vermuten, dass der Herzog auch dabei persönlich thätig gewesen ist. Am 10. Juli finden wir ihn wieder in Oldenstadt. Hier war Abt Heino, wie wir sahen, der Reformation zugeneigt, so dass die Durchführung

---

ihre baldige Rückkehr aus Emden ersichtlich ist (Orig. im H. St. A.). Am Freitag nach Jubilate (23. April) 1535 war Ginderich bereits wieder in Bardowik (Schreiben an Förster und Klammer, Orig. im H. St. A.).

1) Dasselbe befindet sich im H. St. A. und ist datiert vom letzten Dienstag im Iuni (30. Juni) 1529.

2) Extractus ex coenobii chronicis vom 9. Juli 1629 (H. St. A.): Anno Dni. 1529 quidam apostata Martinista praedicator scilicet dominica infra octavas Visitationis beatae Mariae Virg., in festo vero patronorum septem fratrum substitutus est, cui et alter similis circa festum Sti. Michaelis associatus est. Die doppelte Datierung ist nicht richtig. Dom. infra octavas Visit. Mar. fiel auf den 4. Juli, das Fest der sieben Brüder ist der 10. Juli. Ich glaube mich für das präcisere Datum, den 4. Juli, entscheiden zu müssen.

derselben keine grosse Schwierigkeiten bereiten konnte. Die Urkunde, in der Heino seinen Verzicht auf die Verwaltung des Klosters ausspricht, ist ein Bekenntnis dessen, was ihn seit langer Zeit bewegt hatte, schlicht und einfach, aber warm empfunden, vom Herzen kommend und zum Herzen gehend: „Nachdem der barmherzige Gott", so schreibt er, „ohne mein Verdienst seine Gnade hat scheinen lassen, dass die Erkenntnis seines Sohnes nicht auf die Weise, wie wir leider gemeint, durch Werke der Menschen in Gleisnerei, sondern in dem Verdienst unseres Herrn Jesu Christi im Glauben zu gewinnen ist, und dass ich in dem verderblichen Wege des Klosterlebens mannigfach diesem entgegen gelebt habe, nämlich im Gewissen durch Ordenspflicht an Stätte, Kleider, Zeit, Speise so gebunden gewesen bin, dass ich meinte (wie ich das von Alters her überkommen habe) ich würde, wenn ich sie hielte, die Seligkeit, wenn ich sie überträte, die Verdammnis ererben und so das Verdienst Christi verschoben habe und die Freiheit des Evangeliums, darin er mich teuer gekauft, verloren habe und ein Menschenknecht geworden bin; dazu finde ich mich gegen Gott in meinem Gewissen beschwert in den falschen, erdichteten Gelübden, worin meinem menschlichen Vermögen allzuviel zugelegt worden war, was der Ehre Gottes abgezogen wurde. So bin ich in meinem Gewissen unruhig und bekümmert, denn ich bin beladen mit Widerwillen, Uneinigkeit, Neid, Hass, unfruchtbarem Wesen und durch die unerträgliche Bürde meines Amtes ohne Liebe und Freundlichkeit. Daher kann ich nicht länger das Klosterleben ohne Verlust meiner Seligkeit fortführen und fühle mich durch Gottes Barmherzigkeit gezwungen, zur Rettung meiner Seele des Gefängnisses meines Gewissens in meinem Alter mich zu entledigen und habe daher M. G. H. demütig gebeten, mir zu meiner Freiheit zu verhelfen und mich der beschwerlichen Administration und Verwaltung zu entlasten; diese habe ich ihm hiermit ungezwungen, freiwillig und ohne Gefährde übertragen"[1].

Bei dieser Gesinnung musste dem Abte der Vorschlag des Herzogs, die Verwaltung übernehmen zu wollen, eine Wohlthat sein. Doch findet damit nicht zugleich die völlige Aufhebung des Klosters statt; der Abt und auch die meisten Mönche blieben nach wie vor im Kloster. Auch sie waren bereits zum grössten Teil

---

[1] Urkunde Heinos vom Sonnabend nach Kiliani (10. Juli) 1529: Zts. des hist. Vereins f. Niedersachsen, 1852, p. 52 f.

dem Luthertume gewonnen, nur drei Brüder leisteten Widerstand[1]), als der Convent in besonderer Urkunde seine Zustimmung zu der Abtretung der Administration an den Herzog gab[2]).

Der Herzog übernahm die Rechte, aber auch die Lasten der Verwaltung; er musste von den Einkünften des Klosters, wie es ausdrücklich in der Urkunde des Convents heisst, den Mitgliedern „zur Notdurft und Leibeserhaltung ziemliche Ausreichung verschaffen".

Natürlich wurden auch in Oldenstadt die religiösen Misbräuche beseitigt, und ein evangelischer Prediger eingesetzt. Ein weltlicher Beamter, der dem Herzoge Rechenschaft ablegen musste, führte die Geschäfte. Besondere Bestimmungen sicherten dem Abte eine ruhige, behagliche Existenz. Wohnung, Feuerung, Essen und Trinken sollte ihm geliefert werden, ausserdem jährlich 120 Mark lüb. Will der Abt seinen Wohnsitz in Uelzen nehmen und nicht mehr im Kloster bleiben, so sollen die Lieferungen an Getreide und Vieh, die der herzogliche Beamte ihm zu leisten hat, noch besonders festgesetzt werden. Ausserdem werden ihm noch andere kleine Vergünstigungen zugesichert. Er darf etliches Silbergeschirr behalten; der Herzog verspricht, dem Abte bei der Einziehung seiner noch ausstehenden Gelder behülflich zu sein und auch die Schwester des Abtes zu versorgen, falls diese ihren Bruder überlebt[3]).

Von Oldenstadt aus begab sich der Herzog am folgenden Tage nach Medingen. Hier bot der fortdauernde Ungehorsam des Propstes eine gute Gelegenheit, gegen ihn vorzugehen. Er wurde seines Amtes entsetzt; da er trotz aller Aufforderungen im Fürstentum zu residieren, dem Befehle nicht nachgekommen sei, so dass der Herzog nicht anders denken könne, „als dass er unsers Fürstentums und auch unsers Klosters winzig Acht und Sorge haben

---

1) Bothonis Chronicon Clusinum bei Leibnitz SS. rer. Brunsv. II, 365. Ein kurzer, aber anscheinend zuverlässiger Bericht von katholischer Seite über die Reformation in Oldenstadt, derselbe, den Havemann a. a. O. p. 109, Anm. 5 unter dem Titel: „Bericht eines am alten Glauben festhaltenden Klosterbruders" aus dem H. St. A. anführt.

2) Joh. Lübeck, Prior, und ganze Versammlung von Oldenstadt übertragen dem Herzoge die Verwaltung. — Das Datum schwankt, auf einer Copie der Urkunde findet sich: Sonnabend nach Kiliani 1531, das ist wohl nur eine Verwechslung mit einer späteren Urkunde (Sonnabend nach Dionysii 1531). Das richtige Datum findet sich auf einer andern Copie: Sonnabend nach Kiliani 1529 (H. St. A.).

Dass auf diese Abtretung sofort ein Protest der Mönche erfolgt sei (Zts. d. hist. Ver. für Niedersachsen, 1853, p. 53), ist nirgends nachzuweisen und völlig unwahrscheinlich.

3) Herzog Ernst für Heino, Sonnabend nach Kiliani 1529 (H. St. A.).

möge". Über den ganzen Vorgang in Medingen nahm der Herzog eine Urkunde auf, in der er auf seine früheren Bemühungen hinweist, wie er dem Propste sogar angeboten habe, sein Einkommen zu verbessern, damit er nicht ausser Landes eine andere Verpflichtung auf sich zu nehmen brauche. Alles sei vergeblich gewesen, darum sei er aus fürstlichem Amt und Obrigkeit als Landesfürst und Patron bewogen, die Administration der Propstei und des Klosterhofes an sich zu nehmen, um sie getreulich verwalten und die Klosterjungfrauen mit aller gebührlicher Notdurft versorgen zu lassen[1]). Weil der Landtagsbeschluss in betreff der Predigt des reinen göttlichen Wortes wenig Erfüllung gefunden habe, müsse der Fürst auch für das Heil der Seelen sorgen. Darum habe er einen tüchtigen und gelehrten Prädicanten hierher verordnet, dem er seine Befehle, wie er predigen solle, schriftlich gegeben habe. Derselbe solle in Medingen das Predigtamt verwalten und bei strenger Strafe von niemandem verhindert oder beleidigt werden[2]).

Auch dem Propste Johann von Mahrenholz teilte der Herzog noch von Medingen aus mit, dass er auf den Rat seiner Herren und Freunde die Verwaltung der Propstei und des Klosters übernommen habe, da er die Vernachlässigung des Klosters und Fürstentums durch ihn nicht mehr habe dulden können. Fühle er sich dadurch beschwert, so möge er nach Celle kommen, dort wolle der Herzog ihm Antwort stehen. Übrigens solle sein Eigentum ihm ausgefolgt werden[3]).

In Scharnebeck, dem nächsten Kloster, das der Herzog besuchte, hatte, wie wir sahen, die Lehre Luthers bereits Eingang gefunden. Auch der Abt Heinrich Ratbrock, ein etwas unentschiedener, schwacher und schwankender Charakter, stand demselben nicht mehr feindlich gegenüber. Schon Ende Juni, nachdem der Herzog in Bardowik gewesen war, hatten mit ihm Verhandlungen stattgefunden, aber dieselben waren noch zu keinem festen Resultate gekommen. Es waren dem Abte und dem Convente ziemlich bedeutende Versprechungen gemacht, ähnlich denen in Oldenstadt. Zeitlebens wollte der Fürst sie und auch die, welche durch Verschreibung oder Armut an das Kloster gekommen waren, versorgen; der Abt selbst sollte eine jährliche Summe von 200 Gulden haben[4]).

---

1) Verwalter wurde Thomas von Görden, vgl. Schomaker Chronik, der aber im Jahre irrt und das Ganze bereits Magdalenae 1528 ansetzt.
2) Urkunde des Herzogs, Sonntag nach Kiliani (11. Juli) 1529 (H. St. A.).
3) Der Herzog an den Propst, Sonntag nach Kiliani 1529 (H. St. A.).
4) 3 Urkunden vom Donnerstag nach Petri und Pauli 1529 für den Abt, deren erste (bei

Jetzt wurde die Sache definitiv geregelt, als der Herzog am 12. Juli in das Kloster kam. Die Urkunde, in welcher der Abt seinen Verzicht ausspricht[1]) ist wegen der Motivierung desselben bemerkenswert. Ausser der Klage über Leibesschwachheit und die schlechten Zeiten (Redensarten, die sich auch in andern ähnlichen Urkunden wiederfinden und die zum Teil wohl dazu gedient haben, die durch den Herzog erzwungene Abdankung zu verhüllen) wird hier noch besonders hervorgehoben, dass das Fürstentum so tief in Lasten und Schulden stecke, dass es ohne gemeine Steuer und ernstliche Zulage aller und jeglicher Güter aus Not und Armut nicht errettet werden könne. Das wird sehr stark betont, auch in der Urkunde, in welcher der Convent seine Einwilligung zu der Übertragung der Verwaltung an den Fürsten ausspricht[2]). Es scheint dieser Grund für den Abt durchschlagend gewesen zu sein; er beweist, dass auch finanzielle Momente bei dem ganzen Vorgehen des Herzogs mitgewirkt haben. — Dass aber auch der Abt sich dem Luthertume bereits genähert hatte, spricht er selbst aus mit den Worten: „Ich finde und sehe, die Sache jeglicher Geistlichkeit ist so gerichtet, dass sie an die Alten und Ersten, die das Klosterleben göttlich gebraucht, nicht heranreiche, sondern allenthalben mit Beschwerlichkeit beladen ist".

Als Verwalter wurde auf dem Kloster Dietrich von Elten eingesetzt, doch führte auch der Abt neben ihm die Verwaltung weiter, aber auch er musste jetzt dem Herzoge Rechenschaft ablegen[3]), und er musste sich eidlich verpflichten, nie wieder die selbständige Verwaltung beanspruchen zu wollen.

Besondere Urkunden setzten die Lieferungen fest, die dem Abte ausser 200 Mark jährlich zugesichert wurden[4]). Der Abt machte bald von dem ihm

---

Schlöpke p. 360 gedruckt) die allgemeinen Bestimmungen enthält, während die beiden andern die Sülzgüter, aus deren Ertrag die Zahlung geleistet werden soll, genauer bestimmen (H. St. A.).

1) Die Verzichturkunde ist vom Montag nach Kiliani (12. Juli) 1529. (H. St. A.).

2) Die mir vorliegende Urkunde (Copie im H. St. A.), in der Abt, Prior und Convent (es sind im Ganzen 20 Personen) auf die Verwaltung des Klosters verzichten, war undatiert, ist aber jedenfalls hierher zu setzen.

3) Dazu verpflichtet sich der Abt in einer besonderen Urkunde, Montags nach Kiliani 1529 (H. St. A.).

4) Der Herzog für den Abt, Dienstag nach Kiliani (13. Juli) 1529. Folgende Lebensmittel sollte der Abt erhalten: jährlich 20 Schafe, 8 fette Schweine, wöchentlich frische Butter und Fische. Pferd und Wagen stehen ihm für etwaige Reisen zur Verfügung; er darf zu seinem Gebrauche, so lange er lebt, Silbergeschirr des Klosters behalten. Er kann wählen, ob er im Kloster, oder im Hause des Klosters in Lüneburg (welches dann aber auch der Verwalter des Klosters mitbenutzen darf) wohnen will. So oft er in Scharnebeck ist, soll er freies Essen und Trinken für zwei Personen haben. —

zustehenden Rechte Gebrauch und schlug in Lüneburg seinen Wohnsitz auf; dort werden wir ihm noch wieder begegnen. Im übrigen bleiben jedoch auch hier die Mönche zum grössten Teil im Kloster, und erst allmählig kam es zu einem völligen Austritt aus demselben.

Über die Vorgänge in Lüne sind wir durch die gleichzeitigen Berichte oder Tagebücher einiger Nonnen vortrefflich unterrichtet, und die Erzählungen derselben verbreiten zugleich auch über manche allgemeine Verhältnisse des Fürstentums ein helles Licht[1]).

Noch am Dienstage, dem 13. Juli, begab sich der Herzog von Scharnebeck aus mit seinem Gefolge, denselben Männern, die wir auch in Bardowik an seiner Seite gesehen haben, nach Lüne. Man war dort von seiner Ankunft unterrichtet; der Bruder des Propstes Lorbeer war am Montage eiligst in das Kloster gekommen und hatte den Nonnen mitgeteilt, dass der Herzog am folgenden Tage kommen und den Propst absetzen werde. Der Propst war gerade im nahen Lüneburg, man konnte sich vor der Ankunft des Herzogs nicht mehr mit ihm verständigen.

Versprechungen und Drohungen scheint man ihm gegenüber nicht gespart zu haben; man verhinderte ihn sich mit dem Convente zu besprechen, ehe er nicht in aller Form „freiwillig und ungezwungen" die Verwaltung des Klosters „wegen seines Alters und seiner Leibesschwachheit" dem Herzoge abgetreten und die Urkunde darüber mit seinem Siegel untersiegelt hatte[2]).

Die Klage des Propstes, man habe ihm noch am Morgen versprochen, man wolle ihn nicht absetzen, allein am Abend habe man das Versprechen gebrochen, mag ihren guten Grund haben. Die Ausstellung der Verzichtsurkunde kam auch faktisch einer Absetzung gleich, und man kann diese erzwungene Abtretung der Verwaltung kaum anders als eine Gewaltthat von Seiten des Herzogs bezeich-

---

In einer Urkunde von demselben Tage werden noch genauere Bestimmungen über die Stilzgüter getroffen, aus denen der Abt bezahlt werden soll (H. St. A.).

[1]) Dieselben sind zum Teil abgedruckt in den Annalen der Braunschweig-Lüneburger Churlande, Bd. 7, und besser im Hannoverschen Magazin, Jahrgang 1821. Es sind zwei verschiedene Berichte, die dort nebeneinander gegeben sind, mit dem letzten derselben stimmt im wesentlichen überein die Copie eines Kalenders von Lüne von 1500—1560 (H. St. A. Verzeichnis der Manuscripte J. 37). Ursprünglich waren die Berichte lateinisch geschrieben, aber sie sind schon ziemlich früh übersetzt worden, so dass die beiden Herausgeber die deutsche Fassung für die ursprüngliche hielten (der Kalender ist lateinisch geschrieben).

[2]) Die Urkunde vom Dienstag nach Kiliani 1529 in Abschrift im H. St. A.

nen, denn Lüne hatte die Beschlüsse des Landtages zu Uelzen erfüllt und das Verzeichnis des Inventars eingesandt¹). Die vollzogene Urkunde gewährte dem Herzog freilich ein Anrecht auf die Verwaltung, welches der Convent jedoch nicht anerkannte, da er seine Zustimmung nicht dazu gegeben und die Urkunde nur mit dem Siegel des Propstes untersiegelt worden war. Der Herzog kehrte sich an diesen Protest nicht; doch behielt nach einer Nachricht wegen dieses Widerstandes der Propst die „cura animarum et obedientia et clausura"²). Der Hauptmann von Winsen Johann Haselhorst wurde zum Verwalter des Klosters bestellt und dem Convent versprochen, er solle ihnen nicht weniger, sondern mehr geben, als sie bisher gehabt hätten. Und man hört auch keine Klagen über die herzogliche Verwaltung.

Ein ehemaliger Dominikanerprior, Hieronimus Enckhausen, wurde zum Prediger eingesetzt; ihm wurde befohlen jeden Sonntag, Dienstag und Freitag zu predigen, und die Nonnen wurden aufgefordert, ihn fleissig zu hören, denn nicht vom Brote allein lebe der Mensch. Ein entlaufener Mönch, der alles, was sie heilig hielten, nicht achtete, der einst sein eignes Kind mit gemeinem Brunnenwasser taufte, war den Nonnen natürlich ein Greuel, allein es gelang der persönlichen Beredsamkeit des Herzogs sie zu dem Versprechen zu bewegen, sie wollten seine Predigten anhören, „wenn Enckhausen nicht gegen Gottes Wort lehre". — Es war nicht das erste Mal, dass in der Kirche zu Lüne das reine Evangelium gepredigt wurde, schon mehrfach waren bei der Anwesenheit des Herzogs deutsche Psalmen in der Klosterkirche gesungen und von seinen Predigern das klare, wahre Gotteswort verkündigt worden, allein dann hatten sich die Nonnen aus der Kirche entfernt und sich im Kreuzgang die Messe lesen lassen. Das hatte der Herzog damals geduldet, aber bald kam jetzt die Zeit, wo er ihre Anwesenheit beim Gottesdienste, als sie jenem Versprechen nicht Genüge thaten, mit Strenge forderte, und der Streit, der hierüber entbrannte, wird uns noch beschäftigen.

Wir finden auch hier eine Gegenurkunde, durch die der Herzog den Propst Johannes Lorbeer versorgte³). Doch auch das Kloster unterstützte ihn, er

---

1) Auf den Beschluss des Landtags vom August 1527, der den Klöstern die freie Election der Pröpste zusicherte, auf den sich die Nonnen mit Recht hätten berufen können, bezieht man sich nie in diesen Verhandlungen.

2) Gebhardische Sammlung Bd. XIV.

3) Am Tage Margaretha (13. Juli) verspricht Herzog Ernst aus Freundschaft für den Propst dem Bruder desselben Wohnung im Klosterhause zu Lüneburg und seinem Schwager, weil er den

wohnte in dem Hause des Klosters zu Lüneburg, und aus den Einkünften der Klosterfrauen wurde ihm ein Jahresgehalt ausgesetzt. Er starb erst im Jahre 1539.

Am Mittwoch Nachmittage ritt der Herzog nach Isenhagen weiter. Auch hier erleichterte ihm wie in Medingen die Abwesenheit des Propstes die ganze Sache. Dieselben Anordnungen, die in den andern Klöstern getroffen worden waren, wurden auch hier durchgeführt; der Propst Friedrich Burdian wurde seines Amtes entsetzt. Aber der Propst war ein alter Diener des Fürsten, den er sich gern erhalten wollte, daher teilte er ihm auch sofort nach seiner Rückkehr nach Celle das Geschehene mit, das dem Propste, wie er hoffe, „mehr gefällig, als zuwider sein werde". Er spricht den Wunsch aus, dass der Propst sein „Verwandter und Diener" bleiben werde, und lädt ihn zur Verhandlung nach Celle auf den 18. Juli ein[1]. — Der Propst liess sich darauf nicht ein; er sei seinem Kloster eine genaue Prüfung der Sache schuldig, ehe er mit dem Herzoge in Verhandlungen eintreten könne[2].

Damals gerade wurde ein Tag zu Helmstädt abgehalten, über den sich freilich nur wenig nachweisen lässt. Wir wissen jedoch, dass auch Räte Herzog Ernsts, wie es scheint, der Licentiat Heinrich von Broke, an demselben teilgenommen, und dass dort die Sache der Pröpste vorgekommen war. Die Räte „hatten für gut befunden, dass der Herzog dem Propste Johann von Mahrenholz und dessen Bruder Boldewin später einen Tag ansetzen möge. Am 22. Juli sollte der Tag in Helmstädt fortgesetzt werden, auch Burdian dachte daran, dort zu erscheinen und erbat sich für die Reise von Ernst freies Geleit. Dies wurde ihm jedoch verweigert, er möge es zu diesem Zwecke da suchen, wo er eine Gewaltthat befürchte. Wolle er am Montage (19. Juli) nach Celle kommen, so solle ihm freies Geleit gewährt sein. Lehne der Propst dieses Anerbieten ab, so würde sich der Herzog seiner nicht weiter annehmen, sondern

---

„Krug" auf dem Klosterhofe nicht dulden will, Wohnung im alten Kruge. Das waren wohl Forderungen, die der Propst bei seiner Abdankung gestellt hatte. — Der Propst erhielt jährlich 250 Mark und was er zu seinem Leben nötig hatte, er durfte auf dem Klosterhofe wohnen, für etwaige Reisen wurden ihm Wagen und Pferde zur Verfügung gestellt. Urk. Ernsts, am Dienstag nach Kiliani (13. Juli) 1529 (H. St. A.). Als der Propst etwa nach einem halben Jahre seinen Verzicht widerrief, da wird auch der Herzog ihn wohl nicht weiter versorgt haben, so dass die Unterstützung des Klosters nötig wurde.

1) Herzog Ernst an Burdian, d. d. Celle, Freitag nach Margaretha (16. Juli) (H. St. A.)

2) Burdian an Herzog Ernst, Braunschweig, Sonnabend nach Divis. Apost. (17. Juli) 1529. (H. St. A.).

verhängen, was Gott ersehen habe. Er habe ihm in Celle nur anzeigen wollen, wie es die andern Äbte und Pröpste gehalten, aber es sei jetzt das letzte Mal, dass er ihm eine gütliche Auseinandersetzung anbiete[1]). — Auch in Celle könne er keine andere Antwort geben als bisher, erwiederte der Propst in einem Schreiben, in welchem er seine früheren Forderungen wiederholte. Er, ein alter Hofdiener und kurze Zeit ein Pädagoge seiner Gnaden Jugend, habe solches nicht verdient und auch nicht erwartet, da der Herzog sich erst kürzlich so gnädig bewiesen und ihn in Celle zur Tafel gezogen habe[2]).

Das Schreiben blieb unbeantwortet, von weiteren Protesten des Propstes, die wohl nicht unterblieben sein werden, nahm der Herzog keine Notiz mehr. Die Akten über den Gegenstand werden geschlossen. — Burdian starb in Erfurt am 13. Juli 1550[3]).

Walsrode war das letzte Kloster, in dem die Neuordnung der Verwaltung durchgeführt wurde. Hier wirkte, wie wir sahen, bereits seit 1528 der lutherische Prediger Henning Kelp; aber auch ihm war es damals wohl noch nicht gelungen die Klosterfrauen dem Luthertum zu gewinnen. Die Urkunde, in welcher der Propst Johann Wichmann am 22. Juli dem Herzoge die Verwaltung des Klosters übertrug, ist der ähnlich, die der Propst von Lüne ausgestellt hatte[4]). Dieselbe Motivirung auch hier; „die gegenwärtigen Läufe", „Unvermögen und Leibes Schwachheit" bewegen auch ihn, dem Herzoge die Verwaltung aufzutragen und heimzustellen; „freiwillig und ungenötigt". Wie viel wir auf derartige urkundliche Redewendungen zu geben haben, haben wir bei Lüne gesehen. Wir können jedoch bei Walsrode einen Widerstand gegen diese Massregel des Herzogs nur vermuten, nicht nachweisen, denn die Nachrichten über dies Kloster sind ganz besonders dürftig.

Dem Wunsche der in Helmstädt versammelten Räte entsprechend hatte Herzog Ernst dem Propste Johann von Mahrenholz und seinem Bruder auf den 19. August 1529 einen Tag zur Verhandlung in Celle angesetzt[5]). Allein die Seuche, die damals gerade über Norddeutschland hereinbrach, verhinderte die

---

1) Der Herzog an Burdian, Sonntag nach Margaretha 1529 (18. Juli) (H. St. A.).
2) Burdian an den Herzog, Montag nach Alexii (19. Juli) 1529 (H. St. A.).
3) Rehtmeier, Braunschweiger Kirchengeschichte I, p. 104 f.
4) Urkundenbuch von Walsrode p. 260 f.
5) Herzog Ernst an Boldewin, Abt vom Haus, Celle, Freitag nach Panthaleon (30. Juli) 1529. Von demselben Tage ist auch der — freilich, wie der Herzog schreibt, unnötige — Geleitsbrief für Johann von Mahrenholz (H. St. A.).

Zusammenkunft[1]), und es scheint auch nicht dazu gekommen zu sein, als der Herzog einen neuen Tag auf den 10. October ansetzte[2]).

Der Abt von St. Michaelis, der, wie wir später noch sehen werden, für sich selbst fürchten musste, war nicht im Stande seinen Bruder nachdrücklich bei dem Herzoge zu unterstützen; damit wurde aber die einzige Hoffnung, die der abgesetzte Propst auf eine Vermittlung haben konnte, vernichtet, und auch der Name des Propstes verschwindet nach diesem letzten vergeblichen Versuche desselben aus den Akten.

Wir stehen damit an dem Ende einer Entwicklung, deren einzelne Stufen wir klarzulegen versucht haben. Das Resultat ist ein doppeltes:

1. In sämtlichen Frauenklöstern hatte der Herzog die Verwaltung übernommen, in zwei Mönchsklöstern war ihm dieselbe durch Abt und Convent übertragen. Widerstand leisteten nur noch die Stifter Bardowik und Ramelsloh, sowie die in der Stadt Lüneburg belegenen Klöster; hier bestand auch das Barfüsserkloster noch weiter, während aus Celle und Winsen die Barfüsser vertrieben waren.

2. Überall soweit der Arm des Herzogs reichte und ihm tüchtige und gelehrte Männer zur Verfügung standen, waren Prediger des Evangeliums eingesetzt worden, auch in den Klöstern und Stiftern, natürlich mit Ausschluss der Stadt Lüneburg. Man kann sagen, dass mit dem Jahre 1529 die lutherische Kirche im Fürstentume Lüneburg zur Landeskirche geworden ist.

Eine Frage, die sich hier aufdrängt, ist die, ob der Herzog eine völlige Aufhebung der Klöster seines Landes beabsichtigte. Ich glaube, man kann das nur für die Mannesklöster bejahen; nur hier dachte er jedenfalls an eine schnelle Aufhebung. Dagegen scheint aus dem späteren Verfahren des Herzogs nicht hervorzugehen, dass er daran dachte, die Frauenklöster, eine Zufluchtsstätte für die unversorgten Töchter des Adels und der Lüneburger Patricier, völlig zu beseitigen. Annahme des Luthertums und „geistige Freiheit" der Bewohnerinnen forderte Ernst im Laufe seiner Regierung von den Frauenklöstern seines Landes, und wenn er in dem Kampfe, der sich über diese Forderungen erhob, zu

---

1) Boldewin an Förster, Mittwoch nach Invent. Stephani (4. August) 1529 und am Tage Laurentii (10. August) 1529. Förster an Boldewin, Sonnabend nach Laurentii (14. August). Der Herzog an Förster, d. d. Gifhorn, Freitag nach Laurentii (13. Aug.) 1529. (H. St. A.).

2) Die Räte zu Celle an Boldewin, Donnerstag nach Crucis Exaltat. (16. September) 1529. (H. St. A.)

harten Massregeln griff, so hatten sich das die Nonnen meist selbst zuzuschreiben, denn auch milden Massregeln des Herzogs setzten sie einen hartnäckigen Widerstand entgegen. Aber selbst damals, wo der Zorn des Herzogs bisweilen auf das Stärkste herausgefordert wurde, ist es nie zur Aufhebung eines dieser Klöster gekommen.

In der Folgezeit wird uns ein ganz anderer Charakter in den religiösen Streitigkeiten entgegentreten. Finanzielle Momente treten fast völlig zurück, da der Herzog ja bei den meisten Klöstern sein Ziel in bezug auf die Verwaltung erreicht hatte. Das Charakteristische der späteren Jahre ist der Kampf der Klöster und Stifter gegen die Reformation, der erst jetzt hervorgerufen wurde durch den ersten Schritt, den der Herzog gegen die Religion derselben gethan hatte. In diesem Kampfe spielt die Stadt Lüneburg eine grosse Rolle, hier ist der Angelpunkt des gesamten Widerstandes überhaupt. Auf sie richten wir daher zunächst unsern Blick.

II. Abschnitt.

Die Reformation der Stadt Lüneburg und der Widerstand der Klöster.

Vorgänge in Lüneburg bis zur Ankunft des Urbanus Rhegius[1].

Es wurde bereits auf eine der ersten Nachrichten hingewiesen, welche wir über die beginnende religiöse Bewegung in der Stadt Lüneburg besitzen.

Nach jener Ausweisung etlicher lutherisch Gesinnter hören wir mehrere Jahre nichts von den Regungen des Luthertums[2]. Aber es bildete sich doch allmählich eine starke evangelische Partei, die sich zum grössten Teil aus den Angehörigen der Bürgerschaft zusammensetzte, während die Patricier und der Rat auf Seiten des Katholicismus standen.

Der Gegensatz zwischen Patriciern und Bürgerschaft beherrscht die ganze Entwicklung der Reformation in der Stadt Lüneburg. Zugleich mit dem Streben nach der Besserung der kirchlichen Verhältnisse trachteten die Bürger danach, einen Einfluss auf die Regierung der Stadt und einen Anteil an derselben zu bekommen, der ihnen bislang nur in ganz geringem Masse zustand.

---

1) Unsere Quellen für die Reformationsgeschichte der Stadt Lüneburg sind ausser einigen besonders anzuführenden Aktenstücken und den Werken des Urbanus Rhegius die beiden Lüneburger Chroniken von Schomaker und Hämmenstädt und der Bericht eines Anonymus (gedruckt bei Bertram, Evangelisches Lüneburg). Für 1532 kommt in betracht ein auf der Wolfenbüttler Bibliothek sich befindender handschriftlicher Bericht des Stadtsecretärs Georg Tilitz, für 1533 die in der Zts. des hist. Vereins für Niedersachsen 1881 abgedruckte Nachricht des Barmeisters Döring. Aus dem H. St. A. wurden folgende Akten für dieses Kapitel benutzt: Des. 55, Lüneburg 8, 10.

2) Leider ist uns die Antwort nicht erhalten, welche der Rat von Lüneburg auf den Vorschlag des Hamburger Rates, die kirchlichen Missstände durch ein Provinzialkoncil untersuchen zu lassen, gegeben hat. Jedenfalls kam dasselbe nicht zustande. Vgl. Sillem, die Einführung der Reformation in Hamburg, 1886, p. 88 ff.

Der Rat und die Partei der Patricier dagegen hatten von einer Änderung der bestehenden Verhältnisse das Schlimmste zu fürchten. Viele kirchliche Beneficien waren in ihren Händen, mit dem Verlust derselben verloren sie auch einen Teil ihres Einflusses und ihres Ansehens.

Vortrefflich sind alle Verhältnisse, die auf allen Seiten dem Rate drohende Gefahr, dargelegt in einer Denkschrift des Propstes von St. Johann, der Hauptkirche Lüneburgs. Johann Coller aus Stadthagen stand schon lange (seit 1500) im Dienste des Rates. Zuerst Secretair, dann Protonotar der Stadt hatte er beide Ämter zur grössten Zufriedenheit seiner Vorgesetzten verwaltet und war dann in Ansehung seiner treuen Dienste zum Propste von St. Johann gemacht worden[1]). Ihm war damit die Oberaufsicht über die Geistlichkeit der Stadt mit Ausnahme der drei Klöster (St. Michaelis, Heiligenthal und St. Marien) anvertraut. Ein solcher in treuer Pflichterfüllung ergrauter Diener, ein Mann von grossem Einfluss, durfte es wagen dem Rate Vorstellungen über sein bisheriges Verfahren zu machen und auf Änderungen zu dringen, die der Bewegung Einhalt thun sollten.

Am 23. Juni 1528 richtete er seine Schrift an den Rat; sie ist zugleich die erste Nachricht, die wir seit 1525 über den weiteren Fortgang der religiösen Bewegung in Lüneburg haben. Er beginnt mit einer umfangreichen Darlegung über die Gefährlichkeit und Schändlichkeit der „lutherischen Secte", einer bösen, unbeständigen, leichtfertigen, aufrührerischen Gesellschaft. In und ausserhalb Lüneburgs arbeiteten viele böse Leute mit allen Kräften daran die Stadt an diese Sekte zu bringen, das würde ihr viele grosse Not bringen. Käme es dazu, so würde der Gottesdienst niedergelegt, Messe und Sakrament vernichtet, Kirchen, Klöster und Altäre zerstört, Einigkeit und Gehorsam verjagt werden. Der Mann würde gegen die Frau, Kinder gegen Eltern, Arme gegen Reiche sich erheben, der mit Recht Bestrafte würde sich rächen. Der Herzog würde die Sülzgüter der Klöster an sich ziehen, aus seiner Hand würde man fortan das empfangen, was die Klöster bisher gegeben hätten, und wenn man sich dagegen auflehne, habe man des Herrn Ungnade noch dazu am Halse. Schon jetzt strebten die Bürger danach, wie sie die Geschlechter unterdrücken wollten; käme es zum Umsturz, so würden sie den Sülftmeistern auch nicht mehr die Sülz- und

---

1) Diese Nachrichten über sein Leben stammen aus seinem im L. A. befindlichen Testamente.

Pfannengüter lassen; der Herzog würde die Bürger gegen die Patricier unterstützen, und diese dafür dem Herzoge willfährig sein. So würden die Privilegien der Stadt verloren gehen. In Lüneburg werde die Sache nicht so einfach und leicht abgehen wie in Augsburg und Nürnberg, denn der Hass zwischen Wenden und Deutschen, zwischen Armen und Reichen sei hier zu gross. Strenge und schnelle Hülfe sei not, von aussen her und im Lande blicke man auf Lüneburg als einen Hort des wahren Glaubens; noch sei es Zeit zu handeln, noch könne man mit Gottes Hülfe die lutherische Sekte unterdrücken[1]).

Die grösste Gefahr für den Rat lag in der That in einer etwaigen Verbindung des Herzogs mit den Bürgern, diese musste man zu verhindern suchen. Die Politik des Rates geht daher für die Folgezeit auch darauf aus, bald die Bürger, bald den Herzog durch wirkliche oder scheinbare Nachgiebigkeit zu gewinnen oder die Bürger gegen den Herzog aufzuhetzen.

Man suchte dem Volke durch tüchtige, aber streng katholische Prediger das Bedürfnis nach einer Reformation weniger fühlbar zu machen. So wirkte schon seit einiger Zeit (seit 1527 oder spätestens seit Anfang 1528) in Lüneburg der Dominikaner Augustin von Getelen, ein Mann von grosser, freilich völlig scholastischer Gelehrsamkeit, der sich bereits im Kampfe gegen das Luthertum durch eine Schmähschrift gegen Bugenhagen die Sporen verdient hatte. Im Jahre 1523 begegnet er uns als Prediger in Hamburg, aber er stand eigentlich im Dienste der Stadt Lüneburg, die ihm auf die Bitte des Rats von Hamburg (Ende November 1525) noch einen längeren Aufenthalt dort gewährt zu haben scheint. Im Jahre 1527 kehrte er nach Lüneburg zurück und verpflichtete sich im Anfang des Jahres 1528 zu dauerndem Aufenthalte dort. Der Rat stellte ihn mit 50 Mark Gehalt an der Johanniskirche als Prediger an; er musste des Sonntags und Freitags dort predigen[2]).

---

1) Coller an den Rat, am Abend Joh. Baptistae 1528 (L. A.).
2) Die von mir benutzte Copie der Urkunde war vom Abend Trium Regum (5. Jan.) 1528 aus dem L. A. Uhlhorn (p. 359, Anm. 2) sagt, dass er die Urkunde aus der L. B. gehabt habe, als Jahr giebt er 1529 an. Auf der Stadtbibliothek war die Urkunde nicht aufzufinden. Auch halte ich das Jahr 1528 für richtiger als 1529. Aus folgendem aber scheint mir hervorzugehen, dass Getelen bereits Anfang 1528 in Lüneburg wieder gewirkt hat: Martin Undermark sagt in der Vorrede seiner Streitschrift gegen Getelen (datiert vom 23. Februar 1529), dass er Getelen selbst habe predigen hören, als der Herzog einst gerade in Lüne einen Landtag gehalten habe. Zwischen der Schrift und dem Landtage war aber eine geraume Zeit verflossen, so dass wir wohl annehmen dürfen, dass es jener Landtag gewesen ist, der Misericord. Dni. (3. Mai) 1528 stattgefunden hat, und von dem die Nonnen von Lüne uns be-

Dass die katholische Partei einen derartigen Mann in der Stadt besass, war nicht gering zu achten. Denn Getelen hatte von seinen Gegnern gelernt; auch er predigte „schriftgemäss" und auch er konnte den Satz aufstellen: „Alle Lehren buten dem Worde Gottes sind verdächtig"; aber schon in Hamburg hatte man gemerkt, dass er anscheinend zwar evangelisch predigte, aber dennoch „den Kreisel so drehte, dass er der Pfaffen Pracht und Tyrannei fein schützte"[1]). Man hörte ihn in Lüneburg sehr gern, und selbst seine Gegner gestanden ihm zu, dass er eine ausserordentliche Predigtgabe besitze, „denn mit seiner Zunge wird des Volkes Herz nicht anders denn mit einem Wedel gewehet"[2]). Als der Herzog einst in Lüne eine Beratung abhielt — es war wohl an jenem 3. Mai 1528, von dem die Nonnen mit so grossem Entsetzen berichten, weil ihre Kirche damals durch „deutsche Psalmen und Loysen" und eine evangelische Predigt entweiht wurde — da begab sich der Prediger des Herzogs, Martin Undermark aus Gent[3]), in die nahe Stadt, um Getelen zu hören. Derselbe predigte über den Text: „Es sei denn eure Gerechtigkeit besser, als die der Pharisäer und Schriftgelehrten, so werdet ihr nicht in das Himmelreich kommen". „Zuerst", sagt Undermark, „redete er wahr, fort Lüge, zuletzt vermengte er Wahres mit Falschem so tückisch und geschwinde, dass nur die Allerscharfsinnigsten ihn durchschauen konnten". Am folgenden Tage predigte Undermark vor dem Herzoge, seinem Gefolge und vielen Lüneburger Bürgern über denselben Text und widerlegte Schritt für Schritt die Ausführungen Getelens. Daran schloss sich dann ein längerer litterarischer Streit, der uns nicht erhalten ist, der aber, wie aus einzelnen Andeutungen hervorgeht, grob genug geführt wurde. Beendigt wurde derselbe durch die Schrift Undermarks: „Wider die Lästerschrift des schwarzen Münches Augustin von Getelen, des falschen Propheten bei den zu Lüneburg", zu welcher er sich erst nach langem Zaudern auf Zureden des Kanzlers Förster entschlossen hatte. Der Streit drehte sich um das Amt des Bischofs und der

---

richtet haben. Damals hatte Getelen also bereits einige Zeit in Lüneburg gewirkt.

1) Vgl. Bernd Gyseckes Hamburger Chronik bei Lappenberg, Hamburger Chroniken p. 50. Der auf die hier angeführte Stelle folgende Satz: „averst he quam wech und her Steffen wort mit jahr 27,28 pastor to sunte Katrinen" deutet ebenfalls darauf hin, dass Getelen damals Hamburg verlassen hat und nach Lüneburg zurückgekehrt ist. Vgl. über Getelen auch Lappenberg a. a. O. p. 575 und 584.

2) Undermark in seiner gleich anzuführenden Schrift.

3) Seit etwa Jahresfrist war er Pastor zu Celle, über sein Leben weiss man nur wenig. Sept. 1520 wurde er in Wittenberg immatrikuliert (Förstemann a. a. O. p. 97). Chytraeus, Saxonia p. 279, hebt seine grosse Ähnlichkeit mit Luther hervor. Später (1543) wurde er Generalsuperintendent und lebte bis 1569.

Obrigkeit, und neben den theologischen Erörterungen blieben auch Schmähungen Getelens, der Undermark als einen Bischof von Lüne verspottet, ihm geraten hatte sich zum Erzbischof, Papst und Antichrist machen zu lassen, nicht unbeantwortet. Hütet euch vor den falschen Propheten! so warnt er die Bürger von Lüneburg. In einen Engel des Lichts hat sich der Teufel hier verwandelt, führt nichts auf der Zunge als eitel Paulum und Christum, rühmt sich ein rechtschaffener Prediger zu sein und ist doch von Gott verlassen und zur Auslegung der Schrift ebenso geschickt wie der Esel zur Harfe!

Daneben werden manche Verhältnisse besprochen, deren Kundmachung dem Rate nicht angenehm gewesen sein wird. Nur darum sei Getelen unter so günstigen Bedingungen von dem Rate angestellt, „dass er nach der alten Weise zwar nichts Ungöttliches lehre, damit die Gemeine nicht aufrühre, und dadurch Pfaffen und Obersten zur Neuerung nicht würden gedrungen". „Aber, wer weiss, ob er nicht auch bei den Lüneburgern, wenn sie seiner angestrichenen Farbe inne werden, mit Scham und Schande wird verlaufen müssen?"

Aber auch bei der römischen Partei geriet Getelen, freilich nur auf kurze Zeit, in Verdacht, als ob er durch Versprechungen und Schmeicheleien verlockt von dem Katholicismus abfallen wolle. Er wies jedoch derartige Verläumdungen in einem Schreiben an Coller auf das entschiedenste zurück[1]), und an ein Wanken war auch von seiner Seite gar nicht zu denken. Er stand fest, und je weiter der Kampf kam, um so hartnäckiger wurde er und um so enger verband er sich mit der katholischen Partei.

Er hatte in Lüneburg einen Collegen an der St. Nicolai Kirche, den Magister Friedrich Henniges[2]), den der Rat im Jahre 1528 von Hamburg verschrieben hatte. Er war dort Vicerektor an St. Petri gewesen und war den evangelischen Prädicanten „nicht geradezu entgegen". Er war unentschieden und schwankend, nach keiner Seite wollte er anstossen, Menschenfurcht war ihm nicht fremd;

---

1) Getelen an Coller, Lüneburg, d. 12. Juli 1529 (Orig. L. B.).

2) Lappenberg a. a. O. p. 585 f. meint, dass Henniges mit Barthold Möller nach der am 28. April 1528 abgehaltenen Disputation zwischen den Papisten und Evangelischen nach Rostock gegangen und von dort nach Lüneburg berufen sei. Das ist aber eine Verwechslung mit Friedrich Vullgreve, der am Dome Pastor, und der der einzige „Friedrich" war, der an der Disputation teilgenommen hat; beide werden in Stephan Kempes Bericht (abgedruckt bei Lappenberg p. 522 ff.) meist nur mit Vornamen genannt; daher die Confusion. Friedrich Henniges scheint also damals nicht mehr in Hamburg gewesen zu sein, vielleicht war er schon in Lüneburg.

aber vorläufig hielt er es noch mit der mächtigern Partei. „Er vollstreckte", so heisst es von ihm, „die Heuchelei mit Zuthat der Papisten mit singende und klingende und um den Hof zu gehende"[1]).

Das waren die Männer, durch die der Rat hoffte, die Bürgerschaft von der lutherischen Lehre fern zu halten. Getelens Predigten zogen das Volk an; aber es ist schwer sein Ansehen wieder zu gewinnen, wenn man es einmal verloren hat. Jene Schrift Undermarks wird ihren Weg auch gewiss nach Lüneburg gefunden haben und wird auf die Bürger nicht ohne Einfluss gewesen sein.

Schon im Januar 1529 kamen Misshandlungen katholischer Priester vor[2]), und im März hören wir bereits von einer geheimen Verabredung unter den Bürgern, dass man durch lutherische „Loysen" den Gottesdienst in der Lambertikapelle stören wolle; und sogar der Pfarrer dort scheint das nicht ungern gesehen zu haben[3]).

Als dann aber Herzog Ernst sein Wort wahr machte: er wolle den Lüneburgern ein Feuer um ihre Stadt anstecken, das ein ehrbar Rat binnen Lüneburg nicht wohl löschen, noch dämpfen könne[4]), als er im Juli 1529 in dem nahen Bardowik und Lüne Prediger des Evangeliums eingesetzt hatte, da wanderten die Bürger hinaus und holten sich von dort, was sie daheim nicht fanden. Alle Drohungen des Rates nützten nichts; es half nichts, dass er die Thore schliessen liess — man kletterte über die Mauern oder liess sich über die Ilmenau übersetzen. Den Nonnen in Lüne war das natürlich ebenso wenig angenehm als dem Rate. Sie versuchten durch angezündete Filzlappen den Prediger und die Gemeinde aus der Kirche zu vertreiben — es wurde auf dem Kirchhofe weiter gepredigt[5]).

Von Isenhagen aus hatte, wie wir bereits erwähnten, der Herzog am 15. Juli an den Rat geschrieben, ihm Mitteilung von seinem Vorgehen gegen die Klöster gemacht und dasselbe mit Hinweisung auf jenen Landtagsbeschluss gerechtfertigt. Zugleich hatte Ernst aber auch das Artikelbuch und die Instruction für die Prediger dem Rate übersandt und gefordert, dass auch in Lüneburg auf Grund dieser Ordnungen das Evangelium lauter und rein gepredigt werden solle.

---

1) Bertram, Evangelisches Lüneburg p. 40.
2) Coller an den Rat, am Tage Emerentii 1529 (L. A.).
3) Coller an den Rat, am Dienstag nach Laetare 1529; er fordert den Rat zum Einschreiten und Strafen auf.
4) Bertram, Evang. Lüneb. p. 38.
5) Bericht bei Bertram a. a. O. p. 38 f.

Die Antwort auf dies Schreiben blieb der Rat vorläufig schuldig, allein dieselbe Forderung tauchte jetzt auch von Seiten der Bürger auf. Als man mit ihnen am 23. Juli 1529 wegen einer Geldforderung des Herzogs beriet, liessen sie durch ihren Worthalter Cord Jördens, statt auf diese Frage einzugehen, den Antrag stellen: Weil im ganzen Fürstentume rein gelehrt würde, möge der Rat dafür sorgen, dass die Möncherei und der päpstliche Narrenrock auch in Lüneburg abgeschafft würde[1]).

Dazu hatte nun freilich der Rat durchaus keine Neigung; allein wurde die Forderung direkt zurückgewiesen, so liessen sich die Folgen dieses Schrittes nicht übersehen, dann schien die Verbindung der Bürgerpartei mit dem Herzoge, die man mehr fürchtete als alle Reformation, unvermeidlich. Man griff daher zu einem sehr verwerflichen Mittel, um wenigstens diese zu verhindern. Während man die Sache des Evangeliums hinausschob, fing man an den Herzog bei der Bürgerschaft zu verläumden; man sprengte aus, er sammele Reiter und Fussvolk, um die Stadt feindlich zu überfallen. Die Geldforderungen des Herzogs, die schon seit lange mit völligem Rechte erhobenen Ansprüche, dass Lüneburg zur Bezahlung der Schulden des Fürstentums beitragen sollte, nannte man Eingriffe in die Privilegien der Stadt.

Herzog Ernst erhielt bald Kunde von den Gerüchten, die man gegen ihn in Umlauf gesetzt hatte. Er richtete ein Schreiben an den Rat und liess zugleich eine Erklärung öffentlich anschlagen, in der die Verläumdungen seiner Gegner zurückgewiesen wurden. Er verwies die Bürger auf das übersandte Artikelbuch und die Instruction für die Prediger und forderte zur Annahme dieser Ordnungen auf: denn man werde nichts darin finden, was nicht in Gottes Wort ergründet und bewiesen sei[2]).

In der Mitte des Jahres brach über die Stadt und das Land jene schwere Seuche, die Schweisssucht, herein, von der die Chroniken so viel zu berichten wissen. Das lähmte beide Parteien. Auch dem Herzoge gegenüber finden wir den Rat jetzt — in Worten wenigstens — sehr nachgiebig. Ihr Schreiben fliesst über von Entschuldigungen; sie beteuern, dass sie jenen Verdacht weder gehabt noch vorbereitet hätten. Sie danken für die übersandten Schriften, ver-

---

1) Hämmenstädt z. Jahre 1529.
2) Zwei Schreiben des Herzogs an Lüneburg, das zweite zur Veröffentlichung bestimmt, d. d. Freitag nach Pantaleonis (30. Juli) 1529. (Copie im H. St. A.).

sprechen für tüchtige und gelehrte Prädicanten sorgen zu wollen; denn „sie möchten nicht gern als solche befunden werden, durch die die reine Predigt des Evangeliums verhindert würde, auch hätten sie befohlen, dass ihre Prediger ohne Scheu das reine Evangelium predigen sollten, daran wäre auch nach ihrem Verstande noch kein Mangel erfunden worden"[1]). — Das waren schöne Worte, ausgepresst durch eine schwere Zeit; Worte, wie sie der Rat so gern und leicht gab, wenn er in seiner engherzigen und kleinlichen Weise dadurch einen augenblicklichen Vorteil oder einen Aufschub erlangen konnte. Zur That kam es nicht.

Aber wenn auch durch die Seuche, die beide Parteien als eine Strafe Gottes für ihre Gegner ansahen, die Bewegung eine kurze Zeit ruhte oder weniger intensiv war, das Verlangen der Bürger nach Reformation und der Hass gegen den Rat kehrte mit neuer Heftigkeit wieder, und im Anfange des Jahres 1530 liess sich die Bewegung nicht mehr dämpfen.

Am Sonntag nach Mariae Reinigung (6. Februar) kam es zuerst in der Nicolaikirche dazu, dass man den lange gehegten Plan ausführte und nach der Predigt deutsche Gesänge: „Es wolle Gott uns gnädig sein" und „Gott der Vater wohn' uns bei" anstimmte[2]).

Das Drängen der Bürger auf Besserung der religiösen Zustände hatte den Rat bewogen, den Franziskanern den Befehl zu erteilen, des Predigtamtes zu warten. Die Mönche, die in der Klosterkirche predigten, wurden auch gehört, aber von einer Zuhörerschaft, die bereits sehr gut das Wahre von dem Falschen zu unterscheiden verstand. Nicht lange vor Fastnacht predigte hier auch so ein „grauer Gast", der Guardian des Klosters, und begann mit den Worten: Was in den Mund gehet, sündiget nicht; was aber daraus gehet, das sündiget, sagen die Martiner. Wie, hat denn Adam nicht Gottes Gebote gebrochen dadurch, dass er den Apfel ass wider Gottes Gebot? dazu auch der

---

1) Der Rat an den Herzog, Montag nach Decollat. Johannis (30. Aug.) 1529. (H. St. A.)

2) Die vorhandenen Berichte stimmen in betreff dieses Datums nicht überein. Schomaker giebt die Sache überhaupt nicht genauer an. Hämmenstädt hat: Sonntag vor Lichtmessen (30. Januar), der Bericht bei Bertram giebt die Nachricht erst für den Sonntag Judica (6. März); das ist völlig falsch, denn bereits am 27. Februar hatte Bugenhagen Kunde von diesen Vorgängen. Seinem Briefe (vom 27. Februar 1530) an L. Cordatus (bei Rehtmeier, Braunschweig. Kirchengeschichte, III, Beilagen p. 14) ist das von uns angegebene Datum entnommen. Bertram setzt diese Vorgänge irrig bereits in das Jahr 1529; er legt auf die Gesänge besonderes Gewicht: weil Gott so ein leichtes Mittel gegeben habe, sich ohne Tumult von der frechen Schreier Herrschaft zu erlösen.

Mann, der nach Bethel ging und nicht essen und trinken sollte, ehe er wieder in sein Haus käme und ward von den Bären zerrissen und umgebracht; was sagt ihr Martiner dazu? — Da erhob sich ein gewaltiger Lärm, und die Gemeinde fing an zu singen: „Ach Gott vom Himmel sieh darein", und obwohl der Mönch rief: „Schweigt still, ich will euch vom Glauben predigen!", hörte man nicht eher mit Singen auf, als bis er die Kanzel verlassen hatte.

Noch stürmischer ging es am folgenden Sonntage her. Ein anderer Mönch betrat die Kanzel, allein er vermochte seine Zuhörer nicht lange zu fesseln, auch ihn unterbrach der Gesang deutscher Psalmen. Eine alte „Krückendrägersche" hatte inzwischen die Kirchthür verriegelt. Man glaubte, man solle überfallen werden, die Kirchstühle wurden zur Verteidigung abgerissen, in der Kirche begann man eine Schlägerei, aus Lüne eilten die jungen Leute herbei, um ihren Genossen zu helfen. Aber der Rat wurde des Tumultes noch einmal Herr[1]).

Schon wagte man es offen die katholische Religion zu verspotten. Schneidergesellen mit weissen Gewändern bekleidet zogen auf Fastnacht in feierlichem Zuge durch die Stadt, sie trugen Kreuze und Glocken und als Reliquien Pferdeknochen vom Schindanger. Als sie am Hause des Bürgermeisters Lütge von Dassel in der Bäckerstrasse vorbeikamen, zog der alte Herr seine Mütze, denn er meinte, es wären u. l. Frauen Pfaffen mit dem Ablass. Bei der Apotheke traf der Bürgermeister Hartwich Stötteroge die Prozession, schon wollte er ehrfürchtig niederknieen, als seine Diener ihm sagten, dass es ein Fastnachtscherz sei[2]). Das ging einem ehrbaren Rat denn doch über den Spass. Die losen Gesellen wurden bei Leibesstrafe aus der Stadt verwiesen; aber die Bürger liessen dem Rate drohend sagen: wolle man die Knechte verjagen, die niemandem etwas zu leide gethan, sondern nur der Pfaffen gottlose Pracht mit dem abgöttischen Heiligtum verspottet und damit den Hals nicht verbrochen hätten, so möge man sie selbst nur auch aus der Stadt treiben. Der Rat war schon so eingeschüchtert, dass er nachgab und die Rückkehr der Gesellen gestattete, wenn sie sich nur drei oder vier Tage ruhig im nahen Lüne

---

1) Bericht bei Bertram a. a. O. p. 41 ff.
2) Aus Hämmenstädt; am ausführlichsten ist der Bericht bei Bertram über diese Vorgänge, dem wir auch im Wesentlichen gefolgt sind.

Ein Gedicht über diesen Fastnachtsaufzug findet sich bei Gebbardi Bd. IX. Dort ist auch noch ein anderes Lied aus derselben Zeit. Etliche Verse davon gedruckt bei Uhlhorn p. 360. Anm. 6.

aufgehalten hätten. Es war den Patriciern eben nicht mehr möglich, der Sache Einhalt zu thun.

Henniges hatte sich inzwischen immer noch schwankend verhalten. Vor den Fasten hatte er versprochen, er wolle den Rat günstig zu stimmen suchen und dann am ersten Sonntag in den Fasten mit der Sache „füglicher fortfahren". Allein der Tag kam, Henniges erwähnte nichts von seinem Versprechen; die Messe sollte wieder gefeiert werden. Da stimmte das Volk abermals seine Lieder an, die Priester wichen aus der Kirche, und erst als sich die Menge verlaufen hatte, kam der „Missling" wieder hervor und „missete sein gottlos Thun zum Ende aus"[1]). — Doch scheint es nach Schomakers Chronik schon jetzt in der Nicolaikirche zur Predigt des Evangeliums und Feier des Abendmahls unter beiderlei Gestalt gekommen zu sein, aber vorerst auch nur hier[2]). .

Bald genügte das den Bürgern nicht mehr, und die Zusammenrottungen derselben nahmen für den Rat einen höchst gefährlichen Charakter an. Die Bürger organisierten sich; ein Ausschuss von hundert Personen wurde gewählt mit einem Wortführer, Hans Polde, und zwölf Bürgern an der Spitze, und dieser betrieb jetzt die Sache mit System. Hatten sie auf ihre früheren Bitten keine Antwort vom Rate bekommen, so drängten sie jetzt nur um so härter, dass man ihnen evangelische Prediger geben möge. Und nicht das allein, sie forderten auch Sachen, die nichts mit der Religion zu thun hatten: Salzfuhr und einen Anteil an den Kalands- und Mönchsgütern[3]). Der Rat glaubte — aufgestachelt durch die Pfaffen — zur Gewalt schreiten zu müssen. Er wollte „unter den Hunderten (dem Ausschuss) ein Greifen thun und den Vornehmsten, die das Spiel am weitesten trieben, den Bart scheren". Sieben Büttel waren bereits dazu verordnet, auch die Nacht, in welcher der Plan zur Ausführung kommen sollte, war bestimmt. Allein die Sache wurde verraten; von unbekannter Hand empfing Hans Polde kurz vorher die Warnung, des Nachts niemanden in sein Haus zu lassen. Schnell versammelte er die Bürger, und man fand die Warnung begründet, denn die Glockenstränge waren aufgezogen, um Sturmläuten zu verhindern[4]).

---

1) Bericht bei Bertram a. a. O.
2) „Also hefft ein Radt nagegeven, dat tho St. Nicolaus allene evangelico more de Missen geholden und communicieret worden. Actum Invocavit." Schomaker ad annum 1530.
3) Schomaker a. a. 1530. Woher Uhlhorn a. a. O. p. 185 die Nachricht hat, dass die Bürger nochmals dem Rate den Eid des Gehorsams leisten sollten, ist mir nicht bekannt.
4) Nach Hämmenstädt, der unsere einzige

Der Rat gab seinen Plan auf und lenkte ein. Die angesehensten Geistlichen der Stadt wurden vorgefordert. Ihnen wurden die Ansichten und Forderungen der Bürger mitgeteilt, und sie sollten nun auf ihr Gewissen sagen, ob die neue Lehre dem Worte Gottes gemäss oder zuwider sei. Für seine Amtsgenossen antwortete Augustin von Getelen: es sei das eine so wichtige Sache, dass man sie erst gründlich überlegen müsse. Aber die Bürger erwiderten, dass Luther seit 1517 gelehrt habe, und dass sie als Geistliche seit dieser Zeit sich genügend darüber hätten unterrichten können. — Wenn man, so lautete die Antwort, die der Rat forderte, der Patres Consilia und geordnete Ceremonien verwerfen wolle, dann wäre Luthers Lehre nicht unrecht und stimme mit dem göttlichen Worte. Damit entliess der Rat vorläufig beide Parteien[1]).

Alle diese bislang geschilderten Ereignisse fanden noch vor Ostern 1530 statt. Neue Verhandlungen begannen, als die Pfaffen Anstalten machten, in hergebrachter Weise das Fest der Palmenweihe zu feiern. Die Handwerksgesellen liessen hören, sie wollten den Pfaffen die Palmen weihen helfen, wie das ihnen bekommen würde, das sollten ihre Köpfe fühlen. Die Verhandlungen, die am Dienstag nach Judica (5. April) zwischen dem Rate und dem Bürgerausschuss wegen der Ceremonien für Ostern begannen, endigten damit, dass der Rat ein Mandat aufzusetzen versprach, das am „guten Mittwoch" in St. Johannis verlesen werden sollte. Die Sitzung dauerte lange, und es ging stürmisch genug bei derselben her, denn immer wieder und immer dringender forderten die Bürger evangelische Prädicanten. Die Patricier sagten, ihre Voreltern und sie seien mit den Pfaffen und Mönchen zufrieden gewesen, warum nicht auch die Bürger sie behalten wollten? Wenn die Junker, so antworteten die Bürger, die Pfaffen und Mönche in ihren Häusern haben wollten, so sei ihnen das einerlei, sie wollten mit denselben nichts zu thun haben. Als dann aber gar ein papistischer Bürger sich äusserte: die neue Lehre sei vom Teufel, da erhob sich ein ungeheurer Tumult; man wollte den frechen Sprecher zum Fenster hinauswerfen, und nur mit Mühe gelang es, Ruhe zu stiften. Schliesslich versprachen die Bürger sich bis nach Ostern zufrieden zu geben. Wenn die Pfaffen Palmen weihen wollten, lautete der Bescheid des Rates, so sollten sie es auf ihre eigne Gefahr thun, in dem Mandate aber sollte es als unchristlich gebrandmarkt werden.

Quelle für diese Vorgänge ist, soll ein Bürgermeister von Köln und der Bürgermeister Nicol. Bröme von Lübeck zu diesem Gewaltstreiche geraten haben. Der Bürgermeister Lütge von Dassel soll dagegen gesprochen haben.

[1]) Vgl. Hämmenstädt a. a. O.

Als Getelen in der St. Johanniskirche am festgesetzten Tage das Mandat verlas, kam ein ganz anderer Befehl zu Tage, als man erwartet hatte: „Wer sich an den Pfaffen vergreift, der soll an Leib und Leben gestraft werden". Die Bürgerschaft glaubte zunächst, ihre Wortführer hielten es mit dem Rate und gaben es ihnen schuld, dass der Rat sein Versprechen nicht gehalten habe. Diese wandten sich wieder klagend an den Rat; abermals fand eine sehr erregte Beratung statt. Auf Getelen blieb die Sache hängen, der Rat liess ihn fallen; noch an demselben Tage musste er die Stadt verlassen[1]).

Die Bürgerpartei hatte damit einen völligen Sieg errungen, und auch für die Reformation war die Ausweisung Getelens entscheidend. Das Interdict wurde verhängt; in allen Kirchen sollten die Ceremonien vorläufig „nachgelassen und niedergelegt" werden[2]). Aber das verstärkte nur das Verlangen nach evangelischer Predigt. Als der Rat nicht sofort Anstalten zur Berufung eines tüchtigen Predigers machte, da thaten die Bürger selbst die ersten Schritte. Sie wandten sich nach Hamburg an Stephan Kempe mit der Bitte, die neue Ordnung in Lüneburg durchführen zu helfen, und als dieser auch vom Rate aufgefordert sein wollte, trotzten sie dem Rate die Berufung desselben ab. 14 Tage nach Ostern traf Kempe in Lüneburg ein; die Bürger empfingen ihn, und an sie schloss er sich an, zum grossen Verdruss des Rates, der dadurch jede Einwirkung auf ihn unmöglich gemacht sah[3]).

Stephan Kempe war ein ehemaliger Franziskaner, ein Schüler des Dr. B. Möller in Rostock, eines eifrigen Katholiken; aber schon in Rostock war Kempe einer der ersten, die sich der Reformation zuwandten. 1523 führten ihn Ordensgeschäfte nach Hamburg; seine Predigten gefielen dort, und er liess sich bewegen hier zu bleiben. Als Bugenhagen nach Hamburg kam, wurde er dessen eifrigster Anhänger. Er nahm teil an der Disputation Bugenhagens mit Melchior Hofmann, dem Widertäufer, in Flensburg[4]). Energie und Festigkeit zeichneten ihn aus, und einen solchen Mann brauchte Lüneburg in der damaligen Zeit.

Sein erstes Bestreben war darauf gerichtet, gute evangelische Prediger für die Stadt zu gewinnen, denn er allein würde nicht genügt haben, den Kampf gegen die noch immer sehr starke katholische Partei zu führen. Henniges trat

---

1) Vgl. Hämmenstädt a. a. O., davon weicht der Bericht bei Bertram etwas ab; er ist ungenauer.
2) Hämmenstädt a. a. O.
3) Bericht bei Bertram p. 45.
4) Vgl. Lappenberg a. a. O. p. XXVI.

jetzt völlig auf seine Seite; mit der Ausweisung Getelens war für ihn auch die letzte Verbindung mit seinen ehemaligen Genossen zerrissen. Zu diesen beiden gesellten sich dann noch andere, wie Heinrich Otto[1]), Hartwich Eichenberg, Heinrich Techen, ein gewisser Herr Hermann und der von Winsen berufene Heinrich Lampe, so dass bald eine stattliche Reihe von lutherischen Predigern in der Stadt wirkten. Am Himmelfahrtstage wurde auf Befehl des Rates, der jetzt immer weitere Zugeständnisse machen musste, die Messe in der St. Johanniskirche und der Lambertikapelle abgeschafft[2]). Dagegen konnten die Pfaffen nichts mehr ausrichten; auf andere Weise, durch Verläumdungen, die sie über die Prediger verbreiteten, suchten sie sich zu rächen[3]).

Die Schlimmsten waren auch hier wie anderswo die Barfüsser. Sie waren verstärkt durch die Flüchtlinge aus den Klöstern in Celle und Winsen; von Bremen, Lübeck und Hamburg hatten die dort ausgewiesenen Mönche sich zum Teil nach Lüneburg begeben. Auf Befehl des Rates mussten sie in ihrer Kirche regelmässige Predigten halten. Sie thaten das in ihrer Weise, und die „Amtsknechte" machten sich ein Vergnügen daraus, nach der Predigt, oder „wenn sie es gar zu grob machten" während derselben deutsche Psalmen anzustimmen, und vertrieben dadurch nicht selten die Mönche aus der Kirche[4]).

Endlich schritt der Rath ein, oder vielmehr der Bürgerausschuss zwang den Rat zum Vorgehen, denn die Bürger waren jetzt in Wahrheit die Herren der Stadt. — Kempe hatte sich, wie gesagt, eng an die Bürger angeschlossen; er war inzwischen nicht müssig gewesen. Aus Bugenhagens Hamburger Kirchenordnung hatte er 50 Artikel „vom Amt und Dienst in den Kirchen" ausgezogen, ihnen hatte er beweiskräftige Schriftstellen des alten und neuen Testaments vorangeschickt, aus denen folgte, dass das Wort Gottes die einzige Norm für jegliches Thun sei. Die Artikel, die wir nicht mehr besitzen, bezogen sich auf Schule, Erwählung von Predigern, Versorgung derselben, Heiligendienst, kurz alle einschlägigen religiösen und praktischen Fragen. Kempe hatte diese Ordnung dem Rate vorgelegt und auch, als man ihn dazu aufforderte, bewiesen,

---

1) Er stammte aus Einbeck und hatte vom 10. August 1518 an in Wittenberg studiert. Vgl. Förstemann, Album academiae Vitebergensis p. 74.
2) So Schomaker; der Bericht bei Bertram geht wohl zu weit, wenn er sagt, dass schon damals die Messe durch Mandat des Rates in der ganzen Stadt völlig abgeschafft worden sei.
3) Vgl. den Bericht bei Bertram p. 46.
4) Vgl. Hämmenstädt a. a. O.

dass sie aus Gottes Wort stamme[1]). Er forderte dann, dass man sie dem Abte, Propste und Guardian vorlege; diese möchten, wenn sie etwas dagegen einzuwenden hätten, sie widerlegen.

Die Genehmigung hierzu wurde dem Rate von den Bürgern, welche die Wünsche Kempes nachdrücklich unterstützten, abgedrungen. Eine Deputation bestehend aus zwei Ratsmitgliedern und einer Anzahl Bürgern wurde am 19. Juli zum Besuche der in der Stadt belegenen Klöster eingesetzt. Am folgenden Tage begab man sich zunächst in das Kloster St. Michaelis, worauf wir später zurückkommen werden.

Dann wurde mit den Mönchen von u. l. Frauen verhandelt und ihnen befohlen, Kirche und Kloster zu schliessen und auszuziehen, wenn sie nicht das Evangelium predigen wollten. Alle zum Kloster gehörigen Güter und Kleinode wurden inventarisiert. Der Guardian schien zur Nachgiebigkeit bereit zu sein, er hoffte wohl im stillen auf die ihm und seinem Kloster noch immer günstige Gesinnung des Rates, und die Sache schleppte sich auch richtig bis Ende August hin. Da drängten die Bürger aufs neue zum Handeln; das Volk drohte das Kloster zu zerstören. Der Rat wurde veranlasst, an den Guardian die Anfrage zu richten, ob er sein Versprechen zu erfüllen beabsichtige und das Evangelium rein predigen lassen wolle. Über die ablehnende Antwort des Guardians wurde das Volk so erbittert, dass es noch am selbigen Tage die Mönche aus der Stadt treiben wollte (23. August). Dies verhinderte nun freilich der Rat, aber am folgenden Tage begab sich eine Deputation in das Kloster und liess den Mönchen die Wahl zwischen Annahme des Evangeliums und Auswanderung aus der Stadt. Sie wählten das letztere und am folgenden Sonntage (28. August) verliessen sie das Kloster mit Ausnahme etlicher Alter, Kranker und derer, die aus Lüneburg selbst gebürtig waren. Der Guardian hatte ursprünglich alle, auch die Lahmen, Blinden und Kranken mitnehmen wollen, um die Härte der Austreibung noch grösser erscheinen zu lassen, allein das war vom Rate verhindert worden. Als die ausziehenden Mönche die Stadt verlassen hatten, überfiel sie ein furchtbares Unwetter, „sie wurden", wie Hämmenstädt schreibt, „durch einen Platzregen so

---

1) Unsere Nachrichten über die verlorene Ordnung Kempes stammen aus den Widerlegungen derselben, deren eine im L. A. vorhanden ist. Eine andere, die ich nicht kenne, wurde durch Kempe nochmals widerlegt, und seine Schrift ist abgedruckt in Staphorsts Hamburger Kirchengeschichte, II, 1, p. 171 ff.

geweiht, wie sie dergleichen Weihwasser früher nicht bekommen haben". Ihre Kirche wurde vorläufig geschlossen, die zurückgebliebenen Mönche durften jedoch noch im Kloster bleiben[1]).

Auch mit dem Prior des Prämonstratenserklosters Heiligenthal waren durch den Rat und den Bürgerausschuss Verhandlungen angeknüpft worden. Das Kloster war sehr verschuldet und war bereits zu verschiedenen Malen genötigt gewesen, dem Rate einen seiner Höfe zu verkaufen. Die Zahl der Bewohner des Klosters war auf ein Minimum reduciert. Ausser dem Prior und Senior waren nur noch zwei Conventualen vorhanden. Schon vom Freitag nach Ostern 1530 finden wir eine Urkunde, in der die Mönche all ihr Hab und Gut dem Rate übertragen[2]). Jetzt tritt eine endgültige Regelung ein, am 20. Juli wiederholen sie die Abtretung, und der Rat verspricht einem jeden auf Lebenszeit Wohnung und jährlich 50 Mark zu geben[3]). Sie verliessen das Kloster, dasselbe sollte in ein Hospital verwandelt werden. Allein es erhob sich, wie wir noch sehen werden, Widerspruch gegen die Rechtsgültigkeit der ganzen Abtretung.

Nach diesen Ereignissen blieb Kempe nicht lange mehr in Lüneburg, sei es, dass er durch die Aufstellung einer Kirchenordnung seine Aufgabe hier erfüllt zu haben glaubte, oder dass er in Streitigkeiten mit dem Rate geriet, dem seine Ordnung nicht ganz genehm war. Der Rat hatte heimlich den Abt von St. Michaelis zur Widerlegung derselben auffordern lassen und versprochen, er wolle von Kempe abfallen, wenn die Widerlegung gründlich wäre. Aber dieselbe entsprach nicht den an sie gestellten Erwartungen, und der Abt von St. Michaelis erntete keinen Dank dafür, dass er dieselbe hatte verfassen lassen[4]). Die Ordnung Kempes freilich scheint nach seinem Weggange, der im September oder Anfang October 1530 erfolgt sein muss, ganz in Vergessenheit geraten zu sein. Doch kann man nicht sagen, dass damit die Stadt „aufs neue

---

1) Schomaker und Hämmenstädt sind hierfür unsere Quellen. Nach Schomaker blieben etwa zwölf Personen im Kloster zurück, nach Hämmenstädt nur drei, darunter ein Astronomus, der auch „Nigromantie" trieb, und dadurch für alle den Unterhalt erwarb. Später, nach dem Tode der andern, wurde er deshalb verdächtig, musste im Jahre 1560 die Stadt verlassen, ging nach Stadthagen und starb im Elend. Nach Bertram a. a. O. p. 78, der diese Vorgänge ganz willkürlich in das Jahr 1532 setzt, hat auch Havemann dies Jahr beibehalten.

2) Original im L. A. mit zwei anhängenden Siegeln.

3) Vgl. die Chroniken von Hämmenstädt und Schomaker.

4) Boldewin an den Rat, Montag nach Galli (17. October) 1580. (Copie H. St. A.)

der kirchlichen Anarchie" verfallen wäre[1]; die evangelische Partei war jetzt bereits stark genug, um das begonnene Werk fortführen zu können.

Durch alle diese Ereignisse zieht sich der fortdauernde Streit des Herzogs mit dem Rate der Stadt hindurch. Wir hatten bereits Gelegenheit, auf etliche Streitpunkte hinzuweisen: auf den Aufenthalt des alten Herzogs in Lüneburg, auf die Forderung, dass der Rat die Sülzgüter von Ebstorf an den Herzog herausgeben sollte; aber den Kernpunkt bildete doch stets die Geldfrage, und die Verhandlungen, die deswegen geführt wurden, sind sehr umfangreich.

Wir können hier natürlich diese Verhältnisse nicht ausführlicher behandeln, aber um die Stellung des Herzogs zu seiner Stadt völlig kennen zu lernen, erscheint es wünschenswert, dieselben wenigstens kurz zu berühren.

Auf die Geldforderung von Seiten des Herzogs wurde von dem Rate die geradezu lächerliche Gegenforderung erhoben, man solle ein für allemal Abhülfe schaffen, nur dann wolle er zur Tilgung der Schulden beitragen. Ausserdem aber sollten eine Reihe von „Misbräuchen", wie es die Lüneburger nannten, abgeschafft werden. Man verlangte Zollfreiheit in Gifhorn, Celle und an der Elbe[2]) und zwar für alle Güter der Stadt, nicht blos für die zum Gebrauche der Bürger bestimmten. Von den ausserhalb der Stadt im Fürstentum belegenen Gütern Lüneburger Bürger sollte der Herzog keine Schatzung erheben dürfen. Klagen der Bürger sollten nur vor dem Rate entschieden werden. Man verlangte Holzrecht und Jagd auf drei Meilen im Umkreis der Stadt. Die Brücke bei Bütlingen sollte beseitigt werden, weil sie dem Handel der Stadt schädlich sei. Ausserdem aber sollte alles gebessert werden, von dem man noch nachträglich fände, dass es gegen die Privilegien der Stadt verstosse; die Leistungen, zu welchen der Rat sich nach Erfüllung aller dieser Punkte herbeilassen wird, sollte der Herzog ausdrücklich als freiwillige anerkennen[3]).

Das waren etwa die Forderungen des Rates im Anfang des Jahres 1529; ehe sie nicht erledigt, wollte man sich auf nichts einlassen. Der Herzog erkannte die Berechtigung derselben nicht an und sprach dies auch in dem Abschiede aus, den er den Gesandten von Lüneburg, Dietrich Elvers und Leonhard Tobing, am 14. Februar 1529 in Uelzen erteilte[4]). Er forderte nochmals auf

---

1) Vgl. Uhlhorn p. 185.
2) Eine Aufzählung der Zollstätten, deren es im Fürstentum Lüneburg etwa 30 gab, findet sich in einer Akte des H. St. A.
3) Der Rat an den Herzog am Abend Anthonii abbatis 1529 (H. St. A.).
4) Vom Sonntag Invocavit 1529 (H. St. A.).

das bestimmteste einen Beitrag zur Tilgung der Schuld und zu den Lasten für die Erhaltung des Reichsregiments und des Kammergerichts, die gar nicht unbedeutend waren und für die der Herzog der Stadt Lüneburg wegen bedeutend höher eingeschätzt war, als andere ihm sonst gleichstehende Fürsten[1]). Auch wegen der noch nicht geleisteten Huldigung fanden Verhandlungen statt. Man schien endlich zu einer Einigung zu kommen, eine Zusammenkunft wurde verabredet, allein auch diese wusste der Rat wieder hinauszuschieben. Neue Klagen kamen inzwischen hinzu, der Rat beschwerte sich über eine Begünstigung der Hamburger Elbschiffahrt zum Nachteil der Stadt. Endlich begannen am 11. März 1530 Verhandlungen zu Lüne, allein auch sie führten zu keinem Resultate. Der Herzog wünschte, dass man ihm noch vor Ostern huldigen sollte, da er des Reichstages wegen auf einige Zeit sein Land verlassen musste, und er brach die Verhandlungen ab, als der Rat keine Anstalten dazu machte (am 15. März 1530). Auch über die übrigen Punkte war man zu einer Einigung nicht gekommen; forderte der Herzog 10000 Gulden, so bot der Rat nur 6000 und wollte auch diese wahrscheinlich nicht baar auszahlen, sondern nur von den 12500 Gulden abziehen, die der Herzog der Stadt noch schuldig war.

Eine Zeit lang ruhte die Sache, neue Verhandlungen begannen am 28. October 1530. Nochmals stellte der Herzog dringend die Lage des Fürstentums vor, wie die Schulden durch die bedeutenden Zinsen zu- statt abgenommen hätten, so dass man an eine Verringerung der Hauptsumme gar nicht habe denken können. Von dem Rate aber habe er bislang weiter nichts erhalten können als schöne Worte. — Auch jetzt führten die Verhandlungen zu nichts, und auch der Versuch des Herzogs, sich direkt an die Bürgerschaft zu wenden, mislang. Die Bürger hatten das auffällig gefunden und den Brief des Herzogs uneröffnet dem Rate übergeben[2]).

Dem Herzoge war jetzt noch ein neuer Anlass zur Klage geboten. Durch den Vertrag, den die Mönche des Klosters Heiligenthal mit dem Rate abge-

---

1) 1526 zahlte der Herzog 638 Goldgulden Türkengeld, 1528 — 363 Guld. 7 ß. 2 ₰; zur Erhaltung des Kammergerichts 1524 —103 Guld.; für das Reichsregiment 1522 — 150, 1523 — 200, 1525 — 75 Gulden. Für die Erhaltung eines Doctors beim Kammergericht von 1525— 29 320 Gulden. Zur Türkensteuer wurden von Lüneburg 20, dann 25 gerüstete Pferde gefordert, der Rat behauptet nur 16 schuldig zu sein. (D. Rat an d. Herzog, Donnerstag nach Omn. Sanctorum 1529 (H. St. A.). In der Wormser Matrikel von 1521 ist für Braunschweig-Lüneburg eine ebenso hohe Geldleistung festgesetzt wie für Br.-Calenberg und Br.-Wolfenbüttel zusammen.

2) Hämmenstädt a. a. O.

schlossen hatten, glaubte er seine Rechte als Landesherr und Patron des Klosters verletzt. Auch das Kloster, so behauptete er, gehöre zu seinen ihm vom Kaiser übertragenen Regalien. Man scheint zwar zunächst den Vertrag vor dem Herzoge geheimgehalten zu haben, aber als derselbe davon erfuhr, erkannte er die Rechtsgültigkeit desselben nicht an und liess, als der Streit mit der Stadt heftiger wurde, im Jahre 1532 die ausserhalb der Stadt belegenen Güter des Klosters einziehen. In der ganzen Folgezeit ist dies einer der Klagepunkte des Herzogs gegen Lüneburg.

Dazu kam noch etwas anderes, was den Herzog sehr erbittern musste. Wohl war Lüneburg dem äusseren Anschein nach jetzt eine lutherische Stadt geworden, aber es war doch noch immer die Seele des Widerstandes gegen die Reformation, und alle reformfeindlichen Elemente schlossen sich an die Stadt an. Hier konnten sie am besten Schutz gegen den Herzog finden, und unter der Obhut des Rates waren ihre in der Stadt belegenen Güter ihnen völlig sicher.

Der Ratschlag zu Notdurft der Klöster.

Durch die Einsetzung der evangelischen Prädicanten, welche Ernst, gestützt auf den Landtagsbeschluss von 1527, im Jahre 1529 bei den Klöstern vorgenommen hatte, hatte er den ersten Schritt zu einer wirklichen Reformation derselben gethan. Er ging aber sofort noch weiter; er forderte von den Conventen der Frauenklöster auch die Anhörung der evangelischen Predigt. Diese Forderung erhob er kraft fürstlichen Amtes, ohne dazu durch einen Beschluss der Landschaft berechtigt zu sein.

In Lüne hatte man ihm auch die Befolgung dieses Befehls versprochen, wenn der Prediger nicht wider Gott lehre. Als der Prädicant Hieronimus Enckhusen dann zum ersten Male predigte, befahl die Domina Priorissa Mathilde Wilden dem Convent diese Predigt anzuhören, auch die zweite hörte man noch; als er aber in der dritten lehrte, es gebe nur zwei Sakramente, da verliess auf einen Wink der Domina der ganze Convent die Kirche, und seitdem ging man nicht wieder hin[1]). — In Medingen suchte man den Prediger auf alle mögliche Weise zu kränken und zu hindern, man verschloss selbst die Thür der Kirche,

---

1) Schuster, die Reformation des Klosters Lüne, im Hannov. Magazin 1821. p. 404.

wenn er predigen wollte[1]). Auch in Walsrode hören wir von einer „Verfolgung" des evangelischen Predigers durch die Domina[2]).

Nach wie vor hielten die Nonnen ihre katholischen Gottesdienste ab, doch wurde ihnen in Medingen schon jetzt der Befehl erteilt, sich nicht mehr als einmal wöchentlich die Messe lesen zu lassen. In Lüne verliessen noch im Jahre 1529 zwei Capläne das Kloster und traten zum Luthertum über; und auch die Dienstleute in den Klöstern schlossen sich immer mehr an die herzoglichen Beamten an. Gegen die Verwaltung des Herzogs war freilich der Widerstand fast völlig erloschen, wir hören auch in den Berichten der Nonnen selbst nur wenig Klagen über dieselbe. An den Protest, den der abgesetzte Propst Lorbeer auf Betreiben der Nonnen am 30. Januar 1530 gegen seine dem Herzog ausgestellte Urkunde, weil dieselbe ihm durch Drohungen abgezwungen sei, erhob, kehrte sich der Herzog ebensowenig wie früher an den Protest der Nonnen[3]). Er verfügte völlig frei über die Güter der Propstei[4]). Die Lieferungen, die dem Kloster zukamen und die der Verwalter zu leisten hatte, wurden, wie es scheint, genau bestimmt[5]), und die Leistungen waren reichlich bemessen; denn nicht weniger, sondern mehr, als sie zur Zeit ihrer Pröpste erhalten hatten, hatte der Herzog den Nonnen zu geben versprochen.

An ein Entgegenkommen der Nonnen oder gar an einen Abfall derselben vom Katholicismus durfte der Herzog freilich nicht denken. Wir sind es gewohnt, die Segnungen der Reformation anders zu beurteilen als die Klosterfrauen jener Zeit; wir sind leicht geneigt, den Widerstand derselben als blosses thörichtes Widerstreben gegen Massregeln aufzufassen, deren Vortrefflichkeit auf der Hand lag; wir überschätzen die angewandte Milde der Fürsten und unterschätzen die Berechtigung des Widerstandes. Herzog Ernst stand völlig auf dem Boden seiner Zeit. Auch er war überzeugt von der Richtigkeit des Grundsatzes: cuius regio, eius religio, überzeugt von dem Werte und der Heilsamkeit

---

1) Lyssmann a. a. O. p. 140.
2) Urkundenbuch von Walsrode Nr. 373.
3) Annalen der braunschweig-lüneburgischen Churlande, Bd. 7. p. 616. Anm. 2.
4) So bestätigt er „am hilligen Paschen Avende 1530" den Sülfmeistern die Briefe und Siegel, die sie von Johann Lorbeer erhalten hatten.
5) Für Wienhausen wurden dieselben bestimmt in einer Urkunde vom Mittwoch nach Martini 1530. Die Klosterfrauen erhalten jährlich 120 Scheffel Roggen, 10—12 halbe Scheffel Weizen, 4 Tonnen Butter, 6 Tonnen Häringe, $^1/_2$ Stück Stockfisch, 400 Paar Schollen, 8 Rinder 10 Gänse, 2 Schock Hühner, 20 frische Käse, 40 Fuder Holz, jede Person zwei Paar Schuhe und Salz, soviel sie brauchen. (Des. 49, Wienhausen 2.)

dessen, was er an die Stelle des Alten setzen wollte, und auch er hielt sich für berechtigt Gewalt anzuwenden, als man ihm widerstrebte. Aber er übte die ihm zustehende Gewalt so schonend und milde als möglich und hoffte das Beste von der Zeit und dem Einflusse seiner Prediger auf die Nonnen.

Die fortdauernde Verachtung der evangelischen Predigt veranlasste ihn zunächst gegen die Klosterfrauen einzuschreiten. Auf seinen Wunsch verfassten im Anfang des Jahres 1530 die lutherischen Prediger den „Ratschlag zu Notdurft der Klöster". Gerade die Klöster, so sagen sie in der Vorrede, sind von des Teufels Stricken besonders hart gefesselt; sie sind jedoch dem Herzoge nicht weniger Gehorsam schuldig als alle andern Unterthanen; „denn bliebe das Exempel jetzt ungebessert und ärgerlich, wie sollten sich dann die Nachfolger desselben erwehren"!

Vor allem, so lehrt der Ratschlag, ist es nöthig, dass Gottes Wort lauter und rein gelehrt wird; der weltlichen Obrigkeit kommt es zu, dafür zu sorgen, da es die Bischöfe nicht thun.

Nach Einführung der Predigt muss die Obrigkeit die Misbräuche abschaffen, wie das „Gefängnis der Klosterpersonen", das Verbot des Ehestandes u. dgl. Die Klosterpersonen müssen das göttliche Wort hören und wenn sie es nicht thun, so sollen sie durch fürstlichen Befehl dazu gezwungen werden, damit sie zur Erkenntnis der Wahrheit kommen. Diese fehlt ihnen, weil sie mehr Singen und Lesen als Auslegung der Heiligen Schrift haben. Klostersitte, Kleidung u. dgl. hindert sie; denn damit glauben sie den Himmel zu verdienen. Man darf nicht meinen, sie dürften nicht dazu gezwungen werden, das Wort Gottes predigen zu hören, weil die Apostel den Staub abschüttelten, wenn sie nicht gehört wurden. Sie haben gepredigt bis zum letzten Athemzuge. Wer aber der Obrigkeit widerstrebt, der widerstrebt Gottes Ordnung.

Die Predigt an den Sonn- und Festtagen soll fortgehen; weil aber die Klosterpersonen meinen, wenn in derselben etwas von ihnen vorkommt, es geschehe das ihnen zum Hohn und Spott, so soll der Prediger am Dienstag und Donnerstag in geschlossener Kirche den Nonnen in Gegenwart ihres Beichtvaters ein Hauptstück aus der Schrift auslegen oder ein Buch derselben im Zusammenhange erklären. Dabei sollen dann aber alle Klosterpersonen gegenwärtig sein. Die Beichtväter müssen des Wortes Gottes mächtig sein, denn ein Blinder kann den andern nicht führen. Sie sollen häufig wegen ihres Glaubens, ihres Lebens und ihrer Lehre geprüft werden und zwar vor ihrer Wahl durch den Convent des Klosters. Wählt dieser dann aber nicht richtig, so soll der Herzog die Beichtväter einsetzen. — Die „Officien von der Zeit" (die sonn- und festtäglichen Chordienste) sollen bleiben, die „Officien von den Heiligen" aber abgeschafft werden, damit durch die grössere Übereinstimmung des Gottes- dienstes im Kloster und in den Gemeinden „der Wille und die Gunst des Volkes unter einander wüchse und sich vermehre".

Die Klostergelübde, die nicht von Gott, sondern von Menschen in Gleis- nerei erdacht sind, sollen aufhören, denn sie sind der christlichen Freiheit ent- gegen. Gelübde gegen der Seelen Seligkeit aber sind kraftlos, und auch ohne sie kann in den Klöstern ein ehrbares, christliches Leben geführt werden.

Wenn nicht alle lateinisch verstehen, so darf bei der Communion, die na- türlich unter beiderlei Gestalt stattfinden muss, nur deutsch geredet werden, und das ist überhaupt vorzuziehen.

Die Klostergefängnisse, die Prassunen, sollen aufgehoben werden, denn diese Einrichtung ist misbraucht worden. Wer straffällig ist, den soll man der Obrig- keit übergeben.

Wer erkannt hat, dass das Klosterleben sein Gewissen beschwert, der soll von der Obrigkeit unterstützt und ihm zu einem bessern Leben verholfen werden.

Dieser „Ratschlag" wurde gedruckt und im Anfange des Jahres 1530 den Frauenklöstern mit der Weisung übersandt, sich nach demselben in Zukunft zu richten[1]). Er rief jedoch einen weit heftigern Widerstand hervor, als der bis- herige gewesen war.

In Medingen kehrte man sich überhaupt vorläufig nicht an das Gebot des

---

1) Havemann a. a. O. p. 112 f. und Heim- bürger, Ernst der Bekenner p. 129 f. erwähnen eine Klosterordnung für Wienhausen, die ich nicht habe auffinden können. Der allge- meine Teil derselben scheint seinem Inhalte nach mit dem „Ratschlage" übereinzustimmen; aber es finden sich ausführlichere Bestimmungen über Klosterschule, Klosterhaushalt u. dgl. Ob dieselbe schon vor den „Ratschlag" fällt oder erst später, wage ich nicht zu entscheiden. Havemann setzt sie erst in die letzte Hälfte des Jahres 1530; das von Heimbürger benutzte Exemplar aus der Justiz-Canzlei zu Celle war undatiert (vgl. Zts. d. hist. Vereins f. Nieder- sachsen 1849, p. 148). In der Bibliothek des Oberlandes-Gerichts zu Celle konnte ich sie nicht auffinden. Heimbürger giebt an, dass sie mit der unter Ernsts Nachfolgern publicierten Klo- sterordnung im wesentlichen übereinstimme; möglich, dass Havemann von dorther seine Nachrichten hat. Die älteste allgemeine Klosterordnung des Herzogs Franz Otto ist bei Lyssmann a. a. O. p. 278 ff. gedruckt.

Herzogs. Die beiden dort vorhandenen Capläne versuchten zu wiederholten Malen, Lichter zu weihen und eine Prozession zu veranstalten. Dies wurde ihnen zuerst vom Prediger untersagt, und als das Verbot desselben wenig half, wurden sie von dem herzoglichen Hauptmann Thomas von Görden mit Gewalt aus der Kirche getrieben. Man untersagte den Caplänen den Aufenthalt auf dem Klosterhofe, da gaben ihnen die Nonnen Wohnung auf dem Klosterspeicher; auf dem Kornboden liessen sie sich die Messe lesen und durch ein dazu verfertigtes Gitter absolvieren[1]). Öffentlich durfte keine Messe mehr gehalten werden; denn seit Mitte Februar war dies auf Befehl des Herzogs verboten[2]).

Dazu kam es auch bald in den andern Klöstern. Bezeugt ist es uns freilich nur für Wienhausen und für Lüne, wohin der Kanzler in der Osterwoche kam und die Abstellung der Messe befahl. Vergeblich hatte der Herzog in Lüne, als er dort im Februar mit dem Rate der Stadt Lüneburg verhandelte, den Convent zur Annahme des „Ratschlags" zu bewegen gesucht.

Dass auch die anderen Klöster denselben Widerstand leisteten, selbst die, von denen wir nur sehr wenig wissen, wie Walsrode und Ebstorf, geht aus den späteren Ereignissen deutlich hervor. Eine engere Verbindung bestand zwischen den drei Klöstern der Verdener Diöcese, Lüne, Medingen und Ebstorf. Sie ergriffen dieselben Massregeln zur Abwehr.

Sie wandten sich an den Rat von Lüneburg und suchten durch die Fürbitte desselben den Herzog zur Zurücknahme des „Ratschlags" zu bewegen. Sie beklagen sich bitter über das ihnen zugefügte Unrecht. Das Buch, welches der Herzog ihnen übersandt, so schrieb der Convent von Lüne, streite gegen ihr Gewissen und gegen die Regel Benedicts. Absque pastore et absque humano solatio et consilio sässen sie da. Gegen ihre Privilegien fordere der Herzog die Annahme des Buches, in die sie nicht eher willigen dürften, ehe nicht die Stände der Christenheit einträchtig eine Neuordnung beschlossen hätten[3]).

Ähnliche Klagen hatte auch der Convent von Medingen: Seit Septuagesimae habe man sie der Messe beraubt; die Capläne hätten das Kloster verlassen müssen; der Prädicant überschreite seine Befugnisse, halte unnütze Reden

---

1) Lysemann a. a. O. p. 141.
2) Dies ergiebt sich aus einem später anzuführenden Schreiben des Convents von Medingen an den Rat von Lüneburg.
3) Mathilde Wilden und der Convent an den Rat, Lüne, Sabbato ante Esto Mihi (26. Februar) 1530 (Des. 49, Reform. d. Stifte und Klöster.)

und sage, dass alle die, welche sich dem Klosterleben ergeben hätten, verdammt seien; vieles habe er abgeschafft, was das Evangelium nicht mit sich bringe [1].

Das Schreiben, welches der Convent von Ebstorf an den Rat richtete, ist uns nicht erhalten, seinen Inhalt können wir nach den beiden Briefen von Lüne und Medingen uns denken [2]. Die Gewährung der Forderungen lehnte der Herzog, wie das nicht anders zu erwarten war, in einem Schreiben an den Rat ab: Billigkeit und Gottes Ehre zwängen ihn, dem unschicklichen, unergründlichen, schädlichen Begehr der Klosterpersonen nicht nachzugeben. Ihre Wünsche entsprängen nur aus „menschlicher Bewegnis und Unverstand", die Erfüllung derselben würde den Klosterfrauen selbst zum Schaden gereichen.

Ob schon bei diesem ersten gemeinsamen Schritte der drei Klöster der Erzbischof Christoph von Bremen seine Hand im Spiele hatte, lässt sich wohl nicht entscheiden. Jedenfalls standen sie mit der katholischen Partei im Fürstentum in Verbindung, wie das schon daraus hervorgeht, dass der Convent zu Lüne an den Abt Boldewin von St. Michaelis kurz vor Ostern 50 Gulden sandte, um dafür auf dem Reichstage einen Erlass zu Gunsten des Klosters zu erwirken [3].

Urbanus Rhegius.

Mitten in diese bewegte Zeit, wo nur erst an einzelnen Punkten die kirchlichen Verhältnisse fest geordnet waren, wo Streit überall und das Ende desselben noch nicht abzusehen war, fällt die Reise des Herzogs zum Reichstage nach

---

1) Margaretha Stöteroge und der Convent an den Rat, Donnerstag nach Laetare (31. März) 1530. Am Sonnabend nach Laetare sandte der Rat dies Schreiben an den Herzog.

2) Dass auch Ebstorf ein solches Schreiben an den Rat richtete, ergiebt sich aus der Antwort Ernsts an den Rat, Celle Mittwoch nach Ostern (20. April) 1530 (Orig. im L. A., Copie ohne Datum im H. St. A. Des. 49, 1.)

3) Hannov. Magazin 1821, p. 410. — Wie weit die Nachricht richtig ist, dass der Erzbischof von Bremen im August 1530 gegen Herzog Ernst beim Kammergericht für die Klöster Klage erhoben und am 8. October ein Manutenenz-Decret erhalten habe (Lenthe, Archiv für die Geschichte und Verfassung des Fürstentums Lüneburg. Bd. 9, p. 404, Anm. 3) habe ich nicht ermitteln können. Ich habe dieselbe sonst nirgends bezeugt gefunden. Vielleicht liegt eine Verwechslung vor mit einer Klage für Bardowik (vom October 1540).

Auch wegen der Beseitigung der bischöflichen Jurisdiction soll (der Erzbischof (1531) Klage erhoben haben Uhlhorn p. 216); ich habe darüber ebensowenig etwas finden können. Auch Heimbürger, und er, soviel ich sehe, zuerst, hat diese Nachricht; vermutlich beruht dieselbe auf einer Verwechslung mit dem früher erwähnten Streit des Herzogs mit Marienrode, den auch Guden anführt.

Augsburg. Begleitet von seinem ersten Prediger Heinrich Bock, dem Kanzler Förster und mehreren lüneburgischen Adligen trat der Herzog dieselbe an[1]); sein Bruder Franz begab sich im Gefolge des Kurfürsten von Sachsen — wie dies auch Ernst, um Kosten zu vermeiden, ursprünglich beabsichtigte[2]) — zum Reichstage.

Am 14. Mai traf Ernst in Augsburg ein. Schon früher haben wir etliche Aufgaben kennen gelernt, die seiner hier warteten, so die Aufhebung der über seinen Vater verhängten Acht und der Streit mit dem Abte von Marienrode, der hier vor den Kaiser gebracht wurde. Das Wichtigste waren natürlich auch für ihn die Verhandlungen, welche in betreff der Religion hier geführt wurden. Auf dieselben näher einzugehen, ist hier nicht der Ort; Ernst nahm an ihnen eifrigen Anteil und er, sowie auch sein Bruder Franz, setzte seinen Namen unter die Confession. Für den Fortgang der Reformation im Fürstentume Lüneburg hat der Augsburger Reichstag nur eine untergeordnete Bedeutung, wenn er auch zur Ermutigung und Belebung der Anhänger Luthers im Lande viel beigetragen haben mag.

Doch hat die Reise indirekt eine grosse Wirkung auf die kirchlichen Verhältnisse des Fürstentums gehabt, und wohl konnte Ernst bei seiner Heimkehr sprechen: „es gereue ihn alles Geld und alle Kosten nicht, die er an dieselbe gewandt habe, da er einen Schatz für das ganze Land mitgebracht habe". Hier in Augsburg lernte er den Mann kennen, der seit dieser Zeit neben dem Herzoge in den Mittelpunkt des kirchlichen Lebens des Fürstentums trat.

Urbanus Rhegius (sein eigentlicher Name war Rieger)[3]) war im Mai des Jahres 1489 zu Argen am Bodensee geboren. Nachdem er seine Schulzeit in Lindau verbracht, kam er 1508 auf die Universität Freiburg und fand hier Aufnahme in dem Hause des Juristen Zasius, der bedeutenden Einfluss auf ihn geübt hat. Hier trieb er neben juristischen auch classische Studien, und diese überwogen bald, besonders als er sich immer enger an Eck anschloss. Der Weggang desselben nach Ingolstadt veranlasste auch Rhegius, der inzwischen Baccalaureus geworden war, Freiburg zu verlassen. Er ging zunächst nach Basel und von dort nach Ingolstadt, wo er nur kümmerlich sein Leben fristen

---

1) Die Namen der Begleiter giebt Cölestin, d. d. Uelzen, am Sonntag Oculi 1530 b. Müller, Hist. Comit. August. IV. 132. Hist. Protest. p. 456 f.
2) Vgl. den Brief Ernsts an den Kurfürsten, 3) Uhlhorn a. a. O. p. 343. Anm. 4.

konnte. Die Verbindung zwischen Eck und ihm wurde hier immer enger, und Rhegius feierte in Wort und Schrift seinen verehrten Lehrer und Freund. Allmählich wandte er sich mehr der Theologie zu, und durch die Vermittlung des Weihbischofs Faber trat er, nachdem er 1519 die Weihen empfangen hatte, in den Dienst des Bischofs von Constanz. Sein Aufenthalt in dieser Stadt ist für seine Entwicklung sehr wichtig. Durch fleissiges Studium und Verkehr mit Gelehrten vertiefte er seine theologischen Ansichten; mit Zwingli trat er hier zuerst in Briefwechsel.

Ein allmählicher innerer Umschwung vollzog sich in ihm; mehr und mehr wandte er sich Luther zu, das musste natürlich zum Bruche mit Eck führen. Um die theologische Doctorwürde zu erlangen, begab er sich im Jahre 1520 nach Basel. Er erreichte sein Ziel und folgte dann am Ende desselben Jahres einem Rufe, welcher von Augsburg aus an ihn ergangen war.

Er schloss sich hier an die evangelische Partei an und predigte das reine Evangelium, allein damit zog er sich die Feindschaft der katholischen Partei zu, deren Verfolgungen und Verläumdungen ihn im Jahre 1522 zwangen die Stadt auf einige Zeit zu verlassen. Er blieb zunächst in seiner Heimat Argen und wirkte dann zu Hall am Inn als Prediger. Obwohl er hier sehr vorsichtig bei der Abstellung von Misbräuchen verfuhr und so auch bei den Katholiken anfangs wenig Anstoss erregte, dauerte doch der Friede nicht lange; 1524 musste er Hall verlassen und nach einem kurzen abermaligen Aufenthalt in seiner Heimat kehrte er wieder nach Augsburg zurück, wo er vorläufig als Privatmann lebte.

Bald brach hier die Bewegung los; der Rat verwies einen ihm misliebigen Prediger aus der Stadt und erregte dadurch im August 1524 einen Aufstand des Volkes. An die Stelle des verwiesenen Predigers Schilling berief der Rat den gemässigten Urbanus Rhegius. Das Volk war anfangs gegen ihn, weil er vom Rate eingesetzt worden war, als aber Schilling in die Stadt zurückkehren durfte, vermochte er seine frühere Beliebtheit nicht wieder zu gewinnen, und man wandte sich Rhegius zu. Rhegius brach jetzt völlig mit dem Katholicismus, er teilte das Abendmahl unter beiderlei Gestalt aus und trat selbst 1525 in den Ehestand mit einer Augsburgerin, Anna Weisbrücker, die wegen ihrer grossen Gelehrsamkeit berühmt war. 16 Jahre lang hat er mit ihr in einer sehr glücklichen Ehe gelebt.

Mit verschiedenen Schriften trat Rhegius während des Bauernkrieges hervor, und seine Stellung ist auch hier, wie stets, eine gemässigte und conservative, wie sich das besonders in der Schrift zeigt: „Von Leibeigenschaft oder Knechtschaft, wie sich Herren und Eigenleut christlich sollen halten, Bericht aus göttlichen Rechten".

Von der Zwinglischen Abendmahlslehre, die sich in jenen Jahren in Süddeutschland schnell und weit verbreitete, wurde auch Rhegius ergriffen; 1526 zählte man ihn zu den Anhängern Zwinglis. Aber nur auf kurze Zeit; schon 1527, als wiedertäuferische und bilderstürmerische Gesinnungen in Augsburg um sich griffen, brachte ihn der Streit mit diesen Leuten Luther wieder näher. Er suchte jetzt zwischen Luther und Zwingli zu vermitteln, und als ihm dies nicht gelang, trat er wieder ganz auf die Seite Luthers.

In den letzten Jahren seines Aufenthaltes war Rhegius der erste unter den Predigern in Augsburg, er war der Vorkämpfer gegen die Wiedertäufer und den Katholicismus. Mit Eck hatte er, als derselbe einst in Augsburg war, ein Gespräch, aber zu einer öffentlichen Disputation, wie Rhegius sie wünschte, kam es nicht, da weder Eck noch der Rat sich darauf einlassen wollte. Die kirchlichen Zustände in Augsburg waren sehr zerfahren; die Katholiken waren noch immer zahlreich, daneben der Gegensatz zwischen Lutheranern, Zwinglianern und Wiedertäufern; die weltliche Gewalt schwach und schwankend. Rhegius suchte so viel als möglich zu vereinigen und zu vermitteln, allein auch seinem Wirken wurde ein Ziel gesetzt, als im Jahre 1530 der Kaiser zum Reichstage nach Augsburg kam. Noch am Tage seines Einzuges, am 15. Juni, gab er Befehl zur Einstellung der lutherischen Predigten, und während die evangelischen Fürsten sich diesem Gebote nicht fügten, wagte die Stadt Augsburg nicht, ihm Widerstand entgegen zu setzen. Sie liess die evangelischen Prediger fallen.

So stand dem Wunsche Herzog Ernsts, Rhegius mit sich nach Celle zu nehmen, nichts im Wege; Ende Juni nahm Urbanus das Anerbieten des Herzogs vorläufig nur auf einige Jahre an. Es ist kein Wunder, dass sich Ernst zu Rhegius hingezogen fühlte, beide Männer haben manches Verwandte in ihrem Charakter. In den späteren Schriften des Rhegius finden sich häufig dieselben Gedanken ausgesprochen, wie wir sie früher bei Ernst kennen gelernt haben, dieselben Ansichten über den Beruf des Fürsten, über die Art der Predigt u. dgl. Beide waren ausserordentlich conservative Naturen, schonend und vorsichtig gingen sie bei der Durchführung der Reformation vor; beide wollten, dass man das Gebäude nicht bauen solle, ehe man nicht einen ordentlichen, festen Grund gelegt habe. Wie Rhegius war auch der Herzog einer Vermittlung mit den Zwinglianern nicht abgeneigt und hat später selbst bei Luther in diesem Sinne zu wirken gesucht.

Im September verliess der Herzog mit dem Kurfürsten von Sachsen die Stadt Augsburg und kam wohl im Anfang October wieder in seiner Residenz an. Froh konnte er in die Zukunft blicken; denn auf seiner Reise hatte er gefunden, „dass winzig gottlob in diesen umliegenden Städten Ksl. Majestät Gnaden oder Ungnaden gescheuet, denn sie itzunder heftiger als vor nie in allen Städten predigen und das Wort Gottes fürdern."[1]).

Schon am 26. August hatte Rhegius von Augsburg Abschied genommen, einen Tag hatte er bei Luther in Koburg zugebracht, der stets zu den schönsten Erinnerungen seines Lebens gehört hat; noch im Laufe des September war er dann wohl in Celle eingetroffen.

Man kannte ihn in Niederdeutschland bereits, etliche seiner Schriften waren in die Landessprache übertragen, denn das gewöhnliche Volk verstand das Oberdeutsche nur sehr wenig; erst seit der Reformation dringt dasselbe immer mehr ein und verdrängt das Niederdeutsche als Schriftsprache bald völlig. Rhegius selbst ist der Landessprache wohl nicht genügend mächtig gewesen (die von ihm stammende Lüneburger Kirchenordnung ist zwar niederdeutsch geschrieben, aber sie ist wohl nur eine unmittelbare, gleichzeitige Übertragung, die ohne vorherige Niederschrift des Oberdeutschen gleich beim Dictat stattgefunden hat). Das erschwerte allerdings Rhegius den Verkehr mit dem unteren Volke und hat wohl dazu beigetragen, dass er seine Hauptwirksamkeit bei den höheren Ständen gesucht hat.

Rhegius wurde, wie man dies erst in neuerer Zeit erkannt hat[2]), nicht gleich bei seiner Ankunft in Celle Superintendent des ganzen Fürstentums. In seinen Briefen aus dieser Zeit unterzeichnet er sich als Pastor zu Celle. In welchem amtlichen Verhältnis er zu Heinrich Bock, dem ersten Prediger in Celle, stand, lässt sich nicht feststellen. In früherer Zeit hat man allgemein angenommen, dass Bock (auch Cruse schon) Landessuperintendent gewesen sei, al-

---

[1] Ernst an den Kurfürsten von Sachsen, am 17. October 1530, b. Ranke, Reformationsgeschichte III, 278. Anm. 2.

[2] Uhlhorn a. a. O. p. 171.

lein schon bei Lebzeiten Bocks[1]) wird Rhegius, wie wir nachweisen können, Superintendent des Fürstentums, und dies Amt scheint damals erst eingerichtet zu sein[2]).

Wir wissen ja überhaupt nur ganz ausserordentlich wenig darüber, in wie weit bei der Ankunft des Urbanus Rhegius schon eine feste kirchliche Organisation, eine Einteilung des Landes in Superintendenturen vorhanden war, und ebensowenig wissen wir darüber, in wie weit Rhegius eine solche vorgenommen hat. Wir erwähnten schon früher die eine Bemerkung der Instruction für die Prediger von 1529, wonach der Prediger in schwierigen Ehesachen nichts thun soll ohne den Rat des Superintendenten. Wir wiesen auf die Möglichkeit hin, dass man daraus schon für die damalige Zeit die Einrichtung von Superintendenturen folgern könnte; aber die Bemerkung ist zu dürftig, um mit Sicherheit einen Schluss daraus ziehen zu können. Fast ebensowenig erfahren wir aus einer anderen Nachricht, welche erst vom Jahre 1534 ist. Dieselbe ist entnommen einem Verzeichnis der Pfarren und geistlichen Lehen des Fürstentums von diesem Jahre[3]). Rhegius allein führt in demselben den Namen Superintendent, bei Ebstorf aber findet sich die Notiz: „Düsse nageschrevenen parren horeden vorhen alle in de Jurisdiction hie to Ebbistorp, de sind nu averst by andere Superattendenten verordenet alse tho Ultzen: Natendorp, Munster, Hanstede, Einbeke, Gerdow, Furborch, Holdenstede." — Daraus geht jedenfalls mit Sicherheit hervor, dass es schon vor 1534 und zwar schon längere Zeit vorher Superintendenten im Fürstentume gegeben hat. Diese beiden Nachrichten sind aber auch die einzigen, die wir über die kirchliche Einteilung des Landes zur Zeit der Reformation besitzen.

Die Thätigkeit des Urbanus Rhegius erstreckt sich weit über das Lüneburger Land hinaus. Gleich zu Anfang seines Aufenthaltes in Celle tröstete er die bedrängten und verfolgten Protestanten zu Hildesheim; der Stadt Hannover hat er eine Kirchenordnung gegeben; die Herzöge von Pommern holten seinen Rat ein. Es liegt uns hier fern, seine Wirksamkeit an allen diesen

---

1) Er starb auf dem Reichstage zu Nürnberg, wohin er von Herzog Ernst gesandt war, am 23. Mai 1532.

2) Am 1. August 1531 schreibt Rhegius an Heberding nach Lüneburg: Silentium meum tu et reliqui fratres consuletis, postquam scieretis ex quibus turbis negociorum in quas procellas sim raptus, nisi forsan exiguas curas putatis habere Superintendentiam tanti ducatus.

3) Uhlhorn a. a. O. p. 362. Anm. 6. Aus den Akten des Consistoriums.

Punkten zu betrachten, und ebensowenig können wir hier eingehen auf seine Vermittlungsversuche zwischen Bucer und den Anhängern Luthers und auf seinen Kampf gegen die Wiedertäufer.

Die Arbeit, die er im Dienste seines Fürsten für das Land gethan hat, füllte natürlich den grössten Teil seines folgenden Lebens aus. Und sein Wirken hier hat gute Frucht getragen. Im engsten Anschluss an die eignen Ideen des Herzogs, nur an einzelnen Punkten neue Ansichten aufstellend, hat Rhegius das begonnene Werk weiter geführt. Auch mit dem Kanzler Förster trat er in ein enges Freundschaftsverhältnis. Ihm widmete Rhegius eine seiner ersten Schriften, die er an seinem neuen Wohnsitz verfasste, die Auslegung des 24. Psalms; dem Sohne des Kanzlers widmete er einen seiner Katechismen. — Freilich wichen die Ansichten beider Männer an einzelnen Punkten weit von einander ab; der Jurist Förster hatte andere Gedanken über die Verwendung der Kirchengüter als der Theologe Rhegius, der hierin ganz den Grundsätzen Luthers folgte.

Als Rhegius in das Fürstentum Lüneburg kam, war die Hauptarbeit bereits gethan. Das Volk und man darf auch wohl sagen der grösste Teil des Adels waren der Reformation gewonnen; mehrere Klöster hatten sich zur Lehre Luthers bekannt. In den Frauenklöstern war die Verwaltung an den Landesherrn übergegangen; evangelische Prediger waren dort eingesetzt; die Convente selbst freilich, wie wir sahen, in offenem Widerstande gegen die Forderungen des Herzogs. Die Bettelmönche hatten das Fürstentum und selbst die Stadt Lüneburg verlassen müssen. Aber die Patricier der Stadt und mit ihnen das bedeutende Kloster St. Michaelis waren noch eifrig katholisch, Lüneburg war noch immer der eigentliche Hort des Katholicismus. So blieb für Rhegius noch genug zu thun übrig, wenn er alle diese feindlichen Elemente dem Luthertum gewinnen wollte. Grössere Arbeit noch erforderte es, einen tüchtigen und gebildeten Predigerstand heranzuziehen und alle Orte des ganzen Landes mit Predigern zu versorgen.

Erster Aufenthalt des Urbanus Rhegius in Lüneburg.

Bald nach der Rückkehr des Herzogs vom Reichstage hatte sich der Rat von Lüneburg an denselben mit der Bitte gewandt, Rhegius auf einige Zeit zur

Regelung der kirchlichen Verhältnisse nach Lüneburg zu senden[1]). Die Ordnung Kempes war dem Rate nicht genehm gewesen, und dieser hatte wohl damals die Stadt bereits wieder verlassen. Der lutherischen Bewegung hatte der Rat auch nach seinem Weggange keinen Halt gebieten können, obwohl die meisten Mitglieder desselben damals im Herzen noch gut katholisch waren.

Rhegius konnte dem Wunsche des Rates vorläufig nicht nachkommen. „Fluss und Katarrh haben mir noch keine Ruhe gelassen, dass ich der Luft noch keineswegs erleiden mag", schreibt er am 17. November 1530 an den Rat[2]). Der Wechsel in seinem Aufenthaltsorte wurde ihm doch sehr fühlbar. Das schöne Augsburg zu vertauschen mit der kleinen Heidestadt, das sonnige Land mit dem Lande, in dem die Bauernhäuser aussahen wie „räucherige Hütten, eine Arche Noah: Hunde, Katzen, Kühe, Kälber, Rosse, Säue, Hühner, Schafe, alles bei einander, bei einem Feuer, da der Bauer auf Stroh liegt, alten stinkenden Speck isst und Brod hart wie ein Wetzstein"[3]). Ein ungleicher Tausch fürwahr! und das Grauen vor derartigen Wohnstätten scheint der feine Humanist, der Poëta laureatus nie ganz abgelegt zu haben, denn nicht bei dem Volke, sondern bei Gebildetern hat er besonders gewirkt.

Auch die wiederholte Bitte, die eine Deputation aus Lüneburg im December (noch vor Weihnachten) an Urbanus richtete, musste er aus ähnlichen Gründen ablehnen; er versprach jedoch zu kommen, sobald mit beginnendem Frühjahr seine Gesundheit sich gebessert habe, und sobald seine Frau, die ihre Niederkunft erwartete, wieder hergestellt sei. Herzlich tröstet er die Pfarrer der Stadt wegen ihrer jetzigen Trübsal. Nur damit der Durst nach der Gerechtigkeit Gottes, die das Evangelium lehre, geweckt werde, habe Gott dieselbe über die Stadt verhängt. Wenn die Not kommt, dann lernt der Mensch seine eigne Hülflosigkeit erkennen, er verlangt nach der Hülfe Christi und sucht und findet sie im Evangelium[4]).

1) Vgl. Ranke a. a. O. III, 278. Anm. 3.
2) Urb. Rhegius, Pfarrherr zu Celle, an den Rat von Lüneburg, 1530 Novemb. 17. (L. A.) Nach Uhlhorn p. 185 ersuchte der Rat den Rhegius darum, nach Lüneburg zu kommen, als dieser im October 1530 in Lüne eine Visitation des Klosters abhielt. Weder von dieser Visitation, noch davon, dass der Rat sich direkt an Rhegius gewandt hat, habe ich eine Spur finden können.

3) Urb. Rhegii deutsche Bücher und Schriften. IV, 141.
4) Welcher Art diese damals über die Stadt hereingebrochene „tribulatio", von der Rhegius hier redet, gewesen ist, liess sich nicht ermitteln. Die Schweisssucht, die man dafür gehalten hat, ist wohl damals bereits erloschen gewesen. Der Brief Rhegius' an die Prediger von Lüneburg ist vom Tage Thomae (21. Decb.) 1530. Opp. lat. III, 86 f.

Rhegius hielt Wort; als im Frühling das Wetter weniger rauh war, kam er (wohl noch im März) nach Lüneburg[1]). Seine Wohnung nahm er im Fürstenhause, nach einem vorübergehenden Aufenthalte im Hause des Heinrich Witzendorf, eines Lüneburger Patriciers, der der Reformation sich zugewandt hatte und einer ihrer eifrigsten Beförderer geworden war. Sein Bleiben war von vornherein nur auf kurze Zeit berechnet, und während desselben stand er im Dienste des Herzogs, nicht in dem der Stadt; es war eine Amtsreise im Auftrage seines Fürsten. Als der Rat später den Herzog um eine Verlängerung des Aufenthaltes bat, erbot er sich „daran zu sein, dass Rhegii Anwesenheit in Lüneburg dem herzoglichen Amtmann an Seiner Würden Beköstigung unbeschwerlich sein solle"[2]). Dies lehnte der Herzog jedoch ab, da es nicht seine Meinung sei, ihn der Zehrung und der Kosten wegen von Lüneburg abzurufen[3].

Rhegius wirkte zunächst wohl mehr durch seine Predigten, als durch öffentliche Disputationen, wie er das später gern that. Erst nachdem er die Verhältnisse kennen gelernt hatte, konnte er daran denken, eine direkte Eiwirkung auf die katholische Partei ausüben zu wollen. Er wandte sich an das Haupt derselben, den Propst Coller, den er persönlich noch nicht kennen gelernt hatte, um mit ihm womöglich eine Verständigung zu suchen. An ihn richtete Rhegius noch im Mai eine Zuschrift über die Messe, in der er die Unrichtigkeit des katholischen Messopfers und die in Gottes Wort begründete Feier des Abendmahls unter beiderlei Gestalt auseinandersetzte. Er bat ihn, die Schrift zu widerlegen, und wenn er das nicht könne, Jesu die Ehre zu geben, ohne dessen Tod er in seinem hohen Alter keinen sicheren Trost und keine Gewissensruh haben könne.

Der Propst war dem Rhegius an Gelehrsamkeit nicht gewachsen, das erkennt er in seiner Antwort offen an und geht damit jeder weiteren Erörterung aus dem Wege. Sein Brief ist sehr geschickt verfasst, anscheinend milde und versöhnlich; er redet von der wahren Liebe, die nicht eifert und nicht das Ihre sucht. Das war mehr Maske als Wahrheit; in seiner Denkschrift an den Rat hatte er eine ganz andere Sprache geführt, und er würde das auch jetzt gethan

---

1) Genau lässt sich die Zeit nicht bestimmen; in einem Schreiben an Getelen vom 11. Juni 1531 sagt Rhegius, dass er seit 4 Monaten den Herzog nicht gesehen habe.

2) Der Rat an den Herzog Mittwoch nach Exaudi (24. Mai) 1531. (L. A.)

3) Der Herzog an den Rat am Pfingsttage (28. Mai) 1531. (L. A.)

haben, wäre die katholische Partei die mächtigere gewesen. Auf die eigentliche Frage geht er, wie gesagt, gar nicht ein. Wie er, nur noch der Schatten eines Menschen, es wagen dürfe in einer Sache zu urteilen, unter deren Last selbst die Schultern von Riesen wankten? die grössten Gelehrten der Welt, selbst die Herrscher wüssten darin kein Ende oder Mass zu finden. Man würde ihn alten Mann schön verspotten, wenn er jetzt in dieser Sache als Kämpfer auf die Bühne treten wollte[1]).

Bei dem Propste war auf kein Entgegenkommen zu rechnen, er stand mit andern eifrigen Papisten in stetigem Verkehr und wurde von ihnen in seinem Widerstande bestärkt. Die Schriften oder Disputationsthesen des Urbanus Rhegius wurden stets nach Bremen zu Getelen gesandt, und dieser schickte dann für den Propst eine Widerlegung oder gab zu den Thesen seine Bemerkungen. Eine ganze Reihe derartiger Schriften sind uns in der Lüneburger Stadtbibliothek erhalten, und Getelens eigne Worte sind leicht zu erkennen, weil er mit roter Tinte seine Bemerkungen machte. Bis an sein Ende — er starb im Jahre 1536 — ist Coller dem Katholicismus treu geblieben. Noch in seinem Testamente spricht er aus, „dass er durch die Gnade und den Beistand Gottes bei dem Glauben und im Gehorsam der heiligen katholischen Kirche bis zu seinem letzten Athemzuge bleiben werde"[2])

Bald nach jenem gescheiterten Versuche, mit dem Propste sich zu verständigen, überreichte Rhegius dem Rate seine Kirchen- und Schulordnung, deren Abfassung der eigentliche Zweck seiner jetzigen Anwesenheit in der Stadt war. Er musste hier etwas ganz Neues schaffen, denn die Ordnung Kempes ist wohl überhaupt nicht zur Durchführung gekommen, obwohl er sie vor dem Rate als aus Gottes Wort stammend bewiesen hatte, und obwohl sie den Klöstern in der Stadt zugeschickt worden war.

Die Kirchenordnung des Urbanus Rhegius, die erst vor wenig Jahren wieder aufgefunden worden ist, ist datiert vom 9. Juni 1531. Sie zerfällt in 9 Kapitel. Das erste Kapitel als Vorrede zeigt uns den Humanisten Rhegius: „Ein Preis der guten Künste". Dann folgen 5 Kapitel, die den Unterricht in

---

1) Rhegius an Coller, am 25. Mai 1531. Antwort Collers am 27. Mai; Entgegnung Rhegius' am 27. Mai. Urbani Rhegii opera latina III, 82 ff.

2) Das Testament ist vom 19. December 1535. Eine Abschrift befindet sich im L. A.

der Schule, Besoldung der Schulmeister, Winkelschulen u. dgl. behandeln und die Frage beantworten, welche Kinder man zur Schule schicken solle. Das 7. Kapitel handelt von der Unterstützung der Armen und der Erhaltung der Kirchendiener. Die eigentliche Kirchenordnung, sofern sie Messe, Gesang, Sacrament, Feiertage, Ehestand, Begräbnis betrifft, enthält das 8. Kapitel, und den Beschluss bildet ein Abschnitt vom Predigtamte[1]).

Bis zur Annahme der Kirchenordnung verging aber noch eine geraume Zeit. Die katholische Partei im Rate war noch immer stark und wirkte im geheimen der Reformation möglichst entgegen. Sie wurde von aussen unterstützt. Augustin von Getelen hatte sich, als seine Wirksamkeit in Lüneburg ein so jähes Ende fand, zum Erzbischof von Bremen begeben, und der gelehrte Mann, die Zierde der katholischen Geistlichkeit von Lüneburg, wird von ihm mit offenen Armen aufgenommen worden sein. In der Begleitung des Erzbischofs war Getelen auf dem Reichstage zu Augsburg gewesen. Den Vorgängen in Lüneburg widmete er stets die grösste Aufmerksamkeit, und er war gut unterrichtet. Er hat wohl für die Klöster des Fürstentums auf dem Reichstage gewirkt, wenigstens war er beständig mit dem Abte von St. Michaelis in Verbindung, durch den ja, wie wir sahen, die Nonnen von Lüne 50 Gulden nach Augsburg schicken liessen, um dort ihre Sache führen zu lassen.

Die Kirchenordnung Stephan Kempes wurde ihm vom Abte von St. Michaelis ebenfalls zugesandt, und er wurde aufgefordert, seinen Rat in betreff derselben zu geben[2]). Er that dies, wie es scheint, von Augsburg aus. Seine Widerlegung derselben: „Eyn frye gerichte upp de vofftich losen Artikel vorgegeven der guden Stadt Luneborch uth wittenbergescher schole gebedellt" ist kurz und dürftig und bewegt sich in der gewöhnlichen Form derartiger Schriften aus jener Zeit, grob genug wenigstens ist sie[3]). Besonders kommt Bugenhagen,

---

1) Die Kirchenordnung wurde etwa im Jahre 1880 im Archiv der Superintendentur zu Lüneburg wieder aufgefunden. Leider war es mir nicht möglich, das Original selbst zu benutzen, so dass ich mich mit einigen dürftigen Nachrichten über dieselbe begnügen musste. Vgl. Ubbelohde, Mitteilungen über ältere Lüneburger Schulordnungen. Programm des Johanneums zu Lüneburg 1881. Dort ist das 6. Kapitel der Ordnung, in dem Rhegius seine Ansichten über die Auswahl der Unterrichtsgegenstände giebt, völlig abgedruckt.
2) Boldewin an den Rat am 17. October 1530. (H. St. A.)
3) Die äussere Aufschrift der im L. A. uns erhaltenen Schrift lautet: Ahn hern Augustin von Getelen up Dr. Wendell Swickers hoff nicht wydt von dem dome in Augsburg, edder ahn Dr. Jost Hothfilter. — Auguste in m. g. H. von Bremen und Verden Herbarge. (Diese Auf-

auf den Getelen seit seiner Hamburger Zeit wohl noch einen starken Hass hatte, schlecht weg. Melanchthon, so sagt er einmal, verwende grossen Fleiss, das gut zu machen, was Luther mit seinem tobenden Ungestüm verdorben habe. Er bessere sich von Tage zu Tage und habe jetzt auch in der Vorrede Danielis an Ferdinand einen harten Spruch gegen das Bugenhagensche „Greiff zu" gegeben. Bugenhagen aber bemüht sich, die Lutherschen Anschläge schärfer zu machen, zieht durch die Lande und sammelt sich Schätze wie ein geldsüchtiger Jude, er ist ein Mammonist, ein Mamelucke. Er steht neben Melanchthon wie Rehabeam neben Salomo; die Jugend dem Pommer befehlen und die Töchter dem Sardanapal, das ist ein Ding.

Auch nach seiner Rückkehr vom Reichstage erhielt Getelen seine Verbindung mit Lüneburg fortwährend aufrecht. Mit Coller stand er in Correspondenz, und dieser sandte ihm einst eine Predigt des Urbanus Rhegius, die man nachgeschrieben hatte; sie handelte von der Rechtfertigung. Getelen schickte dem Propste eine Widerlegung derselben, welche dieser, erfreut vielleicht, dass Rhegius endlich einmal einen Gegner gefunden hatte, der ihm gewachsen war, dem Urbanus übergeben liess. — Rhegius wandte sich sofort an Getelen selbst. Am 11. Juni 1531 forderte er ihn nach Auseinandersetzung und Begründung der theologischen Fragen auf, selbst nach Lüneburg zu kommen und dort mit ihm zu disputieren. Für freies Geleit und Unterhalt während der Reise werde er sorgen[1]). Getelen nahm dies Anerbieten nicht an. Seinerseits erhob er die ganz thörichte Forderung, Rhegius solle sich ihm vor dem Kaiser zur Disputation stellen[2]). Dass Rhegius darauf nicht eingehen konnte und würde, war vorauszusehen, und jede direkte Verhandlung der Gegner wurde damit abgeschnitten; im stillen aber wirkte Getelen fort. Auf ihn werden wohl auch zum grössten Teil die Massregeln zurückzuführen sein, wodurch der Erzbischof von Bremen Herzog Ernst in der Reformation seines Landes zu hindern suchte. Er blieb, wie es scheint, dauernd am Hofe des Erzbischofs, im Jahre 1537 hören wir noch einmal von ihm, wie er den päpstlichen Legaten Petrus Fortius mit

---

schrift ist von anderer Hand, während die eigentliche Schrift von Getelens selbst geschrieben ist.) Man könnte daher nach dieser Aufschrift auf den Gedanken kommen, dass Getelen nicht selbst der Verfasser sei, seine Autorschaft wird jedoch gestützt durch den p. 142. Anm. 2 angeführten Brief des Abtes von St. Michaelis. Ganz sicher lässt sich die Sache freilich nicht entscheiden.

1) Rhegius an Getelen, Lüneburg am 11. Juni 1531. Opp. lat. III, 89 ff.
2) Rhegius an Heberding, Celle, am 1. Aug. 1531. Opp. lat. III, 88.

einer pomphaften lateinischen Rede in Verden empfängt[1]); weitere Nachrichten über seine Schicksale fehlen.

Die für den Aufenthalt des Rhegius in Lüneburg bestimmte Zeit nahte sich ihrem Ende; noch im Mai hatte eigentlich seine Rückkehr erfolgen sollen, auf Bitten des Rates hatte ihm der Herzog noch bis Johannis zu bleiben erlaubt, länger jedoch könne er „seinen lieben Pfarrherrn und Bischof" nicht entbehren[2]). Noch einmal bat der Rat um Verlängerung der Frist, er versprach für Behausung, Erhaltung und alle Notdurft des Urbanus seinem Stande gemäss zu sorgen; so oft der Herzog ihn nötig habe, solle er nach Celle kommen können. Allein das Gesuch wurde nicht gewährt, Urbanus kehrte nach Celle zurück[3]).

Die Kirchenordnung war noch nicht eingeführt worden, aber es wurde jetzt der lutherischen Partei in Lüneburg ein Haupt in einem Superintendenten gegeben. In manchen Punkten trat der Superintendent in die Rechte des Propstes ein, dem jetzt wohl der grösste Teil seiner Befugnisse genommen wurde. Aufgehoben wurde die Propstei jedoch nicht völlig. Coller legte sein Amt nieder und gab es in die Hände des Rates zurück[4]); man liess ihm jedoch die „Jurisdictio in beneficialibus", und nur dies Recht hatten dann auch wohl die Pröpste, welche der Rat nach dem Tode Collers ernannte[5]). · Das war gerade für die Patricier sehr wichtig, denn es folgte aus diesem Vorrechte die Verleihung der zahlreichen Vicarien und Präbenden, welche die Patricier meist in Händen hatten und die ihnen wohl allmählig entzogen sein würden, wenn die Befugnisse des Propstes sämtlich an den Superintendenten übergegangen wären.

Superintendent wurde Heinrich Radbrock[6]), der uns früher bereits als Abt von Scharnebeck begegnet ist. Er hatte seinen Wohnsitz in Lüneburg genommen und sich ganz der Reformation angeschlossen. Während des Aufenthalts Urbans in Lüneburg verheiratete er sich mit der Tochter eines Lüneburger Patriciers[7],

---

1) Spangenberg, Verdener Chronik p. 176.
2) Der Rat an den Herzog, Mittwoch nach Exaudi (24. Mai) 1531. Der Herzog an den Rat, Celle am Pfingsttage (28. Mai) 1531. (L. A.).
3) Der Rat an den Herzog Sonntag nach Viti (18. Juni) 1531. (L. A.).
4) In seinem Testamente schreibt Coller: „praeposituram ex urgentibus causis in et ad manus senatus, tamquam legitimum praesentandi jus habentis, reposui et dimisi.

5) Vgl. Elvers, discursus historico-politicus. ad ann. 1530. Vgl. über den grossen Nachlass Collers die Jahresberichte des Lüneburger Museumsvereins, 1884.
6) Der einzige Beweis dafür findet sich in einem Briefe des Rhegius an Heberding vom 1. August 1531. Opp. lat. III, 89.
7) Schomaker setzt dies auf Trinitatis 1531, während Hämmenstädt es erst ein Jahr später ansetzt.

und lebte jetzt von dem Jahresgehalte, den der Herzog ihm ausgesetzt hatte. Er war schwach und schwankend, und sein grösstes Verdienst in den Augen der Leute war wohl seine frühere Abtswürde. Die Vermutung, die bereits von anderer Seite ausgesprochen ist[1]), dass an ihn die Schrift des Rhegius „fulmen in votariam monasticen" gerichtet sei, scheint auch mir durchaus richtig. Der „Blitzstrahl wider das Mönchsgelübde" wurde verfasst im Jahre 1532 und wendet sich an einen ehemaligen Abt, den wegen seines Austrittes aus dem Kloster und seiner Verheiratung Gewissenszweifel quälten. Ihn suchte Rhegius zu trösten und zu stärken, indem er alle Gründe gegen das Mönchsgelübde zusammenstellte.

Die Einführung der Kirchenordnung konnte er nicht durchsetzen; der Rat hatte in derselben „etliche Mangel und Irrunge befunden" und wandte sich deshalb im August noch einmal an Rhegius, damit er auf kurze Zeit herüberkomme und sich mit ihnen berede[2]). Dies scheint geschehen zu sein, denn am 4. Sept. wurde die Ordnung durch ein Mandat eingeführt, aber nicht unbeschränkt. Der Rat habe, so heisst es, sich am heutigen Tage mit den verordneten Bürgern dahin vertragen, dass er die Ordinantien des würdigen und hochgelehrten Doctoris Urbani Rhegii fördern und handhaben wolle in alle dem, was recht, göttlich, christlich, ehrlich, billig und dem Evangelio angemessen. Er wolle aber auch von den Bürgern nichts gefordert wissen, was ihm an seinen Gelübden, Eiden und seiner Ehre hinderlich oder nachteilig sei. Eine derartige Klausel konnte bei gegebener Gelegenheit nach Gefallen ausgelegt werden; sie richtete sich aber besonders gegen weltliche Forderungen, welche die Bürger jetzt unter dem Scheine des Evangeliums erhoben; sie wollten Anteil an den Sülzgütern und andern Sachen haben, die bislang ausschliesslich in den Händen der Patricier gewesen waren.

Der Rat war noch immer nur sehr wenig dem Evangelium zugeneigt und nahm auch in anderer Beziehung eine schwankende Stellung ein. Nach seiner Rückkehr von Augsburg hatte der Herzog ihm die dortigen Verhandlungen mitgeteilt und ihn aufgefordert, der Erklärung der evangelischen Stände

---

1) Uhlhorn p. 188 und p. 360 Anm. 11. Man kann aber nicht, wie Uhlhorn dies thut, diese Ansicht mit dem Briefe des Rhegius an Heberding stützen, denn dort wird nicht bloss der Abt, sondern es werden alle lutherischen Prädicanten und Bürger zur Standhaftigkeit ermahnt.

2) Der Rat an Urbanus Rhegius Donnerstag nach Assumpt. Mariae (17. August) 1531. (L. A.).

beizutreten; dieselbe Forderung hatte er erhoben, als er dem Rate Mitteilung machte von der Vollziehung des Bündnisses zu Schmalkalden, wo er im December 1530 persönlich anwesend gewesen war. Der Rat hatte früher den Herzog um Bedenkzeit gebeten[1]), auf die letzte Nachricht blieb er die Antwort überhaupt schuldig. Das veranlasste den Herzog noch einmal, bald nach dem Weggange des Urbanus Rhegius von Lüneburg, ein ernstes Schreiben in dieser Sache an den Rat zu richten: „Weil das Evangelium bei ihnen reichlich gepredigt werde, habe er gute Hoffnung gehabt, dass sie von der erkannten göttlichen Wahrheit nebst ihm und andern evangelischen Kurfürsten, Fürsten, Grafen und Städten sich nicht würden abdrängen lassen, sondern mit ihm und den andern in christlicher Einigung und Verständnis sein würden; um Christi willen sei man schuldig, ihn auch offen vor den Leuten zu bekennen". Nochmals fordert er sie auf, sich zu entscheiden, wie sie sich zu dieser Frage stellen würden[2]). Die Sache war nicht ohne Bedeutung, denn im Fall eines Krieges konnte dem Herzoge in dem Rate ein Feind im eignen Lande erwachsen, Lüneburg konnte ein Stützpunkt für etwaige Operationen katholischer Fürsten werden. Auch lag die Sache wohl nicht so, dass Lüneburg einfach als herzogliche Stadt dem Bunde angehörte. Die Stadt Braunschweig hatte sich auch auf ihre Abhängigkeit von Herzog Ernst berufen[3]), allein die Verbündeten forderten eine besondere Aufnahme in den Bund. War auch bei Lüneburg das Verhältnis in sofern anders, als Ernst alleiniger Herr der Stadt war, so mag er doch ähnlich gedacht haben, jedenfalls aber musste er für seine eigne Person Gewissheit über die Stellung der Stadt haben.

Das Kloster St. Michaelis.

Einen wesentlichen Rückhalt fand die katholische Partei in Lüneburg bei dem Kloster St. Michaelis, das noch immer allen Bemühungen des Herzogs widerstanden und sich der Reformation fast gänzlich unzugänglich bewiesen hatte.

---

1) Der Rat an den Herzog, Sonnabend nach Omnium Sanctorum 1530 (5. November). (H. St. A. Des. 55, Lüneb. 8).
2) Der Herzog an den Rat Sonnabend nach Magdalena (29. Juli) 1531. (Des. 55, 8).
3) Ranke, Reformationsgeschichte III, 280. Über die Stadt Braunschweig hatten alle regierenden Fürsten der braunschweigischen Erblande die Hoheitsrechte gemeinsam.

Wir haben den Abt Boldewin von Mahrenholz bereits kennen gelernt und gesehen, wie er sich geweigert hatte, das von dem Herzoge geforderte Inventar der Güter und Einnahmen des Klosters zu geben. Dabei beharrte der „gnädige Herr vom Haus" seit jener Zeit. Die Beziehungen zu dem Herzoge waren damals, wenn sie auch besser hätten sein können, doch noch nicht schlecht zu nennen. Im Jahre 1528 schenkte Boldewin der jungen Gemahlin des Herzogs bald nach ihrer Hochzeit einen goldenen Becher. Es schien auch als ob der Wunsch des Fürsten formell wenigstens erfüllt werden sollte, denn in einer Vereinbarung mit dem Convente wurde festgesetzt, dass zwei Prädicanten (aber wohl keine evangelische) angenommen werden sollten, von denen der eine und zwei Präceptoren aus den Abteigütern, der andere und zwei „Gesellen der Schule" vom Convente besoldet werden sollten[1]. Leider scheint es nicht dazu gekommen zu sein.

Als der Herzog dann im Juli 1529 die Verwaltung der Klöster an sich nahm und Prediger dort einsetzte, versuchte er es, auch den Abt der Reformation zu gewinnen. Von Lüne aus schrieb er am 13. Juli 1529 an Boldewin; er verteidigt — ähnlich wie in dem von Isenhagen aus an den Rat gesandten Schreiben — sein Vorgehen gegen die Klöster. Er sendet auch dem Abte das Artikel-Buch und die Instruction für die Prediger und fordert, dass auch in seiner Kirche auf Grund dieser Ordnungen das Wort Gottes lauter und rein gepredigt werde. Sie sollen die gröbsten Misbräuche gegen Gottes Wort abschaffen, zugleich aber auch sich an den früheren Landtagsbeschluss erinnern und die Inventarisierung vornehmen, damit der Fürst und die Landschaft eine Einsicht in die Verwaltung des Klosters bekomme und die Güter desselben hinfort zur Wohlfahrt desselben regiert werden möchten[2].

Boldewin wollte abdanken, er fühlte sich dem drohenden Sturme nicht gewachsen. Der neue Abt sollte ihm dann das Schloss Grünhagen, wo Boldewin oft residierte, Wichmannsdorf und einen Teil der Sülzgüter zum Unterhalte geben[3]. Aber sein Schwager (Alberich von Bodenteich) ermahnte ihn zum

---

1) Gebhardi, Sammlung Bd. 14, zum Jahre 1528.
2) Der Herzog an Boldewin, Lüne am Tage Margarethae 1529 (Copie H. St. A., Des. 49, Reform. d. Stifte und Klöster 1). Die Darstellung bei Havemann p. 128 ist falsch. Auch das Datum ist unrichtig, dasselbe ist wohl Schlöpke entnommen.
3) v. Weihe-Eimke a. a. O. p. 138.

Ausharren und zum Widerstande und versprach ihm, wenn es nötig sei, seine Hülfe. Er lehnte also die Forderungen des Herzogs ab. Er habe, so berichtet er seinem Schwager in einem Schreiben, in dem er seine ganze Lage schildert, einen frommen und gelehrten Mann angenommen, das Evangelium zu predigen, und er wolle noch mehr annehmen, bis er einen recht geschickten fände; aber verlaufene, vom Kaiser und Papst verdammte Lehrer, die nicht durch Auflegen der Hände geweiht seien, nehme er nicht. Der geistlichen Obrigkeit müsse man gehorchen; den Eid, den er — der Abt — dem Bischofe von Verden geleistet habe, müsse er halten; er müsse bei der Einheit der Kirche bleiben. Der Herzog verletze seine Pflicht, wenn er dem Kloster falsche Lehre aufdränge, und die Auslegung der Lehre der Heil. Schrift durch das Kloster sei die richtige, für sie spreche die Meinung der Kirche. Das Kloster liege in der Stadt Lüneburg, er dürfe nicht eine Lehre einführen, durch die der Rat in Not und Aufruhr gebracht werde, jede Veränderung sei ja auch durch das Edict des Kaisers bis zu einem allgemeinen Concil verboten, nach dem Edict hätte sich der Rat, der Bischof und die Geistlichkeit stets gehalten, nicht aber die Prädicanten. In betreff des Inventars endlich müsse er bei seiner Weigerung beharren, der Convent wolle dies Verzeichnis nicht geben, und der Bischof habe es verboten[1]). Doch wünscht der Abt, dass durch Unterhandlungen mit dem Herzoge ein friedlicher Ausgleich herbeigeführt werden möge, und er bittet seinen Schwager auf Kosten des Klosters diese Verhandlungen zu führen.

Gerade in diese Zeit fällt der Versuch Johanns von Mahrenholz, seine Propstei wieder zu erlangen. Der Herzog hatte, wie wir sahen, die beiden Brüder Johann und Boldewin nach Celle vorgeladen; allein der Abt zog es vor, den Tag hinauszuschieben, so dass er, wie es scheint, ganz unterblieb. Seine Stellung war augenblicklich doch derart, dass er seinem Bruder nichts nützen konnte; ja er musste sogar für sich selbst fürchten. Am herzoglichen Hofe war das Gerücht verbreitet, dass Boldewin in Lüneburg den Rat und die Bürger gegen den Herzog aufhetze[2]), und das machte ihn dort nicht beliebter.

---

1) Gebhardi, Sammlung Bd. 14, giebt aus den Akten des Archivs eine jetzt nicht mehr aufzufindende Schrift Boldewins im Auszuge wieder. Dieselbe ist an seinen Schwager gerichtet; dass dies Alberich von Bodenteich sei, giebt auch Gebhardi nur als Vermutung. Das Schreiben, welches wir schon oben erwähnt haben, ist undatiert, aber aus inneren Gründen hier einzureihen.

2) Boldewin an Förster, Mittwoch nach Inventio Stephani (4. August) 1529 (Des. 49, 1).

Noch ein anderer Grund kam hinzu, um den Herzog gegen das Kloster zu stimmen. Als Abt und Convent des Klosters Oldenstadt dem Herzoge die Verwaltung übertrugen, da hatten nur drei Conventualen zu widersprechen gewagt, unter ihnen der „Custos" Tzarstede aus Lüneburger Patriciergeschlecht. Dieser hatte sich mit einem Teile der seiner Obhut anvertrauten „Briefe und Siegel" heimlich davon gemacht und sich nach Lüneburg in das Kloster St. Michaelis begeben; dort hatte er auch Aufnahme gefunden[1]).

Es war daher eine der Forderungen des Herzogs, als er im Februar 1530 seine Räte Förster, Heinrich von Kramm und Heinrich von Broke zur Verhandlung mit dem Kloster nach Lüneburg sandte: Tzarstede solle die entwendeten Sachen herausgeben und sich zu „rechtmässiger Ansprache" stellen. Zugleich wurde die alte Forderung wiederholt, es solle ein Prädicant eingesetzt werden. Die Antwort auf die Forderungen des Herzogs sollte der Abt schriftlich geben. Weigere man sich die Befehle des Herzogs zu erfüllen, so werde dieser „thun, was ihm gebühre[2])".

Auch den „Ratschlag zu Notdurft der Klöster" hatte der Fürst an das Kloster St. Michaelis gesandt, und ebenso wie die Frauenklöster der Verdener Diöcese hatte auch dieses den Rat von Lüneburg um Fürsprache bei dem Herzoge gebeten, und in ihrem Schreiben hatten die Mönche erklärt, dass sie den Ratschlag nicht annehmen könnten, weil er den Regeln Benedicts entgegen sei[3]).

Gegen die Ausführungen der Klosterherren richtete sich der Herzog in einem längerem Schreiben[4]), dessen Worte man oft citiert hat; denn sie zeigen, wie ernst der Fürst seinen Beruf auffasste, wie sehr er sich für verpflichtet und vor Gott verantwortlich hielt, für das Seelenheil aller seiner Unterthanen zu sorgen. „Wenn wir euch fremde und eurer Sorge unbeladen wären", so schreibt der Herzog, „liessen wirs fahren und uns wenig anfechten; wer verdürbe, der verdürbe; nun aber in göttlichem unserem Amte euer Gefahr und Verderb zu warnen, wahren und wehren, über gemeine Verwandtnis wir auch ein väterlich

---

1) Handschriftliche Nachricht aus einem Copialbuche des H. St. A. (Verzeichnis der Manuscripte J. 76).

2) Brief des Herzogs an die Klosterherren von St. Michaelis, d. d. Lüne, Donnerstag nach Valentini (17. Febr.) 1530. (Concept Des. 49, 1).

3) Das Schreiben ist uns nicht erhalten, sein Inhalt ergiebt sich aus der gleich anzuführenden Antwort des Herzogs.

4) Das Schreiben ist datiert: Celle, Dienstag nach Judica (5. April) 1530. Zuerst gedruckt bei Bertram, Evang. Lüneburg, Beilage 1, dann bei Lünig im Reichsarchiv, bei Pfeffinger a. a. O., und bei Heimbürger, Ernst der Bekenner p. 155 ff.

Herz und treue Liebe angethan haben, euer als natürliche, leibliche Kinder höchsten Verstandes und Vermögens zu pflegen, lässet solche väterliche Neigung, treuer Wille und stetiglich Anliegen nicht ruhen von den Dingen, die wir euer Leibs und Ehren Wohlfahrt nützlich achten und zur Seelen Seligkeit nötig erkennen, daher auch verursacht werde, auf bemeld euer an gedachten Rat ergangenen Schrift, was euer und der Wahrheit Notdurft erfordert euch gnädig zu berichten". — Wenn die Regel Benedicts aus Gottes Wort ist, so wird der „Ratschlag" nicht gegen sie sein, wo nicht, so sollen sie sich ihres Verderbs nicht noch rühmen. Wenn Benedict eines Tages erstände, so würde er sprechen: „Liebe Brüder, wie mögt ihr so ungütlich an mir thun, dass ich eures Irrtums soll ein Deckel sein und eure böse Sache soll beschönen; weltlichem Gehorsam habe ich euer keinen entzogen, ihr aber dünket und träumet euch eine unbillige, unerfindliche Freiheit. Im Predigthören bin ich euch fleissig fürgegangen, ihr aber fliehet davor, lästert die Wahrheit, irret und hindert andere, die gerne hören: den ungeschickten Beichtigern hätten wir keinen Hund befohlen, ihr aber thuet ihnen eure Gewissen befehlen und eure Seligkeit vertrauen". Er wolle nicht, so sagt der Herzog, dass sie das Klosterleben aufgeben und ihre Regel abschaffen sollten. Was sie mit Gottes Wort bewähren könnten, sollten sie ruhig behalten; dann erwarte er aber auch von ihnen, dass sie in dem, was sie nicht erweisen könnten, seinen gerechten Forderungen nachgeben würden.

Das Schreiben hatte keinen Erfolg; die Verhandlungen wurden unterbrochen durch den Aufenthalt des Herzogs auf dem Reichstage zu Augsburg. — In der Stadt Lüneburg waren inzwischen wichtige Änderungen vor sich gegangen; Kempe war berufen, und seine Anwesenheit blieb auch für St. Michaelis nicht ohne Folgen. Er forderte nach Annahme seiner Kirchenordnung durch den Rat, dass dieselbe auch dem Abte und Convente vorgelegt werde, und die Bürger unterstützten seine Forderung.

Mitte Juli 1530 begab sich eine Deputation bestehend aus Mitgliedern des Rates und des Bürgerausschusses in das Kloster und forderte dort Abschaffung der Messe, Metten, Vesper und Nachtgesänge. Auch die Übergabe des Inventars verlangte man[1]); dazu sei man berechtigt, weil das Kloster in der Stadt belegen sei[2]). Zugleich wurde ihnen die Kirchenordnung Kempes vorgelegt: sie

---

1) Schomaker a. a. O. zum Jahre 1530. | 2) Vgl. auch Hämmenstädt a. a. O.

sollten dieselbe annehmen oder widerlegen. Von der Partei des Rates wurde der Abt heimlich ermuntert, die Ordnung widerlegen zu lassen. Könnten die Artikel mit göttlicher Schrift widerlegt werden, so wollte man von Stephan Kempe abfallen.

Der Abt, dem das Vorgehen des Rates mit Recht als ein Eingriff in seine Rechte erschien — denn nur unter dem Landesherrn, nicht unter dem Rate stand nach altem Herkommen das Kloster — hoffte wohl leichter davonzukommen, wenn er den ihm erteilten Rat annahm. Er wandte sich an bedeutende Vertreter des Katholicismus, die sich damals gerade zu Augsburg befanden, an Conrad Wimpina, Johann Mensing und Augustin von Getelen. Diese sandten ihm Widerlegungen der Kirchenordnung Kempes. Über die Augustins von Getelen haben wir bereits gesprochen. Eine andere muss bedeutender gewesen sein, sie kostete dem Abte 20 Goldgulden¹). Man rühmte sie in den katholischen Kreisen als etwas ganz vortreffliches; das „Pröve-Bock", so nannte man dieselbe, weil der Verfasser sich selbst als einen scharfsinnigen „Prövener" bezeichnete. Durch sophistische Spitzfindigkeiten, Grobheiten und Schmähungen suchte derselbe Kempe zu widerlegen. Es finden sich namentlich gegen Bugenhagen dieselben Vorwürfe erhoben, wie in der Schrift Getelens, und auch an andern Punkten sind die Widerlegungen einander ähnlich. Es ist dieselbe Kampfesweise, wie wir sie früher bei den Barfüssern in Celle kennen gelernt haben. Nur das Wasser soll bei der Taufe als Zeichen gebraucht werden, fordert Kempe; daher muss man auch Pathen und Gebetlesen weglassen, antworteten die Gegner. Dass man Virgil und Donat in der Schule lesen soll, lässt sich auch nicht aus der Schrift beweisen. — Die Vorwürfe gegen die lutherische Lehre, dass sie eine falsche Freiheit herbeiführe, Aufruhr stifte und die Leute verderbe, kehren natürlich auch hier, wie in jedem derartigen Schriftstück, wieder.

Kempe, der damals — in der ersten Hälfte des October 1530 — bereits wieder in Hamburg war, hörte von der Schrift, wusste sie sich zu verschaffen und schlug seinen Gegner in seiner Erwiderung völlig zu Boden. „Up des Abbates van Sunte Michael tho Luneborg und sines Pröve-Esels Pröve-Bock Antwort Stephani Kempen", so lautet der Titel derselben²). Die Schrift Kempes

---

1) Vgl. Uhlhorn p. 204, Gebhardi berichtet, dass der Abt an Wimpina und Mensing Geschenke sandte.
2) Die Schrift wurde 1531 gedruckt, Bugen- Bd. V hagen hatte eine Vorrede dazu geschrieben. Abgedruckt bei Staphorst, Hamburger Kirchengeschichte II, 1. p. 172 ff.

ist zugleich unsere Hauptquelle für das verlorene Pröve-Bock. — Es sind wuchtige Keulenschläge, nicht gerade immer besonders fein, die den Pröve-Esel treffen. Er begreife nicht, wie verständige Leute ein derartiges ehrloses Schandbuch noch loben könnten. Nichts von seinen Artikeln habe der „unduldig Bachante unde Pröve-Esel, der weder Scham noch Ehre habe, gebessert, geprövet oder ein Tittel davon genommen".

Dass der Abt dabei nicht leer ausging, wenn auf den „Pröve-Esel" gescholten wurde, lässt sich denken. Aber schon vorher war er genug gestraft worden, denn im Anfang August hatten die Bürger abermals nach längerer Verhandlung eine Massregel gegen das Kloster durchgesetzt[1]). Weil die Mönche ihre katholischen Ceremonien noch nicht eingestellt hatten und das Volk der Stadt, soweit es noch katholisch gesinnt war, häufig dorthin zur Kirche ging, wurde ihnen geboten, die Kirchthüren zu schliessen. Das Verbot wurde zwar bald wieder zurückgenommen, aber am 10. August liess der Rat in der St. Johanniskirche verkündigen, dass niemand, wes Alters und Standes er sei, sich in St. Michaelis solle finden lassen; wer dawider handle, solle hart gestraft werden.

Das Erscheinen des Pröve-Bocks erregte dann bei Prädicanten und Bürgern einen Sturm der Entrüstung. Dringend und heftig verlangte man den Namen des Verfassers zu wissen, und der Rat wagte es nicht, den Abt zu unterstützen, sondern schloss sich der Forderung der Bürger an.

Die Lage des Klosters war der Aufregung des Volkes gegenüber nicht unbedenklich. Die Furcht vor einem gewaltsamen Angriff veranlasste den Abt die Klosterbriefe an den Hauptmann von Weverlingen zu senden[2]). Schon früher hatte er um sich auf alle Fälle zu sichern, einen Vertrag mit mehreren dem Kloster verpflichteten Adligen der Altmark und der braunschweigischen Lande abgeschlossen. Sie hatten ihm ihre Unterstützung versprochen, bei seinen Bemühungen, Gott dem Herren zu Ehren und der Ritterschaft zum Besten, unter keiner Bedingung in eine Umgestaltung des Klosters zu willigen[3]). Sie hatten

---

1) Am Tage Oswaldi (5. August) 1530. Vgl. Schomaker und Hämmenstädt.
2) Gebhardi Bd. 14.
3) Die Urkunde aus Gebhardi Bd. 14 bei Havemann p. 129 Anm. 1, d. d. Dienstag nach Himmelfahrt Mariae (16. August) 1530. Wie aus Gebhardi hervorgeht hatten einige derselben, so Cord von Mahrenholz und Jettebroke Lehen vom Kloster, so dass dies mehr eine Verpflichtung der Lehnsleute als ein Bündnis zu nennen war.

ja selbst ein Interesse an der Erhaltung des Klosters, denn nur ihre Genossen fanden dort Aufnahme.

Mit dieser Verbindung droht denn auch Boldewin jetzt dem Rate. Er werde, so schreibt er, dem Adel seine bedrängte Lage mitteilen; heftige Vorwürfe macht er demselben, dass man ihn jetzt im stiche lasse, während man ihn früher selbst dazu ermuntert habe, die Ordnung zu widerlegen. Entschieden weigert er sich, den Namen des Verfassers anzugeben; freilich habe er gelehrte Leute, wie Wimpina, Mensing, Getelen u. a. um Rat fragen müssen, denn im Kloster seien nicht genug tüchtige Leute, um dies selbst zu thun. Man zeige aber jetzt durch dies Drängen, den Namen zu erfahren, dass man mehr mit Personen als mit der Schrift hadere[1]).

Bald nach seiner Rückkehr vom Reichstage nahm der Herzog seine Bemühungen um das Kloster wieder auf; er wollte jetzt selbst einen Prädicanten an der Klosterkirche einsetzen. Das betrachtete jedoch der Rat als einen Eingriff in seine Rechte dem Kloster gegenüber; er beabsichtigte dies seinerseits zu thun und bat den Herzog, mit dem damals gerade wieder in Lüne verhandelt wurde, dies vorläufig auf sich beruhen zu lassen, d. h. vorläufig nichts gegen eine Einsetzung des Prädicanten durch den Rat einzuwenden, damit die andern Verhandlungen dadurch nicht verzögert würden[2]). Das war nicht übel berechnet, und der Herzog erkannte auch wohl, dass er auf seine Hoheitsrechte über St. Michaelis überhaupt verzichten könne, wenn er dies jetzt hingehen liesse. Derartige beschwerliche Eingriffe in seine Regalien, Herrlichkeiten und Gerechtigkeiten habe er nicht vermutet und verbitte sie sich ganz entschieden, schrieb er dem Rate zurück. — Eine vorläufige, beiden Parteien gleichmässig erwünschte Lösung dieser Frage war die Erklärung des Abtes, er wolle selbst

---

1) Boldewin an den Rat, Montag nach Galli 1530 (17. Octob.) (Copie H. St. A. Des. 50, 2). Ich möchte hier eine Vermutung über die Entstehung des „Pröve-Bocks" aussprechen: Es hat verschiedene Widerlegungen der Ordnung Kempes gegeben; die Getelens ist uns erhalten. Gebhardi kannte noch die Mensings und Wimpinas (Uhlhorn p. 361 Anm. 19). Aus diesen Schriften, so möchte ich vermuten, hat man dann im Kloster selbst das sog. „Pröve-Bock" verfertigt, indem man sich aus jeder der Widerlegungen das Passende heraussuchte. Dann würde es sich ganz einfach erklären, dass sich in dem Pröve-Bock dieselben Schmähungen gegen Bugenhagen finden wie in Getelens Schrift, während sich doch nachweisen lässt, dass diese mit dem Pröve-Bock nicht identisch ist.

2) Der Rat an den Herzog, Sonnabend nach Omnium Sanctorum (5. November) 1530 (H. St. A. Des. 55, 8).

einen Prädicanten einsetzen[1]). Dazu kam es allerdings nicht; aber wie ernst der Abt selbst seine Lage ansah, das beweist am besten, dass er in der Klosterkirche regelmässige Gebete um Abwendung dieser Not abhalten liess[2]).

Der Abt betrachtete sich seinerseits mehr dem Herzoge unterthan als dem Rate; das zeigte sich, als der Rat auf Betreiben der Bürger wieder gegen ihn vorgehen wollte, denn einen Prädicanten hatte er natürlich doch noch nicht bestellt. Rhegius war damals bereits in der Stadt; man hatte beschlossen, jetzt auch in der Kirche u. l. Frauen, die seit dem Fortgange der Barfüsser geschlossen gewesen war, einen Prädicanten einzusetzen. Damals wurde auch auf Drängen der Bürgerpartei an Boldewin eine Deputation von 4 Ratsherren und 8 Bürgern gesandt, welche die frühere Forderung in betreff des Prädicanten wiederholen[3]), zugleich aber versuchen sollte, den Abt ganz auf die Seite der Stadt herüberzuziehen. Man fragte ihn, ob er ganz bei dem Rate und der Stadt bleiben wolle. Gegen die gewaltsame Einsetzung eines Predigers, so erwiderte Boldewin, könne er sich zwar nicht wehren; die andere Frage aber könne er ohne Wissen des Fürsten und des Adels im Lande nicht beantworten[4]). Er fühlte sich als Angehöriger der Ritterschaft des Landes und hat als solcher das Bürgertum gewiss im Herzen verachtet und gering angesehen.

Den Herzog hatte der Abt bislang stets durch Versprechungen und Ausflüchte hingehalten; als Ernst jedoch von diesen Verhandlungen hörte, sandte er durch Förster eine sehr energische Botschaft an ihn: Noch immer habe Boldewin keinen Prädicanten eingesetzt; er habe gethan, als ob er, vom Rate bedrängt, dies ohne Gefahr Leibes und Lebens nicht thun könne, was der Rat freilich leugne. Jetzt werde in Lüneburg Gottes Wort gepredigt und ihre Praktiken, wodurch sie das zu verhindern gesucht hätten, seien bekannt. Der Herzog könne einen Widerstand gegen seine beiden Forderungen

---

1) Die herzoglichen Räte an den Rat, Lüne, Sonntag nach Omnium Sanctorum (6. Novb.) 1530 (H. St. A. Des. 55, 8).

2) Die Äbtissin von Medingen bittet am 20. Decemb. 1530 sie und ihr Kloster in dieselben einzuschliessen. Gebhardi 14.

3) Die Verhandlungen zwischen Rat und Bürgern fanden nach Schomaker, der hier ausführlicher ist als Hämmenstädt, am Donnerstag nach Laetare (23. März) und am Dienstag nach Judica (28. März) 1531 statt. In der Woche vor Ostern begab sich die Deputation in das Kloster.

4) Vgl. Hämmenstädt zum Jahre 1531.

nicht länger dulden. Man möge doch bedenken, dass Christus allein Herr der Seligkeit sei[1]).

Der Abt lenkte ein; der Einsetzung des Prädicanten glaubte er sich nicht länger entziehen zu können. Um aber noch besser seinen guten Willen zu zeigen und den Zorn des Herzogs wenigstens vorläufig zu besänftigen, bat er Urbanus Rhegius, der auch sonst wohl schon auf das Kloster einzuwirken gesucht hatte, bis ein tüchtiger Prediger beschafft sei, wöchentlich einmal in der Klosterkirche zu predigen. Gern kam Rhegius dem Wunsche nach und begann damit am Sonntage Jubilate (30. April). An demselben Tage richtete der Abt ein sehr demütiges Schreiben an den Herzog, in dem er ihm das Geschehene mitteilte. Den harten Brief glaube er nicht verdient zu haben, er habe doch mehrfach dem Herzoge anzeigen lassen, wie grosse Mühe er sich um einen tüchtigen Prädicanten gegeben habe. Wenn es jetzt noch möglich sei, wie der Herzog ihm das früher angeboten habe, dass Herr Wilhelm aus Scharnebeck an St. Michaelis Prädicant würde, so würde ihm das sehr angenehm sein; er selbst werde sich nach besten Kräften darum bemühen[2]).

Im Laufe des Sommers verhandelte der Herzog zu Lüne persönlich mit dem Convente[3]). Dort versprach man wenigstens dem Fürsten einen Schein auszustellen, dass von den Gütern des Klosters ohne Wissen und Willen des Herzogs nichts verändert und die Einkünfte des Klosters nicht verringert werden sollten. Auch den Abt bewog Ernst zu einigen Zugeständnissen. Derselbe versprach, s e i n e Güter (freilich ohne Vorwissen des Conventes) inventarisieren zu lassen; er will dem Herzoge anzeigen, wenn sich jemand an den Klostergütern vergreift und will womöglich auch den Convent zur Inventarisierung bewegen. Die Einsetzung eines Prädicanten will er jedoch s e l b s t vornehmen[4]).

Damit begnügte sich der Fürst vorläufig, erst gegen Ende des Jahres nahm er die Verhandlungen wieder auf. Am 1. December sandte er Heinrich von Kramm und Johann Haselhorst nach Lüneburg. Von dem Convente sollten sie

---

1) Instruction für Förster; Celle, Montag nach Misericordias (24. April) 1531. (Orig. mit Siegel H. St. A. Des. 50, 2; dort auch die beiden folgenden Aktenstücke.)

2) Boldewin an den Herzog, am Sonntag Jubilate (30. April) 1531.

3) Das bei Havemann angegebene Datum (10. Juli) konnte ich nicht feststellen. Der Ort der Verhandlungen war nicht Lüneburg, sondern Lüne, wie sich aus der unten angegebenen Instruction vom Freitag nach Andreae 1531 ergiebt.

4) In Concept und Abschrift im H. St. A.; undatiert, aber, wie ich glaube, hier herzusetzen.

20 *

einen Beitrag zu den Lasten des Fürstentums und den versprochenen Schein fordern. Ausserdem aber sollten sie dem Abte und Convente noch folgendes vortragen: Der Herzog begehrt ein vollständiges Verzeichnis der Güter des Klosters, auch der verpfändeten. Die Kleinode sollen vom Abte und Prior „beschlossen", und dem Herzoge ein Verzeichnis derselben gegeben werden, ebenso soll man ihm Copien der Briefe und Siegel, die im Kloster selbst bleiben sollen, liefern, der Fürst will diese geheim verwahren. Wenn sich die Mönche nicht schicken werden, will der Herzog dem Abte die Administration des Klosters übertragen, und derselbe soll dem Fürsten zu jährlicher Rechenschaftsablage verpflichtet sein. Wenn „des Klosterlebens Vergang werde", dann sollen Abmachungen getroffen werden, durch welche das Fürstentum und der Herzog in betreff der Klostergüter keinen Schaden leiden[1]).

Der Herzog dachte jedenfalls damals ernstlicher als je daran, bei dem Kloster St. Michaelis dieselbe Ordnung durchzuführen, die er in Oldenstadt und Scharnebeck bereits erreicht hatte. Die Partei der Juristen hatte, wie es scheint, mit ihren Forderungen nach Säcularisation der Güter des Klosters völlig das Übergewicht erlangt. Rhegius war dagegen. In einem Gutachten für den Rat von Lüneburg hat er seine Ansicht über die Verwendung der Kirchengüter ausgesprochen und berührt darin auch die Frage in betreff des Klosters St. Michaelis[2]). Wenn die Herren von St. Michaelis im Kloster bleiben und das Evangelium annehmen wollten, so sei die Obrigkeit nicht berechtigt, sie ihrer Güter zu entsetzen, selbst wenn einige Ordensleute katholisch blieben, müsse man sie dulden und bis an ihren Tod erhalten. Denn in diesem Falle ist das Kloster nur eine „feine Zuchtschule, sich in christlicher Lehre und Zucht zu üben".

Die Klosterherren wichen nun auch den angedrohten strengsten Massregeln des Herzogs aus, indem sie seiner Forderung nachgaben und ihm die Verzeichnisse ihrer Güter, Kleinodien und anderer Einkünfte übergeben liessen. — Auch der Einsetzung eines Prädicanten konnte man sich nicht mehr entziehen, der

---

1) Die Akte, aus der diese Nachrichten stammen, hat die Aufschrift: Nachricht von des Klosters St. Michaelis zu Lüneburg Renten und Einkommen auf Herzog Ernsts Befehl eingezogen a. 1531 (H. St. A. Celle, Orig.-Arch. Des. 21, 1191). Sie enthält ausser der vom Freitag nach Andreae (1. December) 1531 datierten Instruction für Heinrich von Kramm und Johann Haselhorst noch ein undatiertes Concept, auf dem die übrigen Forderungen des Herzogs sich finden; ausserdem Verzeichnisse der Güter, Kleinodien und Zinsen des Klosters.

2) Ratschlag dem Rat zu Lüneburg gestellt, zu was Brauch die Kirchengüter fürnehmlich sollen gewendet werden. Opp. germ. III, 102.

übrige Gottesdienst blieb jedoch noch in der alten Weise bestehen, und nach wie vor wurden Vesper, Responsorien und Psalmen in der Kirche gesungen[1]); und der Abt selbst hielt noch, wie es Sitte war, an hohen Festtagen vor dem goldenen Altare die Messe ab.

Die Gefahr einer Säcularisation des Klosters war jedoch bedenklich näher gerückt, und man suchte sich so gut es ging zu schützen. Die alten Verbindungen, welche der Abt noch immer mit dem Erzbischofe von Bremen, dessen Einfluss nie aufhörte, und dem Abte von Corvey hatte, wurden benutzt, und es gelang diesen denn auch gewiss mit leichter Mühe, vom Kaiser eine Bestätigung der früheren Privilegien Sigismunds (vom 1. März 1436) und Friedrichs (vom 18. Juni 1442) zu erlangen.

Diese Urkunde (sowie auch die Vorurkunden) bezieht sich aber nicht, wie man bisher geglaubt, ausschliesslich auf das Kloster St. Michaelis, sondern auf alle Klöster der Verdener Diöcese (auch Oldenstadt und Scharnebeck), wobei noch besonders bemerkenswert ist, dass die Übergabe des Klosters Heiligenthal an den Rat von Lüneburg stillschweigend anerkannt wird; denn während Heiligenthal in den beiden eingerückten Vorurkunden genannt ist, fehlt es in der Urkunde Karls[2]). (Die Bestätigung der Übertragung durch den Erzbischof Christoph fand dagegen erst 1533 statt[3]).)

Aber auch dies half dem Kloster nur wenig. Neue Unruhen brachen in der Stadt aus; Fastnacht 1532 wurde die Klosterkirche von Wollenwebergesellen erstürmt, doch gelang es dem Rate noch den Aufstand zu unterdrücken und die Klosterherren zu schützen[4]).

---

1) Schomaker giebt zu Vigilia Nativitatis Domini 1531 die Nachricht, dass die Herren von St. Michaelis die Vesper wieder begonnen hätten, und dass durch ihren besoldeten Prediger das Evangelium gepredigt worden sei. Er wiederholt dann dieselbe Nachricht, indem er das Jahr 1532 mit Vigil. Nat. Domini beginnt, in etwas kürzerer Form und schliesst sie mit den Worten „ut dictum". Das hat zu dem Irrtume geführt, als ob die Nachricht bereits in das Jahr 1532 gehörte; es wäre nun sehr wunderbar, wenn man den ziemlich zahlreichen Nachrichten der Chronik über das Jahr 1532 eine Notiz vom 24. December 1532 voran gesetzt hätte. Die Sache erklärt sich jedoch einfach aus dem früher bewiesenen Gebrauche, das Jahr mit Weihnachten zu beginnen.

2) Das Original mit anhängendem Siegel befindet sich im H. St. A. (Celle Orig.-Arch. Des. 21, No. 1193), d. d. Brüssel, 14. Januar 1532.

3) Die durch den Rat von Lübeck (1543, Mittwoch nach Elisabeth) vidimierte Abschrift der Urkunde Christophs von 1533, Mittwoch nach Convers. Pauli (29. Januar) mit anhängendem Siegel befindet sich im L. A.

4) Uhlhorn p. 205. Woher diese Nachricht stammt, vermag ich nicht anzugeben. v. Weihe-Eimke (p. 140) giebt sie bereits zum Jahre 1531.

Das war aber das weniger Schlimme. Rhegius kam im Jahre 1532 wieder nach Lüneburg — wir greifen hier vor — und seinen Bemühungen gelang es, einige Mitglieder des Conventes dem Luthertum zu gewinnen. Im September 1532 hielt Rhegius, wie wir noch sehen werden, in der Johanniskirche eine grosse Disputation ab. Dort sollten eigentlich auch die Klosterherren erscheinen. Nur einer der Angehörigen des Klosters war gegenwärtig, Rudolf Roleves, „concionator papisticus". Auch auf das Kloster wird der glänzende Sieg, den Rhegius erfocht, nicht ohne Eindruck geblieben sein.

Kurz nach dieser Disputation, am Michaelistage, celebrirte Boldewin in althergebrachter Pracht vor dem goldenen Altare in der Klosterkirche die Messe. Es war die letzte, die dort gefeiert wurde. Im Anfang December desselben Jahres thaten die meisten Conventualen, der Prior Herbord von Holle an der Spitze, den entscheidenden Schritt und feierten vor dem kleinen Altare das Abendmahl unter beiderlei Gestalt. „Als nun dies dem Abte Boldewin von einem noch katholischen Conventualen, einem von Münchhausen, angezeigt wurde, hat er's nicht glauben wollen, sondern ist auf den Lektor vor das Chor gegangen, es selbst gesehen, die Kloster- und Kirchenschlüssel ins Chor heruntergeworfen, sich sehr geeifert und wieder nach der Abtei gegangen. Da er nun auf das grosse Haus in der Abtei getreten, hat ihn der Schlag gerührt"[1]. Wir können ihm unser Mitgefühl nicht versagen. Aufgewachsen in den Anschauungen einer anderen Zeit vermochte er das Neue nicht mehr zu erfassen; fest und treu blieb er bei seiner Meinung. Wie der Herzog es für seine Pflicht hielt, die Reformation durchzuführen, ebenso fühlte er sich in seinem Gewissen gedrungen, seine Eide und Gelöbnisse zu halten und mit allen erlaubten Mitteln dagegen zu

---

[1] Aus dem Bericht über die Reformation des Klosters von dem Canonicus Laholm von Estorf vom Jahre 1592, abgedruckt bei Gebhardi, Dissertatio de re litterali Coenobii St. Michaelis p. 92. Der Bericht scheint auf alten Nachrichten zu beruhen, falsch ist aber das in demselben als Todestag Boldewins angegebene Datum (11. Decb.). Noch an demselben Tage, an dem Boldewin gestorben war, traten, so sagt der Bericht, die Conventualen zur Neuwahl des Abtes zusammen. Die der Wahl unmittelbar vorausgehende Urkunde ist aber vom 13. December. Das ist auch der richtige Todestag, er wird bestätigt durch den Kalender von Lüne (am Tage Luciae = 13. December). Auch widerspricht dieser Angabe nicht die Nachricht bei Schomaker (in vigilia Luciae), da er in der Nacht vom 12.—13. December gestorben ist. Hämmenstädt hat in dem von mir benutzten Exemplar „am Avent Judica", was jedenfalls für Lucia verlesen ist.

v. Weihe-Eimke stellt die Nachrichten in der Weise neben einander, dass er zunächst den 11. December als Todestag angiebt, dann aber auf der folgenden Seite die Sache mit den Worten wieder aufnimmt: „Als nun Boldewin am 13. December gestorben war"!

kämpfen, dass der „Stand des Klosters verändert werde" und dass die neue Lehre dort eindringe. Sehen zu müssen, wie seine eignen Genossen unvermutet von dem alten Glauben abfielen, das brach sein Herz. Am 13. December Morgens um vier Uhr verschied er.

Mit dem Übertritt zur evangelischen Lehre dachte der Convent nicht an ein Aufgeben des Klosterlebens, und darin bestärkte ihn der Rat von Lüneburg, der fürchten musste, dass das Kloster dann in die Hände des Herzogs übergehen würde. — Es kam darauf an, jede Verhinderung oder Beeinflussung der Neuwahl durch den Herzog unmöglich zu machen, daher traten noch an demselben Morgen, als Boldewin gestorben war, die Conventualen zur Wahl eines anderen Abtes zusammen; auch noch streng katholische, wie Georg von Gilten, beteiligten sich an derselben. Ehe sie vorgenommen wurde, wurden jedoch die Rechte des zu wählenden Abtes zu Gunsten des Conventes eingeschränkt: Der Prädicant, der Schulmeister, die Frühmettenschüler, sowie Küster und Organist sollen aus den Abteigütern besoldet werden. Der Benedictinerhof soll von einem Klosterherren verwaltet werden; Holzlieferungen aus dem Klosterholze werden dem Convente versprochen; das Korn des Convents soll in der Abtsmühle „mattfrei" sein. Das von Boldewin hinterlassene Geld soll zwischen dem Abte und dem Convente gleichmässig verteilt werden. Hierüber wurde vor Notar und Zeugen eine Urkunde aufgenommen[1]). Dann schritt man zur Wahl des Abtes, sie fiel auf das Haupt der lutherischen Partei, den Prior Herbord von Holle; zum Prior wurde Heinrich von Hadestorp erwählt.

Sobald der Herzog den Tod Boldewins erfuhr, untersagte er, wie man erwartet hatte, jede Neuwahl. Allein der Convent hielt an dem Gewählten fest und konnte sich auf das Recht der freien Abtswahl stützen, das, wie es scheint, für St. Michaelis noch immer bestanden hatte.

Der neue Abt Herbord von Holle befand sich in einer verzweifelten Lage. Der Herzog erkannte seine Wahl nicht an, nach wie vor nannte er ihn Prior. In einem Schreiben an Heinrich Ratbrock spricht Ernst offen seine Meinung aus:

---

1) Urkunde vom 13. December 1532 im H. St. A. (Celle, Orig.-Arch. Des. 21, No. 1202). In derselben werden die Namen der 8 Conventualen genannt, die an der Wahl teilgenommen haben: Prior Herbord von Holle, Kellner Rudolf von Weige, Joh. und Heinr. von Knesebeck, Georg von Gilten, Heinrich von Dannenberg, Wilkin von Kisleben und Heinrich von Hadestorp. — Jener Conventual von Münchhausen, der Boldewin die verhängnisvolle Nachricht gebracht hatte, ist nicht genannt.

Er habe als Patron des Klosters und als verordnete Obrigkeit des Fürstentums nach dem Tode Boldewins ein Einsehen haben müssen, damit im Kloster unordentliche und strafwürdige Misbräuche und ungöttliches Leben abgethan und alle Sachen zu zeitlicher und ewiger Wohlfahrt nach göttlicher Wahrheit geordnet werden möchten. Darum habe er sie zweimal durch seine Räte beschickt, allein es sei fruchtlos gewesen. Er — Ratbrock — werde wohl denken können, wer daran Schuld sei, und Coller sei der Schlimmsten einer. Diese Leute hofften noch immer Tag und Nacht darauf, dass das Papsttum wieder aufgerichtet werde. Glaubwürdig sei ihm versichert, dass man in Lüneburg den Bürgern vorrede, er — der Herzog — wolle das Kloster St. Michaelis besetzen und von dort aus künftig die Stadt beschweren und schädigen, woran er, bei Gott! nie gedacht habe. Ratbrock soll sich mit Urbanus Rhegius in Verbindung setzen, und beide sollen so viel als möglich bei dem Prior für den Herzog wirken[1]).

Gestützt auf sein Recht, das er als Patron des Klosters zu haben glaubte, wollte der Herzog demselben seine Verwaltung aufzwingen. Das suchte der Rat natürlich ganz besonders zu verhindern, ihm musste umgekehrt daran gelegen sein, das Kloster jetzt, wo die Gelegenheit so günstig war, ganz mit der Stadt zu vereinigen.

Herbord von Holle war auch jetzt noch im Innern durchaus der Reformation zugethan[2]), als einfacher Conventual würde er wohl öffentlich zum Luthertume übergetreten sein. Sein Amt legte ihm andere Pflichten auf; er war ein Verstandesmensch, der Vorteil und Nachteil scharf gegen einander abwog. Sein Verhalten in dieser schwierigen Lage hat das Kloster vor der Säcularisation gerettet.

Die Gefahr wuchs; vor dem Herzoge gab es für das Kloster nach seinem Ermessen keine andere Rettung mehr als in dem Anschlusse an den Rat. Die früheren Privilegien Sigismunds und Friedrichs ernannten auch die „Consules" der Stadt zu Beschützern der Rechte des Klosters; auch zwei Verträge zwischen der Stadt und dem Kloster verpflichteten den Rat dazu[3]). Bislang hatte man

---

1) Herzog Ernst an den Rat und lieben Getreuen Heinrich Ratbrock, d. d. Zelle, Sonntag nach Anthonii (19. Januar) 1583 (Copie im L. A.).
2) Betreffs der Änderung des Gottesdienstes, die durch ihn vorgenommen sein soll, vgl. p. 157, Anm. 1.
3) Die Verträge sind vom 17. October 1406 und vom 24. October 1488 (Lüneb. Urkundenbuch).

nie Gebrauch davon gemacht, jetzt beriet sich der Convent darauf und bat am 3. Januar 1533 den Rat um seinen Beistand.

Aber der Rat wollte diesen nicht ohne Gegenleistung gewähren. Am 5. Februar liess er durch Hartwig Schomaker, den wortführenden Bürgermeister, dem Anwalte von St. Michaelis mitteilen, er wolle seinen früher eingegangenen Verpflichtungen genügen, falls auch der Convent verspreche bei dem Rate und der Stadt — auch im Falle eines Conflicts mit dem Herzoge — ungetrennt zu bleiben und keine Neuerungen in der Verwaltung und ungewöhnlichen Gebrauch des Klosters zu gestatten, der jetzt oder je der Stadt und ihren Freiheiten schädlich sein könnte[1]).

Herbord zögerte, auf diese Bedingungen, die ihn völlig von dem Herzoge trennen und in die Gewalt des Rates geben mussten, einzugehen. Aber ein drohendes Schreiben des Herzogs mag seinen Entschluss beschleunigt haben. Ernst forderte „genugsame und beständige Rechenschaft der Administration" und Verwahrung der Güter und Kleinodien durch die Landschaft, sowie eine gründliche Beseitigung der päpstlichen Misbräuche, und darunter verstand er auch, wie es scheint, das völlige Aufgeben des Klosterlebens[2]). Der Abt versuchte noch einmal einen Ausgleich herbeizuführen. Ein Klosterherr wurde mit mündlichen Aufträgen und einem Briefe an den Herzog gesandt, in dem darauf hingewiesen wurde, dass auch Luther und Melanchthon das Klosterleben nicht für ungöttlich hielten. Man weist den Vorwurf zurück, dass ein goldener Kelch von den Klostergütern verkauft sei, derselbe sei vielmehr schon vor acht Jahren gestohlen. Nie würden sie sich weigern dem Landesherrn unterthan zu sein. Aber durch die Leistungen für das Land sei das Kloster selbst in Not geraten, und eine Türkensteuer von 1400 Gulden sei zu viel. Die Lieferung des Inventars sei gegen die Rechte des Klosters, und eine Pension dürften sie gegen Aufgabe des Klosterlebens vom Herzoge nicht annehmen. Stets wollten sie bei der erkannten Wahrheit bleiben, durch sie werde die christliche Absicht des Fürsten nicht gehindert; aber gegen Gewalt müssten sie sich wehren[3]). Als man so die Forderungen des Herzogs zurückwies, liess derselbe durch seine

---

[1]) Urkunde im H. St. A. (Orig.-Arch. Des. 21, Nr. 1204).

[2]) Die Urkunde vom Sonnabend nach Valentini (15. Februar) 1533, gedruckt bei Heimbürger a. a. O. p. 168 ff. und bei Bertram, Evang. Lüneburg. Beilage 2.

[3]) Das Schreiben (bei Gebhardi Bd. 14) ist vom Montag nach Invocavit (3. März) 1533.

Amtsleute die Güter der Abtei und des Klosters, soweit er ihrer habhaft werden konnte, mit Beschlag belegen und einziehen.

Jetzt ging Herbord auf die Bedingungen des Rates ein; am 13. März 1533 versprachen Abt und Convent dieselben zu erfüllen[1]). Der Rat stellte dem Kloster keinerlei Gegenrevers aus; um sich, so gut es gehen wollte, vor späteren allzuweit gehenden Forderungen des Rates zu schützen und zugleich für die spätere Zeit einen Anknüpfungspunkt mit dem Herzoge zu behalten, erklärten Abt und Convent wenige Tage später in einer geheimen Protestation vor Notar und Zeugen: Nur aus Not sei jener Vertrag gemacht, derselbe soll den Rechten des Klosters unschädlich sein, und der Rat soll sich desselben nur zum Schutze des Klosters bedienen dürfen.

Auch der katholischen Partei näherte sich der Abt wieder. Um die Bestätigung des Bischofs zu erhalten, wandte Herbord sich zunächst an den Schreiber desselben, Bernhard Droghe. Dieser antwortete am 2. März 1533, dass der Erzbischof Christoph ihn für den geeignetsten Nachfolger Boldewins, dessen Tod er tief beklage, halte. Zur Vorbereitung für sein Amt empfahl er ihm zugleich verschiedene Schriften[2]). Dem Erzbischofe Christoph wurde dann die Wahl ordnungsmässig angezeigt, und derselbe um seine Bestätigung gebeten. Er erteilte dieselbe, vielleicht auf Antreiben des Rates, unter der Bedingung, dass Herbord sich in der gesetzmässigen Frist weihen liesse[3]). Zum völligen Rücktritte des Abtes zum Katholicismus kam es jedoch nicht. Rhegius' Einfluss gelang es, ihn und seine Genossen dem Luthertume zu erhalten. Als er davon hörte, dass der Abt seinen früheren Gesinnungen nicht mehr treu geblieben sei, wandte er sich mit einem Schreiben an ihn: „Verflucht sei, wer die Hand an den Pflug schläget und sie dann zurücke ziehet", so schrieb er. Da habe, so wird uns berichtet, Herbord samt den Conventualen erschüttert erklärt, bei der erkannten Wahrheit bleiben zu wollen[4]).

---

1) Das Orig. im L. A. ist datiert: 1533 Donnerstag nach Gregorii Papae; eine Abschrift im H. St. A. (Orig.-Arch. Des. 21, Nr. 1206) vom 13. März und die Protestation vom 15. März (ebendas.). Der 13. März ist daher jedenfalls das richtige Datum, es müsste also eigentlich (da 1533 der Gregorstag auf einen Donnerstag fiel) Donnerstag Gregorii Papae heissen.

2) Das Schreiben bei Gebhardi, Bd. 14.
3) Die Urkunde mit anhängendem Siegel im H. St. A. (Orig.-Arch. Des. 21, Nr. 1208) ist vom 13. Januar 1534.
4) Gebhardi, Dissertatio de re litterali Coenobii St. Michaelis p. 92.

Schon seit längerer Zeit hatte Herbord von Holle sein Ordenskleid abgelegt und sich die Platte wachsen lassen, da er bei seinen Reisen als Prior sich dadurch häufig den Spott des Volkes zugezogen hatte[1]; jetzt thaten auch die andern lutherischen Conventualen das gleiche, sie "warfen das Joch Christi ab", wie die Nonnen von Lüne dies nannten[2]), und gingen in "langen, ehrlichen Priesterröcken"[3]. Zunächst liess man jedoch, wie es scheint, den katholischen Gottesdienst neben dem lutherischen bestehen und das noch auf längere Zeit; auch wurde den katholischen Conventualen keinerlei Zwang auferlegt; einer derselben, Georg von Gilten, ging nach wie vor in seiner Ordenstracht und blieb bis zu seinem Tode dem Katholicismus treu[4]. Noch im Jahre 1540 klagen die Prediger der Stadt Lüneburg, dass der katholische Prediger Herr Roleves durch seine Predigten das Volk von St. Michaelis verführe[5]. Und auch er blieb bis zu seinem Tode ein eifriger Anhänger des Katholicismus[6]).

Erst allmählich kam es zu einer besseren Verwendung der Klostergüter, als Stipendien für Studierende, zu Schulzwecken u. dgl.

Aber bevor feste Verhältnisse herbeigeführt wurden, waren noch schwere Kämpfe mit dem Herzoge zu bestehen. Freilich die eigentliche Reformation des Klosters kann man als vollendet betrachten; das Kloster nimmt jetzt eine Mittelstellung ein zwischen dem Herzoge und der Stadt Lüneburg. Der Rat führt von jetzt an für das Kloster den Streit mit dem Herzoge; ich habe überhaupt kein Aktenstück gesehen, aus dem für die spätere Zeit eine direkte Verhandlung des Herzogs mit dem Convente hervorgeht. Gerade diese Stellung zwischen den streitenden Parteien, von denen jede ein Interesse daran hatte, den Gegner zu verhindern, das Kloster an sich zu ziehen, hat es demselben möglich gemacht sich zu behaupten. Wir werden den Schluss des Streites noch bei anderer Gelegenheit kurz berühren.

Bardowik und Ramelsloh.

Noch ein anderer Streitpunkt, welcher ebenfalls die katholische Geistlich-

---

1) Vaterländisches Archiv 1833 p. 541.
2) Gebhardi a. a. O. p. 96.
3) Hämmenstädt zum Jahre 1531.
4) Gebhardi a. a. O. p. 97.
5) Die Prediger an den Rat, 15. November 1540 (L. A.).
6) Er starb 1545 (vgl. Bertram, Evang. Lüneb. p. 75. Anm. 41). Die meisten Nachrichten über ihn stammen aus Bacmeisters Oratio de Luca Lossio.

keit des Landes betraf, bestand zwischen dem Herzoge und der Stadt Lüneburg. Bei diesem Streite handelte es sich um die Stifter Bardowik und Ramelsloh.

Wenige Tage nachdem der Herzog am 27. Juni 1529 in Bardowik gewesen war und dort Ginderich als Prädicanten eingesetzt hatte, hatten die Domherren einfach aufgehört, ihre gebräuchlichen Horen zu singen. Der Prädicant machte ihnen jedoch bemerklich, dass es durchaus nicht die Absicht des Herzogs sei, ihnen diese Gewohnheiten zu nehmen. Wenn sie nicht den inneren Drang verspürten, sie ganz abzuthun und sich ganz dem Evangelium zuzuwenden, so sollten sie ihre Gesänge nur ruhig weiter singen. „Beneficium datur propter officium", der Satz sei auch nach canonischem Rechte gültig; sie sollten sich hüten etwas derartiges zu unterlassen, sonst könne der Herzog mit Fug und Recht ihre Güter in Lüneburg mit Beschlag belegen lassen.

Die Canoniker von Bardowik waren, wie es scheint, rechte Typen der faulen, sittenlosen, genusssüchtigen Geistlichen des endenden Mittelalters. Ihre Kirche bauten sie nicht, wohl aber ihre eignen Häuser, und dort lebten sie dann mit unzüchtigen Weibern und verprassten das Gut, das sie für ihr Eigentum hielten. „Hurerei", so schreibt der Prädicant von ihnen, „ist bei diesen Leuten so in Gewohnheit gekommen, dass sie sie für Keuschheit halten".

Sie fühlten keine Neigung, die regelmässigen Tagesgottesdienste zu halten, doch Ginderich bestand darauf, forderte aber, sie sollten nicht mit dem Weihkessel in der Kirche herumlaufen, damit die Leute sie nicht verspotteten, und keine Gesänge singen, „die nach Heiligenverehrung röchen"; dies thaten sie dann erst recht. Prädicant und Kirchendiener erhielten ihren Gehalt nur selten zur rechten Zeit ausgezahlt, ein Befehl des Hauptmanns von Winsen musste stets ihren Ansprüchen den nötigen Nachdruck verleihen; nur der Organist, der es mit den Canonikern hielt und zu heucheln verstand, hatte in dieser Beziehung nicht zu klagen. — In dem Kirchspiel selbst herrschte unter dem Volke eine grosse Unwissenheit. Als der Prädicant dort eingesetzt wurde, waren nicht zehn Leute vorhanden, welche die Gebote, die Artikel und das Vater unser kannten. Die Canoniker suchten das Volk in dieser Unwissenheit zu erhalten; sie hinderten die Bürger von Bardowik und Lüneburg zur Kirche zu gehen. Auf dem Kirchhofe spazierten sie herum und suchten die Kirchgänger von dem Besuche des Gotteshauses zurückzuhalten; in den Wirtshäusern verspotteten sie Gottes Wort. Sie selbst hielten sich natürlich von der Predigt fern; denn sie behaupteten, dass der Prediger gesagt habe, man könne niemanden zum Anhören des göttlichen Wortes zwingen; während dieser nur gesagt haben wollte, man könne niemanden zur Liebe zwingen.

Bei der Verleihung der Beneficien und der Verwendung der Gelder kamen Unregelmässigkeiten vor; man liess die Häuser, in denen der Prädicant und andere Anhänger des Luthertums wohnten, verfallen. Den Schulmeister mit samt seinen Zöglingen hatte man gehen lassen, und hinterher wurde gesagt, man habe keine Macht gehabt, sie zu halten[1]). Die Befehle des Herzogs wurden nicht ausgeführt; „Briefe und Siegel" und die Kleinodien waren, wie wir sahen, schon früher nach Lüneburg vor dem Herzoge in Sicherheit gebracht.

Alle diese Punkte, welche Anlass zur Beschwerde gegeben hatten, sollte das Capitel abstellen, das befahl der Herzog in einem Schreiben, welches wohl aus dem Anfange des Jahres 1531 stammt. „Wer nicht arbeitet, der soll auch nicht essen", mit diesem Satze beginnt dasselbe. Sie sollen daher, weil sie grosse Einnahmen von ihren Lehen haben und nach päpstlicher Lehre leben, nach päpstlichem Rechte aber beneficium datur propter officium, sich auch abmühen und Primen, Ternen, Sixten und Nonen, Collecten und Antiphonen singen. An Stelle der unchristlichen Gesänge (von Heiligen, Salve regina oder O crux alma redemptoribus) sollen sie Kapitel aus den Evangelien und Episteln u. dgl. singen. Bei den Horen sollen alle in Bardowik wohnenden Beneficianten, jung und alt, gegenwärtig sein, sonst wird man sie ihres Beneficiums entsetzen. Am Sonntage und Freitage sollen sie vor 8 Uhr mit ihren Metten fertig sein, um den Prediger nicht zu stören. Die Messe soll abgeschafft sein und bleiben. Kein „Excommunicatus sive jure vel ab honore" soll eine Präbende haben; auch sollen die Domherren in Zukunft keine Präbende mehr verleihen, ohne die Genehmigung des Fürsten. Denn wie können sie, die alle ungelehrt sind, ein Urteil haben über Würdigkeit oder Unwürdigkeit eines andern. Dem Prädicanten sollen sie seinen Gehalt richtig auszahlen, sie sollen für einen tüchtigen Schulmeister sorgen und ihm seinen Gehalt, sowie den Schulkindern, wie es Sitte ist, ihre „Portiones" und das Übrige, was zu ihrem Unterhalte bestimmt ist, geben. Die Domkirche

---

1) Nach zwei undatierten Schreiben (H. St. A. Des. 49, Bard. 1), wo sich auch die folgenden Urkunden, wenn es nicht anders angegeben ist, befinden, von denen das erste eine Antwort des Capitels auf 14 Fragen des Herzogs enthält; das letzte ist eine „Widerlegung der Antwort des Decani und der Domherren zu Bardowik", sie ist wahrscheinlich von dem Prädicanten verfasst. Sie fällt in die Zeit von Michaelis bis Weihnachten 1530.

und das Haus des Pfarrers sollen in ordentlichem baulichen Stande erhalten werden[1]).

Der Herzog ging aber bald noch weiter. Ende Juni des Jahres 1531 liess er dem Capitel folgende Forderungen stellen: Der Herzog will alle Beneficien verleihen; ein Register über die Einnahmen der letzten vier Jahre soll binnen 8 Tagen dem Amtmann zu Winsen übersandt werden, in derselben Zeit sollen alle Kleinodien aus allen Kirchen von Bardowik (mit Ausnahme von vier Kelchen) nach Celle gesandt werden. Briefe und Siegel sollen dem Rate von Uelzen zur Verwahrung übergeben werden, der darüber dem Capitel eine Verschreibung ausstellen soll[2]).

Ganz ähnliche Forderungen scheinen auch dem Capitel zu Ramelsloh gegenüber erhoben zu sein. Das Stift Ramelsloh hat wenig selbständige Bedeutung, es findet sich in dem ganzen Streite meist nur als ein unbedeutender Anhang zu Bardowik erwähnt.

Das Capitel von Bardowik bat um Bedenkzeit, und inzwischen versuchte der Decan noch einmal in persönlicher Audienz den Herzog umzustimmen, allein er musste mit einem ungnädigen Bescheid abziehen. — Als man sich dann weigerte, dem Befehle des Fürsten zu gehorchen, da liess der Herzog am 22. Juli „den Personen binnen Bardowik alle Güter auf den Bäumen, Heide und Weide verbieten und alle ihre Güter daselbst arretieren". Da zogen es die meisten Domherren vor, sich unter Mitnahme ihrer Briefe und Siegel in ihr Haus nach Lüneburg zu begeben; nur einer wird uns genannt, der zurückblieb, zum Luthertume übertrat und sich verheirathete[3]).

Wohl schon von Lüneburg aus (der Ort ist nicht angegeben) schrieb Decan, Senior und Capitel an den Herzog, dass sie ohne Verletzung ihrer Eide und Pflichten seinen Befehlen nicht nachkommen könnten; sie bieten dem Herzoge eine Summe Geldes an, wenn er sie bei ihren Privilegien lassen wolle, und versprechen zugleich, dass sie eine „versiegelte Verschreibung" darüber geben woll-

---

1) Undatiertes Schreiben (jedenfalls vom 1531. Auf der Rückseite: Bardowik und Ra-Jahre 1531 oder Ende 1530) des Herzogs an melsloh.
das Domcapitel von Bardowik.   3) Diese Nachrichten, auch das Datum (am
2) Concept in der Handschrift Försters, Tage Magdalenae), stammen aus dem früher er-
Zell, Donnerstag nach Joh. Baptistae (29. Juni), wähnten alten Capitelbuche.

ten, dass „Briefe und Siegel und die schon hoch verpfändeten Kleinodien unverrückt in Lüneburg bleiben sollten"¹).

Nochmals liess der Herzog in einer Verhandlung mit den Canonikern durch seine Räte seine Befehle wiederholen, binnen 14 Tagen sollten sie zu Ebstorf zur Verantwortung vor dem Herzoge erscheinen. Statt dessen beharrte man in einem Schreiben vom 8. November 1531 auf der bisherigen Weigerung und zog jetzt auch schon den Rat von Lüneburg mit in den Streit durch die Erklärung, dass auch dieser bei der Verleihung der Beneficien mit beteiligt sei, dass daher das Capitel ohne Einwilligung des Rates dem Herzoge diese Forderung überhaupt nicht gewähren könne²).

Eine längere Zeit liess der Herzog verstreichen, ehe er weitere Schritte that. In der Mitte des folgenden Jahres richtete er dann an den Rat der Stadt Lüneburg ein Schreiben und forderte denselben auf, das Capitel zu veranlassen, ihm, dem Herzoge, den schuldigen Gehorsam zu leisten. Die Canoniker sollen nach Bardowik zurückkehren, die papistischen Misbräuche abstellen und überhaupt den früher an sie ergangenen Befehlen des Fürsten folge leisten. Weigert das Capitel sich, diese Forderungen zu erfüllen, so soll der Rat ihr jährliches Einkommen, das sie in der Stadt hätten, mit Beschlag belegen und ihre Briefe, Siegel und Kleinode in sichere Verwahrung nehmen³).

Der Rat teilte dies Schreiben den Domherren mit, und diese verantworteten sich dann, so gut es gehen wollte: Niemandem zum Trotz hätten sie sich nach Lüneburg begeben, sondern nur weil „etliche dinge gegen die Capitelspersonen mit aller swarheit vorgenommen" worden seien. Niemandem hätten sie durch ihren Lebenswandel Ärgernis gegeben. In betreff der Verwahrung ihrer Briefe und Siegel seien sie dem Herzoge so weit als möglich entgegen gekommen. Mehr könnten sie nicht thun, sonst würden sie ihre Eide und Pflichten verletzen⁴).

Wie zu erwarten war, stellte sich der Rat auf die Seite des Capitels: die Herren unterständen ihrer Jurisdiction nicht, darum könnten sie auch gegen dieselben nichts Thätliches vornehmen oder sie an irgend einen andern Ort drän-

---

1) Decan, Senior und Capitel an Herzog Ernst, Freitag nach Vincula Petri (4. August) 1531.
2) Das Capitel an den Herzog, am 8. Tage Omnium Sanctorum 1531.
3) Der Herzog an den Rat, Celle, Dienstag nach Johannis Baptistae (25. Juni) 1532.
4) Decan, Senior und Capitel an den Rat, am Abend Magdalenae (21. Juli) 1532.

gen¹). – Er habe wenigstens erwarten können, so schrieb Ernst in seiner Antwort, dass man seinem Berichte ebenso viel Glauben schenke, als dem der Domherren; leicht könne er seine Angaben noch erweitern und ergänzen, aber es zieme ihm nicht, sich mit seinen Unterthanen in eine Disputation darüber einzulassen. Bei der ganzen Frage handle es sich gar nicht um die Jurisdiction des Rates, sondern um die des Herzogs. Das Capitel hätte gegen Gott gestrebt und sei dem Herzoge ungehorsam gewesen; darum habe der Rat nur die Befehle des Fürsten zu vollstrecken und habe ohne jede Widerrede gegen die Domherren vorzugehen²).

Aber der Rat blieb bei seiner Weigerung, und auch der Versuch, den der Herzog machte, um das Capitel zur Nachgiebigkeit zu bewegen, mislang. Er hatte ihnen geschrieben, dass er durchaus nicht beabsichtigt habe, sie für alle Zeiten von ihren Renten zu entsetzen, sobald sie sich fügten, solle ihnen alles zurückgegeben werden; darauf antworteten ihm die Domherren: Sie ständen in betreff der eingezogenen Güter auf dem Boden des Rechts, und der Herzog habe dieselben widerrechtlich an sich gerissen³).

Der Widerstand des Domcapitels wurde verstärkt und unterstützt durch den Bischof Christoph von Verden. Schon vor langer Zeit hatte derselbe den Rat zum Schutze des Domcapitels aufgefordert; an ihn hatten sich dann auch die Domherren in ihrer Not gewandt, und er nahm sich ihrer bereitwillig an. Im Juli 1532 erhob er bei dem Kammergerichte die Klage gegen den Herzog und erlangte am 4. October ein „Mandatum manutenentiae"⁴). Das half jedoch wenig, es erhöhte nur den Mut der Canoniker, deren letzter Brief an den Herzog (vom November 1532) weit weniger devot gehalten war als die früheren.

Der Herzog verfügte vollkommen frei über alle Güter des Stiftes, soweit er deren habhaft werden konnte; aber er verwandte die Einkünfte aus denselben nicht etwa zur Bezahlung der Schulden des Fürstentums, sondern in rein kirch-

---

1) Der Rat an den Herzog, Dienstag nach Magdalenae (23. Juli) 1532.

2) Der Herzog an den Rat, Celle, Freitag nach Jacobi (26. Juli) 1532.

3) Vgl. folgende Akten: Senior und Capitel an den Rat, Vincula Petri 1532, dies Schreiben sendet der Rat dem Herzoge am Mittwoch nach Vincula Petri 1532. — Der Herzog an den Rat, Dienstag nach Matthias 1532. — Das Capitel an den Rat, Dienstag nach Martini 1532, welches Schreiben der Rat noch an demselben Tage mit einem Begleitschreiben dem Herzoge übersendet. (Diese beiden Schreiben H. St. A. Des 55, 14.)

4) Schlöpke a. a. O. p. 365 ff. Die Urkunde des Erzbischofs vom Freitag nach Viti (Schlöpke p. 365) stammt wohl schon aus dem Jahre 1532.

lichem Interesse, besonders zur Besoldung von Geistlichen. Verdiente Beamte liess er in die erledigten Präbenden einrücken.

Freilich konnte man auch Stimmen hören, die dem Herzoge zur Nachgiebigkeit rieten. Bei den Akten befindet sich eine Denkschrift von einem unbekannten Verfasser, einem Lüneburger oder einem Freunde der Stadt, in welcher besonders die Forderung des Herzogs, dass Briefe und Siegel bei dem Rate zu Uelzen hinterlegt werden sollten, einer scharfen Kritik unterzogen wird. Es sei das eine Beleidigung für den Rat von Lüneburg, wenn der Herzog sich nicht damit zufrieden geben wolle, dass sie in Lüneburg verwahrt würden. Denn der Rat werde dann eine Versicherung und Bürgschaft geben, dass dieselben nicht von Lüneburg verschleppt und nach dem etwaigen Aussterben des Capitels dem Fürstentum verbleiben sollten[1].

Doch ging der Herzog nicht darauf ein. Bei den langwierigen und ziemlich erfolglosen Streitigkeiten mit der Stadt Lüneburg ist es stets eine Hauptforderung des Fürsten, dass die Güter von Bardowik und Ramelsloh von dem Rate herausgegeben und in der Stadt Uelzen verwahrt werden sollen. Dessen weigerte sich aber der Rat stets mit gleicher Festigkeit. Man möge mit dem Capitel selbst verhandeln und sich mit ihm vertragen, er habe keine Macht gegen die Domherren vorzugehen. — Es war das Interesse, nicht die Überzeugung, welches den Rat bei dieser Weigerung beharren liess. Viele Lüneburger waren mit Bardowiker Präbenden belehnt, und man durfte vielleicht hoffen, bei dem allmählichen Aussterben des Capitels die in Lüneburg belegenen Güter des Stiftes für immer an sich zu bringen.

Aber noch ein anderer streckte die Hände nach dem Stiftsgute aus. Den Bischof von Verden liess die Sorge um seine zerstreute Herde nicht schlafen. Er hatte ein warmes Herz für die, welche seiner bischöflichen Aufsicht befohlen waren, besonders wenn ein gutes Geschäft in Aussicht stand. Er erstrebte und wünschte nicht weniger als eine völlige Vereinigung des Domstiftes von Bardowik mit dem von Verden. Es gelang ihm im Anfang des Jahres 1534 die Genehmigung des Papstes hierzu zu erhalten. Am 17. März 1534 wurde ein Vertrag aufgestellt, durch welchen die ganze Sache geregelt werden sollte: Von

---

[1] „Bedenken oft myn g. h. to vorharren sy de sigell und brefe tho Ulzen tho fordernde" (undatiert).

den 12 Bardowiker Präbenden sollen 9 zu den 15 Verdener gelegt werden, davon sollen 8 Priester, 8 Diaconi und 8 Subdiaconi erhalten werden. Zu dem Unterhalt derselben werden bestimmte Sülzgüter angewiesen; von den übrigen Bardowiker Einkünften sollen die Schulden des Stiftes bezahlt werden. Die Rangordnung wurde so festgesetzt, dass auf den Propst von Verden der von Bardowik folgen solle und dann immer abwechselnd ein Canoniker von Bardowik auf einen Verdener[1]. Den Bardowikern wird gestattet, sich ihren Wohnort zu wählen, in Bardowik, Verden oder Lüneburg dürfen sie wohnen. Briefe und Siegel sollen getrennt bewahrt werden, und die Erhaltung der Kirchen soll jedes Stift aus eignen Mitteln bestreiten. Die Verleihung der Präbenden soll abwechselnd erfolgen[2].

Ein Teil der Canoniker von Bardowik war gewonnen, besonders auch der Decan Thuritz und unter andern Ratger Holsten, der Decan von St. Andreas in Verden und zugleich Canoniker von Bardowik, ein wüster Geselle, der erst vor kurzem einen Bürger von Bremen erstochen hatte. Er scheint ganz besonders eifrig dafür gewirkt zu haben, auch ist er später bei Herzog Ernst in ganz besonderer Ungnade gewesen.

Aber weder der Herzog noch der Rat von Lüneburg waren mit dieser Vereinigung der beiden Stifter einverstanden. Die Drohungen Ernsts, sowie die Bemühungen des Bürgermeisters von Dassel[3] bewirkten, dass mehrere (Spangenberg nennt drei)[4] Canoniker, die früher ihre Zustimmung gegeben hatten, jetzt zurücktraten, und zu ihnen gesellten sich bald noch andere. Am 13. Mai 1535 protestierten sie vor Notar und Zeugen feierlich gegen die geplante Vereinigung, weil dieselbe die völlige Zerstörung der Kirche von Bardowik zur Folge haben würde[5]. Auch traten mehrere der Canoniker, wenn wir der Nachricht glauben dürfen, jetzt zum Luthertume über, kehrten nach Bardowik zurück und richteten sich in den „Gütern und Curien" des Stiftes ein, so gut sie konnten[6].

Jedenfalls näherte man sich jetzt dem Herzoge wieder, und der allmähliche

---

1) Schlöpke a. a. O. p. 366 giebt die Namen.
2) Die Urkunde im Auszuge bei Spangenberg, Verdener Chronik, p. 172 ff.
3) Aus dem erwähnten gleichzeitigen Copialbuche.
4) Spangenberg a. a. O. p. 173.
5) Die Protestationsurkunde findet sich bei Schlöpke p. 367 f., darin sind genannt ausser dem Senior, 8 Inhaber von grossen und mittleren Präbenden, 3 von kleinen Präbenden und 3 Vicare.

Ausgleich, der jetzt herbeigeführt wurde, ist besonders einem Manne zu verdanken, der jetzt neben Förster am herzoglichen Hofe thätig war.

Balthasar Klammer war am Ende des 15. Jahrhunderts zu Kaufbeuren geboren, in Ingolstadt und Leipzig hatte er studiert, 1532 wurde er zu Marburg Licentiat der Rechte, schon seit längerer Zeit war er ein Anhänger Luthers. Er wurde (1532) von Herzog Ernst nach Celle berufen und ist bis an sein Lebensende (er starb im Jahre 1578) im Dienste der Herzöge von Braunschweig-Lüneburg geblieben. Er war ein sehr gewandter, kluger und tüchtiger Mann, und seinem Einflusse ist hauptsächlich der allmähliche Ausgleich zu danken, der nach dem Tode Herzog Ernsts in allen streitigen Fragen herbeigeführt wurde. Schon 1535 war er neben Förster, dessen Schwiegersohn er auch geworden war, Kanzler des Fürstentums, später hat er ihn ganz ersetzt[1]).

Auch der Herzog neigte Bardowik und Ramelsloh gegenüber zum Frieden; an eine völlige Aufhebung der Stifter hat er wohl nie gedacht, nur das wollte er erreichen: Annahme des Luthertums durch die Canoniker und Beaufsichtigung der Verwaltung durch fürstliche Beamte.

Das Capitel begann die Verhandlungen wieder, die seit mehreren Jahren geruht hatten. Es wandte sich in der Mitte des Jahres 1535 an Förster und Klammer und gab seinem Wunsche nach Frieden Ausdruck. Sie bitten, sich bei dem Herzoge für die Restitution der Güter zu verwenden. Die Forderungen des Fürsten möge man ihnen übersenden und herzogliche Räte zur Verhandlung und Besprechung abordnen. An ihnen soll, so weit sie es vor ihrem Gewissen verantworten können, kein Mangel der Billigkeit erfunden werden[2]). Die Stadt wagen sie freilich aus Furcht vor dem Herzoge noch nicht zu verlassen.

Der Fürst habe, so antwortet Förster, stets gewünscht, dass sie ihm den gebührenden Gehorsam erwiesen und nie etwas Unbilliges von ihnen verlangt. Die einzelnen Forderungen des Herzogs werden dann noch einmal genau präcisiert: Die Domherren sollen sich der ungöttlichen Ceremonien und der Concubinen enthalten. Sie sollen Rechenschaft geben von den Einkünften der „Fabrica", Briefe und Siegel sollen hinterlegt und eine Verschreibung darüber aus-

---

1) Vgl. Manecke, Biographische Skizzen von den Kanzlern der Herzöge von Braunschweig-Lüneburg (insbesondere die Biographie des Kanzlers Klammer) p. 144 ff.

2) Das Capitel von Bardowik an Förster und Klammer, Sonnabend nach Margaretha (19. Juli) 1533.

gestellt werden, dass sie ohne Bewilligung der Landschaft oder des Stiftes nicht veräussert oder weggebracht werden. Die von dem Fürsten mit Präbenden Belehnten soll man in dem Besitze derselben lassen. Der Fürst tritt in Beziehung auf das „jus patronatus" bei der Verleihung der Präbenden in die Rechte des Bischofs und des Papstes, diesen dürfen die Canoniker sich nicht mehr durch Eidesleistung verpflichten; falls ihnen daraus Schaden erwächst, wird der Herzog ihnen denselben ersetzen. Die Canoniker sollen zu den Lasten des Fürstentums beitragen, dafür will sie der Herzog in ihren Gütern, Renten und Einkommen lassen und schützen; auch will er, wenn sie ein christliches Leben führen, etliche Präbenden noch unter sie teilen, damit sie um so besser auskommen können[1]).

Allein es kam noch nicht zur Vollziehung eines Vertrages. Ob die Domherren auf Grund dieser Bedingungen überhaupt nicht verhandeln wollten, oder ob der Ausgleich durch äussere Einflüsse gehindert wurde, ist wohl nicht zu entscheiden.

Der Bischof von Verden, schwer beleidigt durch die Protestation, forderte jetzt bei Strafe des Bannes, dass die Canoniker den beiden Hauptanhängern der Unionspartei, dem Decan Thuritz und Ratger Holsten, welche ihren Wohnsitz in Verden nehmen wollten, auch ihre Einkünfte dorthin ausfolgen liessen, was man verweigert hatte und auch jetzt wohl nicht gethan haben wird[2]). Der Decan vertrug sich wieder mit seinem Capitel, und der Herzog trat jetzt dem Bischofe von Verden gegenüber auf die Seite der Domherren. Er zog sämtliche im Lüneburgischen gelegenen Güter des Stiftes Verden ein; wer etwas davon zurückhaben wollte, musste sich persönlich an den Herzog wenden[3]). Der Erzbischof suchte natürlich, so viel er konnte, Gleiches mit Gleichem zu vergelten.

Als im Januar 1538 mit der Stadt Lüneburg der alten Streitigkeiten wegen neue Verhandlungen stattfanden, da wies der Rat jedes Eingreifen in die Verhältnisse des Stiftes abermals zurück, versprach jedoch zu einem gütlichen Aus-

---

1) Förster an das Capitel, Celle, Sonnabend nach Jacobi apost. (31. Juli) 1535.
2) Urkunde Christophs, d. d. Verden am 13. October 1535, bei Schlöpke p. 369 f.
3) So giebt der Herzog 1539 am Tage Visitat. Mariae einem gewissen Heinrich von Hoff, der eine Vicarie zu St. Jacobi in Verden hat, etliche im Fürstentume gelegene Güter zurück, die etliche wenig Jahre durch unsere Amten aus beweglichen Ursachen aufgehalten worden (H. St. A. Des. 48, Klostersachen 10). Vgl. Spangenberg a. a. O. p. 173 f.: Etliche lösten die eingezogenen Güter durch Anlehen, die sie dem Herzoge gaben, wieder ein.

gleich wirken zu wollen. Es fand denn auch eine Besprechung statt[1]), und kam es auch zu keiner völligen Versöhnung, so einigte man sich doch dahin, die Sache vor die evangelischen Stände zu bringen und sie von diesen entscheiden zu lassen. Das zeigt, wie sehr sich das Domcapitel bereits dem Luthertume genähert hatte.

Am Dienstag nach Palmarum 1538 entwarfen die in Braunschweig versammelten „Kurfürsten, Fürsten und anderen Stände" einen Vergleich, der im wesentlichen dem Herzoge günstig war. Freilich willigte dieser ein, die Kleinode Briefe und Siegel in Lüneburg gegen eine Verschreibung des Rates zu lassen, und nur wenn dieser dieselbe verweigerte, sollten sie bei dem Rate zu Uelzen deponiert werden; auch will der Herzog „den evangelischen Ständen zu Gefallen" auf die Verleihung der „in ordinario mense" erledigten Präbenden verzichten und nur über die im Papstmonat freiwerdenden verfügen. Das Capitel soll dieselben aber zu Stipendien für das Studium von Geistlichen verwenden. Nach alter Weise soll das Aufrücken der Canoniker von Präbende zu Präbende erfolgen, mit dem Tode aller jetzt lebenden Domherren soll dies aufhören. Natürlich ist es eine Voraussetzung des ganzen Vertrages, dass die Stiftspersonen kein ärgerliches, unchristliches Leben führen, die ungöttlichen Ceremonien aufgeben und sich der Kirchenordnung des Fürstentums fügen. Sie sollen Pfarrer, Schulmeister und Kirchendiener unterhalten; die Belehnten sollen sich dem **Fürsten** eidlich verpflichten. Nehmen sie diesen Vertrag an, so will der Herzog die eingezogenen Landgüter zurückgeben, ohne jedoch die Einkünfte, die er aus denselben in den verflossenen Jahren genossen hat, zu ersetzen. Fügen sich dagegen die Canoniker dem Vertrage nicht, so fordern die evangelischen Stände von dem Rate von Lüneburg, dass er für die von dem Herzoge Belehnten die auf der Sülze belegenen Güter des Stiftes einziehe[2]).

Allein auch jetzt kam es noch nicht zur Vollziehung des Vertrages; früher dagegen kam man mit Ramelsloh zu dem gewünschten Ziele.

Das Capitel von Ramelsloh hatte sich, wie wir erwähnten, in seinen Handlungen im ganzen Bardowik zum Vorbilde genommen; Briefe und Siegel waren

---

1) Vgl. Havemann p. 126. Die dort erwähnten Forderungen habe ich nicht auffinden können. Die genauere Zeit ergiebt sich aus mehreren später anzuführenden Aktenstücken.

2) Der evangelischen Stände Erkenntnis in Irrungen zwischen Herzog Ernst und dem Capitel von Bardowik, Braunschweig, Dienstag nach Palmarum (16. April) 1538.

nach Lüneburg in Sicherheit gebracht; und die Domherren selbst hatten ihre Wohnung in der Stadt genommen. Der Herzog hatte dieselben Massregeln gegen sie ergriffen wie gegen Bardowik, hatte die Güter des Stiftes mit Beschlag belegt und den Canonikern nicht gestattet, sich ungehindert im Fürstentume aufzuhalten.

Jetzt war das Capitel völlig zum Frieden geneigt, daher erlaubte der Herzog ihnen auch wieder, sich frei im Lande zu bewegen und sich mit andern zu beraten. — In einem Schreiben an den Herzog gaben die Canoniker ihre Friedensliebe offen kund[1]): Sie willigten in eine völlige Reformation des Stiftes und baten nur um die Bestätigung der Privilegien, welche dem göttlichen Worte nicht unangemessen seien. Sie ersuchen den Herzog ferner, ihnen die Freiheit des „jus patronatus" zu lassen, aber sie wollten die erledigten Präbenden nur „personis abilibus", d. h. solchen, „die wahrhaftiglich in studiis universalibus gute Künste gelernt haben", verleihen. Dieselben sollen verpflichtet sein, bei der Kirche zu residieren und ihr zu dienen[2]).

Auch wollen die Stiftsleute, die ja nicht die Geschicklichkeit besitzen, wie sie von „personis ecclesiasticis" billig gefordert werden muss, sich nach Kräften bestreben, Besserung zu schaffen und Gottes Ehre und des Fürstentums Wohlfahrt zu befördern. — Auch mit der Verleihung der im Papstmonat erledigten Beneficien durch den Fürsten erklären sie sich einverstanden. Dagegen bitten sie Briefe und Siegel beim Stifte zu lassen, sie wollen für dieselben Caution stellen und ein Verzeichnis ihrer Einkünfte und Güter einliefern. Die Abgabe, welche jeder Neubelehnte zahlen müsse, möge der Fürst bestehen lassen, dieselben würden zur Erhaltung der Kirche verwandt, und die Einkünfte „pro fabrica" seien nur gering. Endlich fordern sie noch, dass der Herzog ihnen die Freiheit der geistlichen Personen lassen und nicht zugeben möge, dass sie vor das „buernrechte" citiert oder von den Vögten gequält würden. Fiele etwas vor, so möge der Fürst mit den Superintendenten einschreiten.

Das ist in kurzen Worten der Inhalt des Schreibens, das, wie man sieht,

---

1) Dasselbe ist undatiert, aber im Original vorhanden mit den Siegeln des Decans und des Seniors (Des. 49. Ramelsloh 4).

2) Es gab (Propst und Decan mitgerechnet) 5 Praebendae majores und 3 Kindspräbenden, ausserdem 4 Vicarien. Auch hier rückten die Canoniker allmählich bis zum Seniorat auf, Propst und Decan wurden gewählt.

in allen wesentlichen Punkten dem Herzoge entgegen kommt. Das Capitel konnte den Streit nicht mehr weiter führen, es sah ein, dass es auch materiell das beste sei, nachzugeben, und die Zeit mochte die Mehrzahl der fünf übrig gebliebenen Mitglieder des Domcapitels[1]) der Reformation zugeführt haben.

Auf Grund dieser Anerbietungen kam es dann am Montage nach Exaudi (10. Mai) 1540 in Medingen zu einem völligen Ausgleich. Es kam ein Vertrag zustande, in welchem die Vorschläge des Capitels im wesentlichen angenommen wurden[2]). — Die Domherren sollen ihre Renten auch dann weiter beziehen, wenn sie sich verheiraten. Die nächste erledigte Präbende soll zur Besoldung des Predigers verwandt werden[3]); um die Studierenden besser unterstützen zu können, wird das Beneficium für die Abwesenden erhöht[4]). Die Ernennung des Propstes behält der Fürst sich vor[5]), dagegen gestattet er freie Wahl des Decans[6]). Etliche von dem Herzoge früher Belehnte werden von den Abgaben „pro fabrica und pro structura" befreit, sonst sollen dieselben jedoch auch ferner gezahlt werden. — Auch in betreff der Briefe und Siegel, sowie darin, dass die Domherren nur vor dem Fürsten oder dem Hofgerichte zu Recht stehen sollen, gewährt der Herzog die Bitte des Capitels. Die Verleihung der Präbenden „in ordinario mense" sollen die jetzt lebenden Domherren behalten, nach ihrem Tode soll darüber eine neue Vereinbarung erfolgen. Die eingezogenen Güter werden zurückgegeben[7]).

Auch mit Bardowik stand ein Ausgleich nahe bevor. Freilich hatte der

---

1) Ihre Namen finden sich in der folgenden Urkunde, Burchard Kock, Decan, Albert Vahrenholz, Senior, Conrad Schevenhagen, Werner Michaelis, Heinrich Söcht.

2) Der Vertrag, d. d. Medingen, Montag nach Exaudi 1540 (10. Mai) ist gedruckt bei Heimbürger, Ernst der Bekenner p. 174 ff.

3) Dies geschah nach dem Tode des Decans Burchard Kock. Vgl. die Urkunde des Herzogs: 1541 Donnerstag nach Mariae Opferung (Heimbürger a. a. O. p. 180 f.).

4) Es betrug dasselbe früher nur ein „Plaustrum salis", jetzt wird noch Roggenzins hinzugefügt.

5) Von den Pröpsten ist in dem ganzen Streite mit Bardowik und Ramelsloh gar nicht die Rede, sie scheinen nur wenig Bedeutung gehabt zu haben. Jetzt nachdem der Herzog sie ernannte, nehmen sie wohl eine ähnliche Stellung ein, wie die Verwalter in den Frauenklöstern.

6) Der Herzog hatte jedoch die Bestätigung desselben. Vgl. die Urkunde von 1541, Donnerstag nach Praesent. Mariae (Heimbürger a. a. O. p. 181 ff.).

7) Als im Jahre 1629 Herzog Christian wegen des Restitutionsedictes die Berichte von den Klöstern und Stiftern einforderte, wann in denselben die Reformation durchgeführt worden sei, gab auch der Senior Joh. Davörde denselben: Memorial wegen des uralten mutilierten, nunmehr aber fast unter die Füsse getretenen Stiftes Ramelsloh (Des. 49, Reform. der Stifte und Klöster 4). Er sagt darin, der Herzog habe diesen Vertrag vom Montag nach Exaudi 1540 nicht gehalten, zählt ungeheure

Erzbischof Christoph den Prozess beim Reichskammergerichte wieder aufgenommen, besonders darüber erzürnt, dass Herzog Ernst die Mariencapelle in Bardowik, wo noch viel Reliquiendienst getrieben wurde, hatte abbrechen lassen. Infolge dessen waren am 16. April und 24. October 1540 Pönalmandate gegen Herzog Ernst ergangen, die aber gar keinen Erfolg hatten[1]). — Auch die eifrigsten Anhänger des Erzbischofs wandten sich von diesem ab und hielten es für gerateuer, sich mit dem Herzoge zu versöhnen. Das gewaltsame Vorgehen Christophs gegen das Verdener Domcapitel hatte ihn verhasst gemacht, und eine Vermittlung seines Bruders Heinrich von Wolfenbüttel nützte nichts[2]). — Auch jener Ratger Holsten, den wir als Hauptbeförderer der geplanten Vereinigung der beiden Stifter kennen gelernt haben, erlangte die Gunst des Herzogs und damit auch seine Einkünfte im Fürstentume wieder[3]).

So wurde es dem gewandten Balthasar Klammer nicht allzu schwer, nach einiger Zeit eine völlige Versöhnung herbeizuführen, obwohl noch immer unter den Stiftspersonen eine katholische Partei vorhanden gewesen zu sein scheint[4]).

Eine zu Winsen verabredete Besprechung kam nicht zustande[5]), auch ein Tag, welchen Klammer auf den 18. October 1543 festgesetzt hatte und der zu Uelzen stattfinden sollte, wurde noch in der letzten Stunde nach Medingen verlegt[6]). Die Zusammenkunft fand hier statt, und man einigte sich in ähnlicher

---

Besitzungen auf, die das Stift gehabt habe, und fordert, dass dasselbe jetzt wieder mit Bremen vereinigt werde.

Auch andere Güter der Verdener und Bremer Diöcese wurden jetzt allmählich wieder restituiert, weil sich die Besitzer derselben mit dem Herzoge aussöhnten. So wurden 1541 dem Oldenkloster bei Buxtehude seine Güter zurückgegeben, als der Propst des Oldenklosters Decan zu Ramelsloh wurde. Urk. vom Sonnabend nach dem heil. Christtag 1542 (1541). (H. St. A. Des. 55, Ramelsloh 9).

1) Schlöpke a. a. O. p. 372.
2) Spangenberg a. a. O. p. 180 f.
3) Am Donnerstag nach Nativ. Christi 1542 (29. Decbr. 1541) nimmt Herzog Ernst Ratger Holsten wieder in seine Gunst auf und giebt allen seinen Hauptleuten Befehl, ihn frei passieren zu lassen (Des. 55, Ramelsloh 9). Am Mittwoch nach Matthaei (28. Sept.) 1541 waren ihm als Entschädigung für die Einkünfte aus seiner Propstei (er war inzwischen Propst zu St. Andreas in Verden geworden) vom Herzoge 40 Mark versprochen.

4) Schlöpke a. a. O. p. 374.
5) Balth. Klammer an das Capitel von Bardowik, Celle, am Freitag nach Francisci (5. October) 1543 (Concept). In dieser Urkunde wird der Tag auf den 18. October 1543 nach Uelzen angesetzt, so dass damit die Ansicht beseitigt wird, als ob schon etwa am 9. October zu Uelzen ein Tag stattgefunden habe, wie dies Schlöpke (p. 373) nach dem Capitelbuche (circa Dionysii) angiebt.

6) Klammer an das Capitel, Oldenstadt, Dienstag nach Burchhardi (16. October) 1543. b. Schlöpke, p. 373 f.

Weise, wie dies früher mit Ramelsloh geschehen war, nur sind die Bestimmungen detaillierter und für das Stift Bardowik günstiger als für Ramelsloh.

Natürlich erlischt mit dem Vertrage der vor dem Kammergericht noch immer durch den Erzbischof für das Capitel geführte Prozess gegen den Herzog, und ebenso ist es eine Grundbedingung des Vertrages, dass die Canoniker durch ihren Lebenswandel keinen Anstoss geben und sich nach der Kirchenordnung des Fürstentums halten sollen. Fühlt eine der Stiftspersonen jedoch keine Neigung, die Ceremonien nach lutherischer Weise zu halten, so soll sie dazu nicht gezwungen werden. Es dringt hier also noch einmal jene Bestimmung des Landtages vom August 1527 durch, nach welcher man es den Stiftern Bardowik und Ramelsloh in ihr Gewissen heimstellte, wie sie es mit den Ceremonien halten wollten. Praktische Bedeutung hatte dies jetzt wohl kaum noch, der grösste Teil der Canoniker war, wie wir annehmen müssen, zum Luthertume übergetreten; auch wurde ja eine Wiedereinführung katholischer Ceremonien durch die Bestimmung unmöglich gemacht, dass die Canoniker sich nach der Kirchenordnung des Fürstentums halten sollten.

In betreff der Verwahrung der Briefe und Siegel, der Lieferung eines Inventars[1]) und der Erhaltung der Kirchendiener und des Prädicanten werden dem Capitel von Bardowik dieselben Pflichten auferlegt wie dem von Ramelsloh, und der Herzog erhält dieselben Rechte in betreff der Ernennung des Propstes[2]) und der Verleihung der Präbenden und Vicarien im Papstmonate. Die Formel für den Eid, welchen die Canoniker dem Herzoge zu leisten haben, wird festgesetzt[3]). Einigen Domherren wird es erlaubt, in der Stadt Lüneburg zu wohnen. — Der Prädicant (der auch zugleich Superintendent ist) und der Schulmeister werden dem Herzoge präsentiert und vom Landessuperintendenten geprüft.

Mehrfache Doppelbelehnungen waren vorgekommen, der Herzog hatte mehreren seiner Beamten erledigte Präbenden übertragen, das Capitel aber hatte

---

1) Das Inventar ist binnen zwei Monaten zu liefern.

2) Mit der Präpositur soll die 12. und letzte der Präbenden verbunden werden. Die Wahl des Decans ist auch hier frei.

3) „Ich N. N. gelobe und schwöre, ich wolle dem durchlauchtigen hochgeborenen Fürsten und Herren Ernst, Herzog zu Br. u. L. und s. f. G. Erben treue und hold sein und s. f. G. und der Kirche und Stifts zu Bardowik Ehre und Nutz fördern; so wahr helfe mir Gott und sein heiliges Wort."

diese Belehnungen nicht anerkannt, sondern andere für die Präbenden ernannt. Manchen von denen, welche der Herzog belehnt hatte, kaufte man ihr Recht ab, andere liess man in dem Besitze der Beneficien; auch der Herzog gab in einigen Punkten nach. — Werden die Präbenden zu Studienzwecken verliehen, so sollen sie zurückgegeben werden, wenn der Betreffende das Studium verlässt, oder nicht in den Dienst des Fürsten tritt.

Der „Structuarius" soll jährlich auf Lichtmess im Beisein von Propst und Capitel Rechenschaft von der „fabrica" und „structura" ablegen. Die „Gradus ordinationis" sollen aufhören, jeder soll nach dem Alter in die Präbenden einrücken. Auch der „annus disciplinae" soll abgeschafft werden, anderes dagegen, wie der „annus gratiae" und „ad structuram", sowie die Abgaben der neu eintretenden Mitglieder sollen bestehen bleiben. — Auch in Bardowik sollen die Canoniker nicht unter den Amtsleuten, sondern unter dem Fürsten und dem Hofgerichte stehen.

Alles dies soll vorbehaltlich eines freien Concils oder anderer Beschlüsse des Kaisers, der Fürsten und Stände durchgeführt werden.

Der Herzog wird die Canoniker durch seine Amtsleute in die ihnen zukommenden Wohnungen einweisen lassen, welche sie jedoch selbst erhalten müssen; er wird dem Stifte seine Güter zurückgeben und auch Sorge tragen, dass die von andern entfremdeten restituiert werden[1]).

Am 10. November fand in Celle die feierliche Besiegelung und Vollziehung dieses Vertrages statt[2]). Und am folgenden Sonntage begaben sich im Auftrage des Herzogs der Kanzler Förster, der Hauptmann von Winsen Johann Haselhorst, Balthasar Klammer u. a. nach Bardowik und wiesen in Gegenwart aller Capitelspersonen und der Stiftsmeier die Domherren wieder in den vollen Besitz ihrer Güter ein[3]).

Bardowik trat damit wieder in alle seine früheren Rechte ein, es hatte auch jetzt noch immer Sitz und Stimme in den Landtagen des Fürstentums; doch hatte dies Recht der damit verbundenen Kosten wegen für das Capitel nichts

---

1) Vertrag aufgerichtet zu Medingen am Donnerstage nach Galli (18. October) 1543, (Copie im H. St. A.).

2) Urkunde des Kanzlers Klammer, Freitag nach Galli 1543.

3) Aus dem Capitelbuche. Die „stattliche Rede des Kanzlers" hat Schlöpke hinzugesetzt.

Angenehmes, so dass dasselbe später offen den Wunsch äusserte, dass es von dem Fürsten dieser Last überhoben werden möchte¹).

Zweiter Aufenthalt des Urbanus Rhegius in Lüneburg.

In Lüneburg war, wie wir sahen, im September 1531 die Kirchenordnung des Urbanus Rhegius durch ein (etwas zweideutiges) Mandat des Rates eingeführt, aber es waren damit noch nicht zugleich feste, geordnete Zustände geschaffen. Zwar waren einige Patricier, unter ihnen besonders die Witzendorfs, der Reformation gewonnen, aber durch den fortdauernden Gegensatz zwischen Patriciern und Bürgern wurde der Rat mit einer gewissen Notwendigkeit auf die Seite der Gegner der Reformation gedrängt, denn die Prädicanten standen auf Seiten der Bürger. Ein Gegensatz in den politischen Ansichten wurde ja in jenen Zeiten allzu oft als religiöser Gegensatz aufgefasst und angesehen. Der Rat hätte der religiösen Bewegung freier gegenüber gestanden und sich derselben vielleicht eher angeschlossen, wenn sich nicht damit der Begriff des Aufruhrs, der Bürgerbewegung, die Furcht vor dem Verlust der Standesprivilegien und materiellen Vorteile verbunden hätte.

Der Superintendent Heinrich Ratbrock war einer so schwierigen Lage nicht gewachsen. Daher wandte sich der Rat abermals an Rhegius — der als Landessuperintendent, wie es scheint, auch inzwischen eine gewisse Oberaufsicht ausgeübt hatte²) — und bat ihn noch einmal nach Lüneburg zu kommen und das Werk, welches er begonnen habe, weiter zu führen und die innere Organisation der Lüneburger Kirche zu vollenden.

Rhegius folgte dem Rufe, und sein Aufenthalt war diesmal auf längere Zeit berechnet, er brachte daher auch seine Familie mit. — Er trat jetzt ganz in den Dienst der Stadt, er wurde Superintendent an Stelle Ratbrocks. Seine Wohnung nahm er jetzt nicht mehr im Fürstenhause, sondern in der Propstei, die Coller inzwischen wohl verlassen hatte. Mit dieser Veränderung seiner Stellung zur Stadt mag es zusammenhängen, dass die Lüneburger Chroniken von Schomaker und Elvers nur diesen Aufenthalt Urbans in Lüneburg erwähnen.

---

1) Vgl. Havemann a. a. O. Bd. III, p. 105 f.
2) Ihm und nicht Ratbrock wurde ein neu angenommener Prädicant zur Prüfung und Ordination überwiesen. Vgl. Uhlhorn p. 188.

Hämmenstädt ist für das Jahr 1532 bereits sehr dürftig, er erwähnt den Rhegius nur sehr selten, seine Bemühungen um die Stadt Lüneburg überhaupt nicht. Das ist uns ein Beweis dafür, dass Rhegius dem Rate im ganzen sympathischer war als den Bürgern, wenigstens im Anfange seines Aufenthaltes.

Nicht lange vor Ostern 1532 kam Rhegius nach Lüneburg, Palmarum wurde er „angenommen"[1]. — Hatte er schon in seiner Schul- und Kirchenordnung und während seines ersten Aufenthaltes in Lüneburg sehr grosses Gewicht auf die Einrichtung guter Schulen gelegt, so fuhr er auch jetzt fort, hierfür durch die Berufung tüchtiger Lehrer zu sorgen. Er befolgte, wie er selbst sagte, den Grundsatz seines Lehrers und Freundes Zasius, welcher meinte, drei Dinge müssten in einer Stadt sein: ein gelehrter Schulmeister, ein frommer, geschickter Prediger und ein weiser Rat[2]. Als erster evangelischer Rector — „Superattendens der scholen" nennt ihn Schomaker — wurde von Wittenberg Mag. Herm. Tulichius berufen. Anfang September 1532 kam er nach Lüneburg, wo er bis zu seinem im Jahre 1540 erfolgten Tode geblieben ist.

Zu Steinheim in Westphalen war Tulichius im Jahre 1485 geboren, er war ein Schüler des berühmten Humanisten Murmellius in Münster. Im Jahre 1514 kam er nach Leipzig und wirkte hier als Corrector an der Lotterschen Druckerei. Als Anhänger Luthers hatte man ihn gefangen gesetzt, er floh aber nach Wittenberg und wurde hier Professor der Poesie, 1525 war er Rektor. Er war ein sehr tüchtiger Schulmann und legte besonderen Wert auf die Grammatik, denn sein Grundsatz war: „Grammatica in scholis facit miracula, catechismus in ecclesia". Mit Luther und Melanchthon war er nahe befreundet. — Neben ihm wirkte an der Schule Lucas Lossius, der sich während des Aufenthaltes des Urbanus Rhegius in Lüneburg enge an diesen anschloss. Er war noch jung, 1508 zu Vach an der Werra geboren; ein Oheim hatte ihn in Lüneburg erziehen lassen. Später war er in Herford, Münster, Wittenberg und kehrte von dort im Sommer 1532 nach Lüneburg zurück. Er ist als Schriftsteller thätig gewesen, besonders seine musikalischen Werke, und unter diesen am meisten die Psalmodia haben ihm einen Namen gemacht. Bis zum Jahre 1582, von 1540 an als Conrector, hat er an der Lüneburger Schule gewirkt[3].

---

1) Schomaker z. Jahre 1532.
2) Ubbelohde a. a. O. p. 9.
3) Vgl. über Tulichius und Lossius: Bacmeister, Oratio de Luca Lossio 1585; und Görges, Lucas Lossius, Progr. d. Johanneums zu Lüneburg 1885.

Unter diesen und andern Männern ist die Schule rasch emporgeblüht, und schöne Früchte sind unter ihren Augen herangereift.

Aber man wollte auch augenblickliche Erfolge sehen. Noch eine Menge Anhänger des Katholicismus waren in der Stadt, von allen Seiten waren aus den inzwischen lutherisch gewordenen Städten katholische Geistliche nach Lüneburg gekommen, die Canoniker von Bardowik und Ramelsloh wohnten in der Stadt, und an Streitigkeiten der lutherischen und katholischen Geistlichen wird es daher wohl nicht gefehlt haben. Häufig hielt Rhegius mit den Prädicanten Disputationen ab, wir finden eine ganze Reihe von Thesen über verschiedene Punkte in seinen Werken abgedruckt.

Mit Genehmigung des Fürsten wandte sich Rhegius, als er nicht schnell genug vorwärts kommen konnte, an den Rat und forderte, dass man die Pfaffen und Mönche auf das Rathaus bescheiden sollte, dazu auch etliche Bürger, damit sie sich über ihre Lehre äusserten. Dies sei geschehen, so berichtet der Anonymus[1]); Rhegius habe die katholischen Geistlichen gefragt: Sie hätten ja nun seine Predigt gehört, ob dieselbe göttlich oder ungöttlich sei: Da habe man nichts zu antworten gewusst, endlich habe ein Canoniker von Bardowik, Mag. Heinrich Lampe im Namen der andern antworten sollen und habe dann begonnen: Liebe Herren, hier steht ein Haufen ungelehrter Pfaffen, die nichts zu antworten wissen". Darüber habe sich ein grosses Gelächter erhoben, und der Rat den Pfaffen geboten, „hinfort das Maul zu halten und keine unziemlichen Judicia und Reden wider die Predigten hören zu lassen".

Aber eine thätige und wirksame Unterstützung fand Rhegius bei dem Rate nicht, und so wurde denn auch er immer mehr auf die Seite der Bürgerpartei hinüber gedrängt.

Die Stimmung der Bürger war gerade damals wieder eine sehr erregte, sie hatten sich das Marienkloster öffnen lassen, hielten dort ihre Versammlungen ab und übten förmlich ein Gegenregiment aus. Sie tyrannisierten den Rat.

Schomaker, für die folgende Zeit unsere Hauptquelle, ist empört über den Pöbel, „Herr Omnes", der es wagt sich in der Weise gegen die Regierung der Stadt aufzulehnen, und auch Urbanus Rhegius kommt nicht gut weg, weil er sich mit den Bürgern eingelassen hatte.

---

1) Vgl. Bertram, Evangelisches Lüneburg p. 73.

— 182 —

Unter evangelischem Scheine, so erzählt er, habe sich Urbanus Rhegius „in dieses Rates Rathaus" begeben und den Bürgern gesagt, es sei gut und christlich, vom Rat zu fordern, dass jedermann das Evangelium hören oder nicht darauf schelten und die Prediger desselben nicht hindern solle. Den Übertreter dieses Gebotes müsse der Rat aus der Stadt weisen. Man beschloss vor den Rat zu gehen und ein solches Mandat zu fordern. Rhegius selbst wollte die Bürger begleiten und das Wort führen. Notgedrungen musste der Rat, obwohl er die Sache hinausschieben wollte, sofort (am Dienstag, den 17. September 1532) die Bürger anhören[1]).

Rhegius begann eine längere Rede. Er setzte auseinander, dass er und die Bürger nur das vom Rate forderten, was christlich und billig sei. Als bestellter Superintendent gehe ihn die Sache an, und darum habe er es übernommen, dieselbe dem Rate vorzutragen. Er habe bei seinem früheren Aufenthalte eine Ordnung verfertigt, aber trotzdem der Rat dieselbe für christlich erkannt habe, habe er sie nicht ausgeführt. Er müsse darum glauben, dass sie irgend einen Mangel habe, und es sei, weil sie nicht gehalten werde, merklicher Unwille zwischen den Bürgern und Einwohnern entstanden. Die Papisten hielten noch immer zur Verkleinerung von Gottes Ehre Winkelmessen, weihten Kräuter, Kerzen und Wasser, und obwohl die Geistlichen die Ordination angenommen hätten, lägen noch etliche in Winkeln, wie der Propst mit den andern, die sprächen, sie hätten den rechten Glauben. Der Rat möge ihm antworten, ob er seine Ordnung für christlich halte oder nicht.

Der Rat ging nach einer Beratung nicht direkt auf die Frage ein: Er habe sich redliche Mühe gegeben, um die Ordnung Urbans, welche man angenommen habe, auszuführen und thäte dies noch. Er wolle sich auch gern mit Rhegius und andern Sachverständigen über weitere Massregeln beraten. Dass aber noch dergleichen abergläubige Ceremonien vorgenommen und Winkelmessen gehalten würden, davon wisse er nichts. — Aber Rhegius verlangte zunächst

---

1) Über die Vorgänge der ganzen folgenden Woche sind wir vortrefflich unterrichtet durch einen Bericht des Stadtschreibers Georg Tilitz (Wolfenbüttl. Bibl.), welchen auch Uhlhorn ziemlich gründlich benutzt hat: Anno 1532. Handlung zwischen einem erb. Rat und gemeine Bürgerschaft belangend die Huldigung und Hülfe unserm gn. Hern. Item. Von der Disputation D. Urbani Rhegii mit den Papisten daselbst gehalten". Vgl. über die Ansicht Bertrams, welcher diese Disputation mit einer jener gewöhnlichen Disputationen des Rhegius verwechselt, worin man ihm bis auf Uhlhorn gefolgt ist: Uhlhorn a. a. O. p. 361, Anm. 16.

kurze klare Antwort auf seine Frage; und als der wortführende Bürgermeister Hartwich Schomaker ihm geantwortet hatte, der Rat halte seine Ordnung für christlich, fuhr er fort, dass dann sich nicht gezieme durch die Duldung von solchen Misbräuchen dem Worte Gottes zu widersprechen. Die Mitglieder der Brüderschaften hätten gesagt, dass sie auch übers Jahr die Brüderschaft feiern wollten; sie zögen sich aus der christlichen Einigkeit heraus, vermeinten Gott einen grossen Dienst damit zu thun und einen näheren Weg zum Himmel zu haben, während doch Christus, nicht die Brüderschaften, Ablass der Sünde verdient habe. Er wolle seine Lehre wohl gegen Coller und Getelen verteidigen, sie sei nicht neu. Der Rat möge den Brüderschaften gebieten, keine neue Mitglieder mehr aufzunehmen, wie das noch dies Jahr geschehen sei, und wodurch die Unruhe nur gemehrt werden würde; denn dann wäre der Bürger gegen den Bauern, und die Bürger selbst wären untereinander uneins.

Er fordert deshalb, dass in der Johanniskirche eine öffentliche deutsche Disputation gehalten würde, in welcher die Prädicanten von ihrer Lehre Rechenschaft ablegen sollten. Eine solche Disputation sei nötig, denn es ginge in der Stadt ein Büchlein von einem zum andern, worin gelehrt würde, dass die Werke zur Seligkeit behülflich wären. Darum möge der Rat durch ein Mandat allen Geistlichen und Weltlichen gebieten am nächsten Montage dabei zu erscheinen. Ein jeder solle freies Geleit haben und berechtigt sein Fragen an die Prädicanten zu stellen.

Diesem Antrage stimmte dann auch nach kurzer Beratung die Bürgerschaft bei, und der Wortführer derselben, Cord Roleff, forderte den Rat auf, sofort die nötigen Schritte dazu zu thun: Man habe bislang nichts in die Armenkiste — sie war durch die Ordnung des Urbanus Rhegius eingerichtet — bekommen können, obwohl der Rat die Macht dazu gehabt habe. Die Brüderschaften seien Gottes Wort entgegen, sie müssten abgeschafft werden. Es erscheine ihnen wunderbar, dass der Rat die Misbräuche leugne, an welchen etliche seiner Mitglieder selbst teil hätten. Bei der Disputation sollten alle Geistlichen „bekappet und unbekappet" erscheinen, das solle der Rat denselben bei Verlust ihrer Einkünfte und ihrer Stadtwohnung gebieten.

Der Rat suchte Zeit zu gewinnen, er gestattete die Disputation und versprach auch ferner für die Durchführung der Kirchenordnung wirken zu wollen; über das Mandat müsse man sich jedoch erst beraten.

Auf diese Antwort erfolgte eine Beratung der Bürger; man fürchtete wohl mit Recht durch diese Versprechungen hingehalten zu werden und liess daher durch Rhegius dem Rate mitteilen, dass man in betreff der Brüderschaften bis nach der Disputation warten wolle, diese selbst aber müsse abgehalten werden, denn es sei „periculum in mora", die Bürger wollten Ruhe haben vor dem Gerumpel, das in den Winkeln gemacht werde. Auch das Mandat sei nötig; der Propst sei nicht so krank, dass er nicht zu der Disputation kommen könne. Wenn es möglich sei, so solle auch Getelen kommen, Gefahr brauche er nicht zu fürchten; freundlich, gütig und sanftmütig solle disputiert werden.

Der Rat sagte die Disputation auf den Dienstag zu und versprach auch das Mandat anschlagen zu lassen; dies teilte Rhegius den Bürgern mit und begab sich dann nach Hause, da er nicht länger ohne Nahrung bleiben konnte. Sein Gehen war für die Bürger eine Befreiung von einem lästigen Zwange; heftige Reden liess man gegen den Rat hören; es „fiel manch' ungeschicktes Wort", so dass „der Rat die Bürger mit grosser Sorge und Gefahr kaum abweisen konnte bis auf den folgenden Tag"[1]. Der Rat sollte alle Gilden aufheben, Rhegius auf Lebenszeit als Superintendenten annehmen, dafür sorgen, dass „der Kaland sein Mass bekäme", und dergleichen Forderungen wurden jetzt erhoben. Ähnliche Vorgänge wiederholten sich am folgenden Tage; was den Boten des Rates von etlichen widerfuhr, ist nicht zu sagen"[2].

Der Rat wollte die Disputation noch wieder bis nach dem Markte verschieben und wollte aus dem Mandate die Strafbestimmung „bei Verlust des Einkommens und der Stadtwohnung" entfernt wissen. Er suchte Rhegius zu gewinnen und verhandelte durch ihn mit den Bürgern. Am 18. September überbrachte der Stadtsekretär Tilitz dem Rhegius das Mandat des Rates, dasselbe enthielt weder einen festen Tag für die Disputation noch die geforderte Strafbestimmung[3].

Rhegius teilte dasselbe am folgenden Tage den versammelten Bürgern mit, denen es natürlich durchaus nicht genügte. Durch Rhegius liess man ein anderes aufsetzen und dem Rate übersenden: Alle Geistlichen und Ordensleute der Stadt, auch alle weltlichen Bürger, Mann und Weib, welche sich durch die Lehre

---

1) Schomaker a. a. O.
2) Schomaker a. a. O.
3) Primum mandatum senatus. Copie im L. A. Dort befinden sich auch die übrigen Mandate des Rates, meist in Copie, nur das vom 20. September im Original mit Siegel.

des Prädicanten beschwert glauben, werden durch dasselbe bei Verlust ihres Einkommens und ihrer Stadtwohnung aufgefordert bei der Disputation zu erscheinen.

Der Rat liess durch Tilitz dem Rhegius Vorstellungen machen, und dieser versprach auch bei den Bürgern darauf hinwirken zu wollen, dass man es bei dem alten Mandate lasse; aber bald musste er dem Rate mitteilen, dass er nichts ausrichten könne, und dass die Bürger forderten, ihr Mandat solle bis zum folgenden Morgen 6 Uhr an der St. Johanniskirche angeschlagen werden. Nur mit Mühe gelang es, noch zwei Stunden Aufschub zu erlangen, damit der Rat um 7 Uhr erst noch beraten könne.

Am 20. September morgens um 8 Uhr sandte dann der Rat abermals eine Botschaft an Rhegius: Man beschwerte sich bitter über die Forderungen der Bürger, berief sich auf Luther und Melanchthon und verweigerte die Annahme des Mandats, welches die Bürger aufgestellt hatten; lieber wolle man das Amt überhaupt niederlegen. Rhegius wandte seinen Einfluss bei den Bürgern an, um sie zur Nachgiebigkeit zu bewegen, und er konnte um 2 Uhr wenigstens dem Rate melden, dass die Mönche von St. Michaelis und die Einwohner mit ihren Frauen in das Mandat nicht mit eingeschlossen werden sollten. So fertigte denn der Rat ein neues Mandat aus und sandte es noch am Abend des 20. Septembers besiegelt und zum Anschlagen fertig an Rhegius. Aber man hatte dasselbe nicht den Wünschen der Bürger entsprechend abgefasst. Zwar war der Dienstag als Tag der Disputation festgesetzt, und es wurde „jedermann, wes Standes er sei und insonderheit die Geistlichen" zum Erscheinen aufgefordert, aber die Strafbestimmung fehlte ganz. Die Bürger waren ausserordentlich erzürnt. In seinem und der Prädicanten Namen schlug Rhegius die Aufforderung zur Disputation an die Johanniskirche und gab Tilitz das Mandat des Rates wieder zurück[1]).

Die Bürger schienen zunächst zufrieden, aber nach Mittag versammelten sie sich wieder in grosser Menge im Marienkloster und erklärten, sie würden nicht eher auseinandergehen, bis der Rat ihr Mandat angeschlagen habe. Der Rat musste nachgeben, mit einigen kleinen Änderungen wurde das Mandat der Bürger publiciert: Bei Verlust der Stadtwohnung wurde jedermann und „inth

---

1) Daraus erklärt es sich auch, dass sich | das Original mit Siegel noch im L. A. befindet.

erste den Geistlichen und Ordensleuten, die bisher gemeint waren mit dieser Lehre beschwert zu sein", befohlen, am Dienstag, dem 24. September, morgens um 8 Uhr, in der Johanniskirche bei der Disputation zu erscheinen. Wer sich von der Disputation „absentiert", wo doch keine Gefahr zu befürchten ist, soll seine Stadtwohnung verlieren und für einen Feind des Evangeliums und Misgönner des christlichen Friedens gehalten werden.

Am festgesetzten Tage fand die Disputation statt. Rhegius mit den Prädicanten, die Abgeordneten des Rates, unter ihnen der Syndicus Stefan Gerkens, der Doctor medicinae Crabatus, Ludolf Stöterogge[1]), Hieronymus Witzendorf, Lutge Semmelbecker, Georg Tilitz u. a., deren Erscheinen von den Bürgern gefordert war, nahmen auf einer Erhöhung des Chores Platz[2]). Viel Volk, Frauen, Kinder und Mägde füllten die Kirche. Rhegius begann mit einer Ansprache, in welcher er auseinandersetzte, dass die Disputation gehalten werde, um Friede und Einigkeit herzustellen. Jedermann solle dieselbe mit Fleiss anhören, damit er erfahre, was an der Lehre sei, die man eine Ketzerei schelte. Obwohl man niemanden zum Glauben zwingen könne, so könne doch jeder gedrungen werden das göttliche Wort anzuhören. Gemeinsam liess er dann ein Vater unser beten und Gott um Erkenntnis der Wahrheit anrufen.

Dann fuhr Rhegius fort: „In dem seligmachenden Namen Jesu, Amen! Ihr Geliebten, zuvor und ehe die Disputation angeht, will ich euch alle gebeten haben, dass ihr dem Namen Gottes Reverenz erweiset und stille seid. Niemand verachte den andern, jeder möge sich selbst für den kleinsten halten, auch möge niemand die Disputation übel nehmen, angesehen dass auch die heiligen Apostel zur Erforschung der Wahrheit disputiert haben". Er führte dann weiter aus, dass man nicht sprechen möge, mit Ketzern gezieme sich nicht zu disputieren. Augustinus habe gesagt: errare possum, haereticus esse non possum. Haeresis sei ein griechisches Wort und bedeute einen, der sich von der christlichen Kirche und Communion absondere, und das könne man von den Evangelischen doch wahrlich nicht sagen. Er geht auf seine letzten Tage in Augsburg ein, wie er dort mitgewirkt habe bei der Abfassung der Artikel und der Apologie, die noch immer nicht widerlegt sei. Er habe mit Eck disputieren wollen, der habe auch

---

1) Nicht der Bürgermeister St., welcher Hartwig hiess.

2) Vgl. Schomaker a. a. O.

die alte Abweisung gehabt und gesagt, er disputiere mit keinem Ketzer. Da habe er ihm geantwortet: „Bist du denn mein Richter mit der Schrift?" Denn es genügt nicht die Schrift zu allegieren; auch Arius der Ketzer habe 42 locos scripturae für sich gehabt. Es soll einem jeden freistehen, auf das Concil zu warten, aber die Concile und die Päpste haben oft geirrt und gegen einander geredet, ein Provincialconcil ist oft durch ein Generalconcil abgethan worden. Wo wir etwas aus der heiligen Schrift erfahren, da bedürfen wir der Concilien nicht, wie in betreff der Priesterehe und des Abendmahls unter beiderlei Gestalt. „Wo ich stehe", so schloss Rhegius, „da sollte der Erzbischof von Bremen stehen und den Glauben verteidigen. Ich stehe hier wie ein scopus, darein jedermann schiessen kann".

Dann wurden die Thesen der Disputation, die vorher noch nicht angeschlagen worden waren, durch Heinrich Botzenberger, Prädicant von St. Johann, in niederdeutscher Sprache verlesen. Die meisten katholischen Geistlichen hatten, wie uns berichtet wird, es vorgezogen, dem Gebote des Rates zu trotzen und nicht bei der Disputation zu erscheinen. Nur wenige von ihnen, nur drei[1]), wagten sich an der Disputation selbst zu beteiligen. Rudolf Roleves, ein papistischer Prediger von St. Michaelis, stellte einige Fragen über die guten Werke, und ein Canoniker von Bardowik, Heinrich Lampe hatte gleichfalls einige Bedenken zu äussern[2]). Der Sieg, den die evangelische Partei errang, war leicht, kaum ein Sieg zu nennen, da die Feinde fehlten. Schomakers Bericht über die eigentliche Disputation ist kurz, aber charakteristisch: „Aber da waren nur wenige Opponenten, allein neun[3]) Papisten, und Mag. Heinrich Lampe brachte etliche Quaestiones vor den Doctor, aber der Doctor redete den ganzen Tag und dabei blieb es den ganzen Tag. Et causa evanuit[4]).

---

1) Tilitz sagt in seinem Berichte, dass nur drei orguiert hätten; nicht aber, dass nur drei erschienen wären (Uhlhorn p. 198).

2) Schomaker erwähnt die Anwesenheit Heinrich Lampes; Bacmeister in der angegebenen Rede nennt ausser ihm auch noch Roleves. Heinrich Lampe trat später zum Luthertume über und verheiratete sich; 1543, als der früher erwähnte Vertrag mit Herzog Ernst abgeschlossen wurde, war er gerade Propst. Ihm wurde damals gestattet, stets in Lüneburg zu wohnen.

Vgl. auch den Bericht des Anonymus bei Bertram a. a. O. p. 74.

3) In dem von mir benutzten Exemplar der Chronik war die Zahl nicht angegeben, ich ergänze dieselbe aus dem Drucke dieser Stelle bei Bertram a. a. O. p. 70.

4) Bertram setzt diese Disputation auf den 17. Juni 1532 und bezieht darauf die Thesen, welche Opp. lat. III, p. 72 ff. stehen. Wie Uhlhorn (p. 361, Anm. 16) nachgewiesen hat, gehören sie erst in das Jahr 1533 (in den

Gerade diese letzte Bemerkung halte ich für durchaus richtig und beachtenswert. Ich kann mich der Ansicht nicht anschliessen, als ob die Disputation so ausserordentlich weitgehende Folgen gehabt habe[1]). Das allerdings ist richtig, dass der Bürgerpartei — denn man kann hier nicht immer von dem religiösen Gegensatze reden — der Mut noch mehr wuchs; es mögen selbst einige Schwankende jetzt sich ganz der evangelischen Sache ergeben haben; (so mag der Ausgang der Disputation den Abfall eines Teils der Klosterherren von St. Michaelis vom Katholicismus beschleunigt haben). Aber an eine Durchführung des Mandates, an eine Vollstreckung der darin angedrohten Strafen an den Vielen, die nicht erschienen waren, daran hatte der Rat nie gedacht, und der Ausfall der Disputation veranlasste ihn nicht zu energischem Vorgehen. Auch die Bürger dachten nicht ernstlich daran, sie hatten ihren Willen in betreff der Disputation durchgesetzt, andere Angelegenheiten traten in den Vordergrund — et causa evanuit.

Weit schlimmer aber war es, dass Urbanus Rhegius durch diese Disputation und die Vorgänge bei derselben in eine schiefe Stellung zum Rate gebracht wurde. „Er verlor", wie Schomaker berichtet, „seine Gunst, und es wurde die Hand von ihm abgezogen", denn er war „ein hastiger, unduldsamer Mann, mit dem man nicht gut auskommen konnte". Das ist durchaus richtig; allmählich vollzog sich zu seinen Ungunsten eine Wandlung in der Stimmung der Stadt, die ihm den Aufenthalt in Lüneburg verleidete.

Alle Nachrichten, die wir aus der folgenden Zeit bis zum Fortgange des Rhegius haben, zeigen, dass eine Abnahme der alten Klagen, welche man durch die Disputation zu beseitigen gehofft hatte, noch nicht stattgefunden hatte. Noch immer hielt Rhegius Disputationen im Kreise der Prädicanten; zu einer derselben in der Mitte des Jahres 1533 lud er alle Geistlichen ein, „sie seien, wer sie wollen, die mit ihrer Werklehre bisher die Welt verführt haben, unter noch besserem Frieden und Geleite, als er selbst habe"[2]). Und kurz vor seiner Abreise aus Lüneburg schreibt er an den Kanzler Förster[3]): „Wir haben hier einen

---

Werken des Rhegius war nur das Datum, nicht aber das Jahr angegeben). Der Bericht Schomakers wird bei Bertram „widerlegt". Das hat eine grosse Verwirrung in die Reformationsgeschichte von Lüneburg gebracht, die auch Havemann nicht beseitigt hat.

1) Vgl. Uhlhorn a. a. O. p. 198.
2) Opp. lat. III, p. 73.
3) Rhegius an Förster, am 27. August 1533 (Orig. H. St. A. Des. 49, Reform. der Stifte und Klöster 1).

unevangelischen Doctor bei uns in Lüneburg, dem Rate, wie ich höre, angenehm, ist des Hauptmanns zu Wittenberg Bruder; was der bei uns thut, weiss ich nicht, hoc unum scio, sum ovis in medio luporum". Das sieht nicht gerade wie eine Verbesserung der Sachlage nach der Disputation aus. Das Wirken des Rhegius in der letzten Zeit seines Aufenthaltes in Lüneburg war auf allen Seiten gehemmt; dem Rate ging er zu weit und den Bürgern war er nicht radical genug, so war er den Angriffen beider Parteien ausgesetzt. Im Spätsommer 1533 verliess er die Stadt und kehrte nach Celle zurück. Vor seiner Abreise aber rief er noch einmal die Bürger auf dem Fürstenhause zusammen und ermahnte sie zum Ausharren und zur Beständigkeit im Glauben[1]). Er konnte mit dem Bewusstsein scheiden, treu gewesen zu sein in seinem Berufe und nach besten Kräften die Ausbreitung des Evangeliums gefördert zu haben.

Nach der Disputation trat die Frage, was mit den Brüderschaften geschehen solle, welche man vorläufig hatte ruhen lassen, wieder in den Vordergrund[2]). Es gab in Lüneburg im ganzen etwa 30 Brüderschaften, unter ihnen war die bedeutendste der Kaland, zu dem ausser vielen andern hohen Geistlichen und Patriciern auch der Abt von St. Michaelis gehörte. Vier „Diffinitoren" hatten die Verwaltung der Kalandsgüter, der Rat hatte eine Oberaufsicht, ihm musste alljährlich Rechenschaft abgelegt werden. Die Kalandsgüter müssen in jener Zeit sehr beträchtlich gewesen sein, noch im 18. Jahrhundert hatte der Kaland ein jährliches Einkommen von 6000 Thalern; um ihn drehte sich daher der Streit ganz besonders.

Die evangelischen Bürger forderten die Aufhebung aller geistlichen Brüderschaften. Der Kaland, so hiess es, sei verführerisch und dem rechten Glauben entgegen; seine Güter seien zum Gottesdienste gegeben und würden zur Gotteslästerung verwandt. Sie müssten zum Besten des Armenkastens eingezogen werden.

Rhegius wurde (im Jahre 1531 oder 1532) um sein Urteil in dieser Frage ersucht. Wir haben bereits auf einen Teil des Gutachtens, soweit dasselbe das Kloster St. Michaelis betraf, hingewiesen. Über die allgemeine Frage betreffs

---

1) Bericht bei Bertram a. a. O. p. 112.
2) Vgl. Bodemann, die geistlichen Brüderschaften, insbesondere die Kalands- und Kagelbrüder der Stadt Lüneburg im Mittelalter (Zts. d. hist. V. für Niedersachsen 1882, p. 84 ff. und Uhlhorn a. a. O. p. 190 f., dem ich hier z. T. folgen muss, da die betreffenden Akten des L. A. nicht aufzufinden waren.)

der Verwendung der Kirchengüter gab er den „Ratschlag, zu was Brauch die Kirchengüter fürnemlich sollen gewendet werden"[1]).

Es geziemt, so schreibt er, der Obrigkeit nicht, geistliche Güter zu entwenden, oder zu etwas anderem als zu geistlichem Nutzen zu gebrauchen. Freilich sind aber auch die geistlichen Güter der weltlichen Gewalt unterworfen. Man muss untersuchen, ob die geistlichen Güter mit Recht oder mit Betrug an die Geistlichen gekommen sind; die wissentlich unrechtmässig erworbenen darf die Obrigkeit an sich nehmen, aber sowohl diese, als auch die bereits eingezogenen sollen zum Unterhalt von Predigern, Schulen und Schullehrern verwandt werden, auch die Armen soll man aus denselben unterstützen.

Über die Kalandsgüter stellte Rhegius ein besonderes Gutachten aus; er sagte in demselben, dass sie den Besitzern, die sie frei erhalten hätten und nach weltlichem und geistlichem Rechte besässen, nicht genommen werden dürften; man müsse mit den Diffinitoren des Kalands einen Vertrag herbeizuführen suchen. Die Bürger sollten lieber, statt so eifrig darauf zu dringen, dass fremdes Gut zu Almosen verwandt würde, selbst Almosen geben.

Derartige Ermahnungen gefielen den Bürgern aber nur sehr wenig. Sie schalten auf Rhegius, wiederholten ihre Forderungen und machten zugleich Vorschläge, wie die Beneficien u. dgl. verwandt werden sollten. Nach Erledigung der geistlichen Lehen sollten dieselben, soweit sie nicht Lüneburger Bürgern gehörten — denn gegen sich und ihre Genossen waren diese Herren, von deren guter evangelischer Gesinnung jeder überzeugt sein musste, natürlich menschlich gesinnt —, zur Besoldung der Prädicanten und Lehrer verwandt werden. Jeder Prädicant sollte für die verflossene Zeit 100 Gulden erhalten; die Gehalte der Geistlichen und Lehrer sollten genau festgesetzt werden, man schlug vor, dem Superintendenten 300, seinem Coadjutor 200, jedem Pfarrer 180 Gulden zu geben.

Der Rat befolgte die Vorschläge, welche Rhegius in seinem Gutachten gemacht hatte; er leitete Verhandlungen ein mit den Diffinitoren des Kalands. Diese verlangten und erhielten Bedenkzeit, aber vor Ablauf derselben verliessen sie die Stadt. Der Rat forderte ihre Rückkehr und nahm inzwischen ein Inventar ihrer Güter auf. Das Resultat dieser Inventarisation erbitterte die Bürger

---

1) Opp. germ. III. p. 102 (undatiert, Ori- | ginal im L. A.

aufs höchste, denn die Diffinitoren hatten, wie ihnen das wohl nicht mit Unrecht vorgeworfen wurde, einen Teil ihrer Güter in Sicherheit gebracht. Der Ausführung eines Vertrages, der zwischen ihnen und dem Rate zustande gekommen war, entzogen sich die Diffinitoren durch die Flucht nach Verden, von wo aus sie gegen denselben protestierten.

Als aber der Rat nach der Disputation, von den Bürgern gedrängt, Anstalten machte, ihre Güter einzuziehen, hielten die Diffinitoren es doch für das Beste, sich zu fügen, und so wurde am 12. November 1532 ein endgültiger Vertrag abgeschlossen, zu welchem auch der Bürgerausschuss seine Zustimmung gab[1]). Die Bedingungen desselben waren nicht so radical, wie die Bürger es verlangt hatten, sie näherten sich den Forderungen des Rhegius. Alle Siegel und Briefe und sonstigen Akten kommen auf das Rathaus und werden dort in einer Kiste mit drei Schlössern bewahrt, zu welcher ein Ratsherr, einer der Diffinitoren und ein Bürger je einen Schlüssel hat. Jährlich soll im Beisein des Rates von den Gütern des Kalands Rechenschaft abgelegt werden. Die Mitglieder des Kalands sollen ihre Einkünfte auf Lebenszeit behalten, auch dürfen die Diffinitoren in ihren bisherigen Wohnungen bleiben. Alle Bestimmungen geschehen vorbehaltlich eines freien Concils oder eines Reichstagsbeschlusses, der sich mit diesen Verhältnissen beschäftigt.

Damit wurde wenigstens hier ein Ausgleich herbeigeführt. Die Diffinitoren durften in die Stadt zurückkehren, bis zu ihrem Tode blieben sie unbehelligt. Später wurde dann das Vermögen des Kalands zum Besten des Armenkastens eingezogen. Auch die andern geistlichen Brüderschaften lösten sich allmählich auf. So übergaben 1533 die Vorsteher der Nicolaigilde bei ihrer Auflösung der Armenkiste ein Kapital von 280 Mark. — Das Vermögen der Heiligenleichnamsgilde wurde 1536 mit dem Kirchenvermögen der St. Lambertskirche vereinigt; 1538 ging das Vermögen der Gertrudengilde an die Armenkiste über[2]). Nach der Reformation erhielt sich von den geistlichen Brüderschaften allein die Brüderschaft vom gemeinsamen Leben oder der Kagelbrüder. „Um die Misbräuche abzustellen", wurden ihre Statuten 1539 abgeändert; sie widmeten sich jetzt hauptsächlich der Armenpflege. Eine Vicarie an der St. Johanniskirche, welche die

---

1) Der Vertrag vom Dienstag nach Martini 1532 ist abgedruckt in der Zts. d. hist. Ver. f. Niedersachsen 1882, p. 109 ff.   2) Vgl. Bodemann a. a. O. p. 70, 71 f., 75.

Brüder zu verleihen hatten, wurde 1540 in ein Stipendium „tho behoff eines christlichen Studii" umgewandelt[1]).

Im unteren Volke war man freilich mit dieser Aufhebung der Gilden durchaus nicht zufrieden, und die Sache wurde von den evangelischen Prädicanten auch zu weit getrieben. Man verweigerte den Sülzknechten, welche an ihrer Gilde festhielten, die Zulassung zum Abendmahl, und man predigte öffentlich gegen ihre Gilde, welche doch nicht einmal zu den rein religiösen Brüderschaften gehörte. Das rief unter diesen Leuten eine grosse Aufregung hervor, die sich kurz vor Ostern 1533 in einem kleinen Aufstande Luft machte. Ein dabei Betheiligter, der Barmeister Johann Döring, hat uns denselben geschildert[2]).

Ein ziemlich gleichgültiger Umstand brachte die Gährung zum Ausbruch. Einer der Büttel auf der Sülze hatte den Knechten dort etwas befohlen, was nach ihrem Dafürhalten gegen das Herkommen war. Man hatte den Büttel durchgeprügelt, und die Thäter sollten nun bestraft werden. Da begab sich an einem Mittage (der Tag wird uns nicht genannt) ein Schwarm Knechte zum Barmeister Johann Döring, welcher die auf der Sülze vorkommenden Streitigkeiten zu entscheiden hatte, um sich zu beklagen. Als dann die Sache vor den Rat kam, beschwerten sich die Knechte, dass man ihnen ihre Gilde nehmen wolle und baten, ihnen dieselbe zu lassen und ihnen beizustehen gegen die Martiner, die ihre Gilde in die Kiste haben wollten. Sie könnten 300 Mann aufbringen; andere Gewerke: Maurer, Zimmerleute, Schiffsleute u. dgl. würden ihnen beistehen; sie wollten die Evangelischen aus ihren Betten holen und die bestrafen, welche den Rat so oft durch ihre Conventicula überfallen hätten. Der Rat hielt die Leute zunächst für betrunken, und der Barmeister bestellte sie auf den folgenden Morgen in die Lambertikirche; drei Patricier, unter ihnen der Barmeister und der Sothmeister, wurden vom Rate abgeordnet, um mit den Knechten zu verhandeln. Dort ging es stürmisch her. Die Forderungen wurden heftig wiederholt; der Rat möge ihnen beistehen, dann wollten sie die Hundert (den Bürgerausschuss), die den Rat regierten, wohl strafen. Die Prädicanten schölten auf den Rat und die Sülftmeister, das könnten sie nicht leiden. Sie wollten ihre Gilde nicht in die Kiste geben, ihre saure Arbeit stecke in derselben, und die

---

1) Die Statutenänderung ist vom Sonntag Quasimodo geniti 1539, abgedruckt bei Bodemann a. a. O. p. 123 ff. Vgl. auch daselbst p. 117.

2) Abgedruckt in der Zts. des hist. Vereins f. Niedersachsen 1881, p. 131 ff.

Kistenherren teilten nicht recht aus. Der Sothmeister Tobing antwortete, man wolle ihnen das Ihrige nicht nehmen, ein jeder möge nach Gewohnheit seinen Beitrag in die Gilde bringen, aber das schwere Saufen auf der Sülze müsse unterbleiben. Darauf erhob sich ein lautes Beifallsgeschrei, so dass die drei Patricier eilends die Kirche verliessen. Nun hielten es aber auch die Knechte für ihre Pflicht, sich gegen den Rat dankbar zu erweisen. Als der Barmeister Döring am folgenden Tage ganz ruhig in der Kirche sass, wurde ihm plötzlich die Nachricht gebracht, dass die Sülzknechte und die mit ihnen verbundenen Gewerke im Begriffe ständen, sich mit den Evangelischen zu schlagen. Mit Mühe gelang es ihm, ernstliche Streitigkeiten zu verhindern.

Von Seiten des Herzogs erging jetzt aber ein Befehl gegen die Gilden, welcher Ostern 1533 von den Kanzeln abgekündigt wurde: „dass niemand innerhalb oder ausserhalb der Stadt Lüneburg sich unterstehen solle, in eine gottlose Gilde zu gehen"[1]. — Man hielt die Bürger für die Veranlasser dieses Mandats und wohl mit Recht.

Je mehr der Rat sich selbst dem Luthertume zuwandte, um so mehr gewann er seine alte dominierende Stellung wieder. Der Ausschuss verliert allmählich an Bedeutung, nur selten wird derselbe nach dem Jahre 1533 noch erwähnt.

Zwar erhalten sich Spuren und letzte Reste des Katholicismus noch auf längere Zeit in der Stadt, aber wir können doch etwa vom Jahre 1534 an davon sprechen, dass Lüneburg voll und ganz in die Reihe der evangelischen Städte eingetreten ist.

Rhegius nahm sich auch, als er bereits wieder in Celle war, mit Rat und That der Stadt an. Bald nach seiner Abreise wurde im Jahre 1534 heimlich eine Schrift an die Johanniskirche angeschlagen, in welcher die lutherische Feier des Abendmahls unter beiderlei Gestalt angegriffen wurde. Man hielt in Lüneburg allgemein Getelen für den Verfasser; Rhegius, dem man die Schrift mitgeteilt hatte, hielt dies jedoch nicht für richtig. Er schrieb eine deutsche Schrift: „Von beiderlei Gestalt des Sacramentes zu empfahen"[2] und zugleich eine Widerlegung des katholischen Büchleins. Warnend ruft er in der Vorrede den Lüneburgern zu: „Wer verloren geht, der mag durch seine Schuld verloren gehen,

---

[1] Dörings Bericht a. a. O. | [2] Deutsche Schriften IV, 97 ff.

wer unrein ist, der sei immerhin unrein. Die Zeit wird kommen, wo sie, durch traurige Erfahrung belehrt, einsehen werden, dass ich Christum rein gepredigt habe"[1]).

An die Stelle des Rhegius als Superintendent trat wieder der frühere Abt von Scharnebeck, Heinrich Ratbrock, der dies Amt dann auch bis zu seinem im Jahre 1536 erfolgten Tode bekleidete. Wir lernten ihn bereits früher kennen und sahen, dass er schwach und schwankend war. Jetzt waren die Verhältnisse geordneter, er selbst kam dem Rate entgegen und beschleunigte auf diese Weise auch wohl den Ausgleich. Er traf mit dem Rate die Übereinkunft, dass die Prediger, wenn etwas Irriges in betreff der Religion vorkomme, dies nicht gleich von der Kanzel aus in das Volk bringen, sondern sich zunächst mit ihrer Klage an den Rat wenden sollten[2]). Diese Massregel mag sehr heilsame Folgen gehabt haben.

Unter Ratbrock scheint man noch immer in Lüneburg den Katholicismus geduldet zu haben, wir hören wenigstens nichts von einer Verfolgung desselben. Sein Nachfolger Paulus a Rhoda, welcher (nach Schomaker) Pfingsten 1537 Superintendent in Lüneburg wurde, scheint energischer gewesen zu sein. Im Jahre 1538 wies man papistische Priester aus der Stadt[3]), und im November 1540 richten die Prediger noch eine Beschwerde an den Rat, in welcher sie über das Überhandnehmen der papistischen Irrlehren klagen. Besonders die wenigen Mönche, die man noch in dem Marienkloster gelassen hatte, trieben damals noch immer ihre Misbräuche weiter, hielten Vigilien, Messen u. dgl.

Aber allmählich starb das alte Geschlecht aus, nach dem Jahre 1540 wird es schon als etwas besonders Merkwürdiges berichtet, wenn ein Katholik in Lüneburg stirbt. Die durch den Tod katholischer Priester erledigten Beneficien werden eingezogen und zum Besten der Armen in der Stadt verwandt.

Grössere Gefahr als von den Katholiken drohte dem Luthertume eine Zeit lang von den Widertäufern. Wir hören bereits von Anhängern derselben in Lüneburg im Jahre 1533. Rhegius war eifrig gegen sie thätig und schrieb mehrere Schriften gegen sie. Mit der Vernichtung von Münster schwand auch

---

1) Confutatio libelli cuiusdam Luneburgi affixi. Opp. lat. II, 80 ff.

2) Die Diener des Evangeliums an den Rat, am 15. November 1540 (Orig. L. A.).

3) Schomaker a. a. O.

die Furcht, welche man bis dahin vor ihnen im Fürstentume Lüneburg gehabt hatte.

Die Streitigkeiten des Herzogs mit der Stadt Lüneburg[1]).

Die Streitigkeiten zwischen dem Herzoge und der Stadt Lüneburg erfuhren durch diesen allmählichen Übergang des Rates vom Katholicismus zum Luthertume keine Unterbrechung. Urbanus Rhegius vermochte, selbst als er noch bei dem Rate in Gunst stand, keinen Ausgleich herbeizuführen. Er scheint sich auch von dieser Sache, die ihn ja notwendig in eine schiefe Stellung zum Rate bringen musste, völlig fern gehalten zu haben. Der Herzog hatte allerdings, wie es scheint, die Absicht, sich seiner und der Bürgerpartei gegen den Rat zu bedienen und forderte daher bei einer Verhandlung zu Lüne am 10. Juni 1533, dass auch Deputierte der Bürger und Urbanus Rhegius daran teilnehmen sollten; aber der Rat lehnte dies sehr entschieden ab; es sei bislang nicht Sitte gewesen, jemanden ausser den Deputierten des Rates zu senden[2]).

Schon im Jahre 1531 schien man einem Ausgleiche nahe zu sein. Man hatte von beiden Seiten die Forderungen schriftlich fixiert; beide Parteien gaben in etwas nach; um Nebenpunkte drehte sich die weitere Verhandlung. Herzog Franz sollte seine Zustimmung geben, forderte der Rat; das verweigerte Herzog Ernst, da sein Bruder sich „zur Zeit noch keiner Regierung angemasst" hätte. Die Lüneburger wollten nicht zugeben, dass eine Änderung in dem früher mit Herzog Heinrich abgeschlossenen Compromiss vorgenommen würde. Dort war nämlich u. a. bestimmt, wenn wieder Streitigkeiten stattfänden, sollten „zwei geistliche und zwei weltliche Räte des Herzogs" mit der Stadt verhandeln. Der Herzog wollte nun, da es für ihn keine geistlichen Räte des Fürstentums mehr gab, dass die geistlichen Räte durch weltliche ersetzt würden. Das hielt der Rat von Lüneburg aber für eine Verletzung des Vertrages und wollte nicht darein willigen[3]).

Die Verhandlungen zerschlugen sich wieder, es kamen neue Streitigkeiten

---

1) Die hierfür benutzten Akten befinden sich, sofern nichts anderes angegeben ist, im H. St. A. und zwar Des. 55, Nr. 8, 10, 11 und 14.

2) Der Rat an die Hofräte zu Celle, 1533 am Sonntage Trinitatis (Orig. H. St. A Des. 50, 2). — Auch seine Räte wies der Herzog einst an, sich direkt an die Bürger zu wenden: Schreiben des Herzogs, Sonnabend nach Cantate.

3) Die hierauf bezüglichen Akten befinden sich im H. St. A.

hinzu. Immer dringender wiederholte der Herzog die bereits 1531 gestellte Forderung, dass ihm von den auf der Sülze belegenen Gütern der ausländischen Geistlichen eine Abgabe gegeben werden solle. Ein Gutachten des Syndicus der Stadt Braunschweig, Levins von Emden, gab dem Herzoge darin völlig recht[1]. Er könne die Hälfte des auf der Sülze belegenen Einkommens der ausländischen Geistlichen zum Wohle des Landes beanspruchen; das geschehe auch anderswo. Werde die Forderung nicht gewährt, so möge sich der Herzog an die andern im Lande belegenen Güter der ausländischen Geistlichen halten. Der Rat lehnte diese Forderung ebenso fest ab, wie wir das bereits in betreff der Güter von Bardowik gesehen haben.

Es wurden durch diese Forderung besonders Geistliche der Lübecker Diöcese betroffen, und diese wandten sich jetzt klagend an den Kaiser, von dem sie denn auch am 12. Februar 1533 ein Mandat erlangten, in welchem dem Herzog und dem Rate bei Strafe geboten wurde, die Güter der Lübecker Geistlichen nicht anzutasten. Zugleich wurde der Herzog vor das Reichskammergericht geladen[2].

Das bestärkte natürlich den Widerstand des Rates, wenn er auch das Mandat nicht veranlasst haben wollte[3].

Ein anderer Streitpunkt war der Vertrag, welchen der Rat mit den Mönchen von Heiligenthal abgeschlossen hatte. Wie wir bereits erwähnten, erkannte der Herzog diesen Vertrag nicht an; und im Jahre 1533 liess er alle ausserhalb Lüneburgs gelegenen Güter des Klosters mit Beschlag belegen[4].

Weit schlimmer aber wurde die ganze Sache, als der Streit um das Kloster St. Michaelis sich erhob, auf dessen Anfänge wir bereits eingegangen sind.

Der Herzog war damals aufs äusserste gegen die Stadt erbittert. Es empörte ihn, dass der Rat ihm das verweigerte, was dieser für sich selbst in Anspruch nahm, denn die Geistlichen in der Stadt mussten erhebliche Beiträge zum Wohle der Stadt zahlen. Er gab dem Rate schuld, dass im Kloster St. Michaelis die Abtswahl beschleunigt sei; ihn kränkten die Gerüchte, als ob er das Kloster befestigen und zum Nachteile der Stadt besetzen wolle. Ja, man nahm in Lü-

---

1) Levin von Emden an Förster, Braunschweig, Montag nach Luciae 1531.
2) Mandat des Kaisers, Speier, 12. Februar 1533.
3) Der Rat an Heinrich von Mecklenburg, 1534 Donnerstag nach Fabiani.
4) Urk. vom Dienstag nach Margarethae 1533. In derselben wird beiläufig erwähnt, dass der Herzog Arrest auf die Güter von Heiligenthal und St. Michaelis legen wolle.

neburg Reiter und Fussvolk in Dienst, um sich gegen einen etwaigen Überfall von Seiten des Herzogs zu sichern¹). Diener des Herzogs wurden auf offener Strasse verwundet und gefangen²).

Neue Verhandlungen fanden in Lüne im Anfang des Jahres 1533 statt, aber sie verliefen ebenso resultatlos, wie die früheren³). Der Rat schien aber jetzt eine friedliche Lösung des ganzen Streites zu wünschen, er bat Herzog Heinrich von Mecklenburg, den Schwiegervater Ernsts, um seine Vermittlung. Allein der Herzog wollte von einer neuen Verhandlung nichts wissen, bevor nicht die Sache in betreff Heiligenthals, des Klosters St. Michaelis und der Stifter Bardowik und Ramelsloh, wie er wünschte, entschieden sei⁴). Doch gelang es den Bemühungen Herzog Heinrichs, ihn dazu zu bewegen, und so begannen am 9. October die Beratungen in Scharnebeck, deren Verlauf Herzog Ernst von Bardowik aus verfolgte⁵); allein man gelangte auch hier zu keiner Übereinstimmung.

Der Herzog behauptete, das Kloster St. Michaelis sei von seinen Vorfahren gegründet, und er, als alleiniger Patron desselben, habe auch allein das Recht, über das Kloster zu verfügen. Dagegen machte der Rat geltend, dass das Kloster, welches früher auf dem Kalkberge gelegen und bei Eroberung des dort sich befindenden Schlosses durch die Bürger mit zerstört worden war, 1375 von der Bürgerschaft in der Stadt ganz neu gegründet worden sei, und dass damit die herzoglichen Rechte erloschen seien. Man berief sich auf die früheren Privilegien der Kaiser für das Kloster, in welchen der Rat mit zum Verteidiger des Klosters ernannt sei; allein der Herzog entgegnete darauf, dass diese nie in Wirksamkeit getreten seien und daher auch jetzt nicht herangezogen werden könnten. Auch innerhalb anderer Städte lägen Klöster, ohne dass dadurch die

---

1) Der Herzog an Levin von Emden, Gifhorn, Dienstag nach Valentini (18. Febr.) 1533.
2) Gegenschrift der herzoglichen Räte gegen die von Lüneburg verbreiteten Behauptungen (ohne Jahr, aber wohl hierher zu setzen).
3) Eine ausführliche Nachricht über die Verhandlungen in Lüne von 1532 und Anfang 1533 findet sich in der erwähnten Handschrift der Wolfenbütteler Bibliothek. — Der Rat erbot sich damals, 40 000 Mark zu der Tilgung der Schulden beizutragen, wollte davon aber 13 500 Gulden abziehen, die der Herzog noch schuldig war. Die herzoglichen Räte verlangten jedoch 40 000 Gulden und Erlass der Schuld, dafür wollte der Herzog dem Rate die Hälfte der Einkünfte der ausländischen Geistlichen auf 12 Jahre überlassen. — „Zinsen, Wucher und Schadgeld" der Schuld betrugen damals über 200 000 Goldgulden.
4) Botschaft etlicher Adligen an den Rat, Dienstag nach Margaretha 1533 (15. Juli). Damals hatte der Herzog bereits auf die Güter von St. Michaelis Arrest durch den Hauptmann von Winsen legen lassen. (Vgl. vorige Seite an 4.)
5) Vgl. Schomaker a. a. O.

Rechte der Fürsten gekränkt würden. Die Forderung der Inventarisierung sei nicht unbillig gewesen; der Rat aber habe den Abt, wie etliche Adlige dem Herzoge mitgeteilt hätten, gezwungen, sie von der Stadt aus geschehen zu lassen. Die Güter, Briefe und Siegel des Klosters gebührten, weil sie vom Patron herkämen, auch dem Patron, aber man habe ihm sogar die Rechenschaft darüber verweigert. Es sei nicht recht, dass bei der Not des Landes so wenig Personen die Einkünfte des Klosters in Gotteslästerung und Unehren, mit Schwelgen, Saufen und sonst in Unzucht verbrauchen sollten. — Dann werden dem Rate noch die anderen Streitpunkte vorgehalten, wegen Bardowik und Ramelsloh, wegen der Verschleppung der Urkunden von Oldenstadt nach Lüneburg u. dgl.[1]).

Von dem Wittenberger Rechtsgelehrten Hieronymus Schurpf wurde in dieser Zeit — wann, lässt sich nicht genau entscheiden — ein Gutachten in betreff des Klosters St. Michaelis gefordert; aber dasselbe fiel durchaus nicht im Sinne des Herzogs aus, der jetzt die völlige Aufhebung des Klosters beabsichtigte. „Die überlieferte Gewalt des Papstes und der Bischöfe zu negieren und damit die Kirche selbst aufzulösen, verbot auch den evangelisch gesinnten Rechtsgelehrten ihre juristische Überzeugung"[2]). Nur das, so führt Schurpf aus, kann der Patron oder Fundator des Klosters in weltlichen Dingen verlangen, was ihm bei der Stiftung desselben ausdrücklich vorbehalten ist. „Excommunicandi sunt fundatores sive patroni, qui bona ecclesiastica pro eorum arbitrio distribuunt." Nur das Recht der Verteidigung gegen die Verschleppung der Güter besitzt der Fürst[3]).

Kurz, man kam zu nichts. Der Herzog von Mecklenburg verhandelte

---

1) Concept Försters über diese Verhandlungen im H. St. A.

2) Stinzing, Geschichte der deutschen Rechtswissenschaften p. 274 f.

3) Schurpfii consilia I, cons. 48, p. 175 ff., dasselbe ist undatiert. Unbegreiflich erscheint es mir, wie man stets hat schreiben können, die Juristen hätten in ihren Gutachten dem Herzoge beigestimmt (Havemann. p. 130, Uhlhorn p. 205, der Name Schnepf bei Uhlhorn ist wohl ein Druckfehler). — Nicht schon in das Jahr 1532 oder 1533 darf man die Gutachten von Modestinus Pistoris (consilia I, cons. 48) und von Wesenbeck (cons. posthum. V, p. 373 cons. 210) setzen, wie man das bisher gethan hat. Modestinus Pistoris war erst 1516 und Wesenbeck 1531 geboren.

Uhlhorn citiert p. 361, Anm. 21 ganz genau die Consilia der Rechtsgelehrten. Das Citat findet sich ebenso bei Gebhardi Bd. XIV und ist wohl einfach von dort herübergenommen. Auch die obige irrige Ansicht geht auf G. zurück. Gebhardi Bd. XIV erwähnt auch, dass der Abt Herbord sich von einem katholischen Juristen ein Gutachten habe anfertigen lassen, welches in deutscher Sprache abgefasst gewesen sei.

zwar noch eine Zeit lang mit den beiden Parteien, aber er konnte nichts ausrichten.

Herzog Ernst brach die Verhandlungen ab. Es fanden zwar noch von herzoglichen Beamten Vermittlungsversuche statt, aber dieselben geschahen, wie der Herzog ausdrücklich forderte, nicht im Namen des Fürsten, es waren rein private Bemühungen, die der Herzog erst dann anerkennen wollte, wenn sie zu einem greifbaren Resultate geführt hätten. Das thaten sie jedoch nicht[1]).

Die Not des Fürstentums zwang den Herzog immer wieder zu neuen Verhandlungen zurückzukehren. Die Vermittlung, die Joachim von Brandenburg ihm anbot, lehnte er freilich ab; nicht einmal einer Antwort würdigte er ihn[2]).

Eine Zeit lang war Hans Wildefür, der Bürgermeister von Hildesheim, Vermittler zwischen den streitenden Parteien. Denn mit Hildesheim stand die Stadt Lüneburg seit Ostern 1535 in sehr enger Verbindung. Beide Städte hatten damals ein Schutz- und Trutzbündnis geschlossen zur Erhaltung der alten Freiheiten und Privilegien; „vorbehalten kaiserliche Majestät und die Landesfürsten" freilich, aber es ist kein Zweifel, dass sich dasselbe zum Teil wenigstens gegen Herzog Ernst richtete[3]). Es ist das sehr bezeichnend, dass Lüneburg mit dem damals noch katholischen Hildesheim — Wildefür selbst war ein sehr eifriger Papist — sich in ein derartiges Bündnis einliess.

Eine Verhandlung im Juli 1535[4]) führte ebensowenig zu einem Ziele wie eine andere im Jahre 1536[5]), wo der Herzog ziemlich weitgehende Concessionen machte in Bezug auf Zoll, Jagd, Gericht und Holzrecht, die Bestätigung der Privilegien versprach, dagegen Huldigung und eine Geldhülfe forderte. Die Mönche von St. Michaelis sollen zu christlichem Leben, Wesen und Unterricht

---

1) Simon Reinecke (Administrator von Ebstorf) an den Herzog. Schreiben: Ostern und Sonnabend in der Osterwoche. Antwort des Herzogs, Mittwoch in Ostern 1534. Reinecke schreibt, der Bürgermeister Lutge von Dassel habe den Wunsch nach Aussöhnung zu erkennen gegeben. Er meint im ersten Schreiben, der Rat könne dem Herzoge wohl 100000 Gulden geben und 100000 Gulden auf die Stiftsgüter zu 4% leihen. Im 2. Schreiben redet er jedoch nur noch von 60000 Gulden.

2) Vgl. das Schreiben Joachims vom Montag nach Laetare 1535 und Herzog Ernsts vom Mittwoch nach Judica 1535.

3) Dienstag in den heil. Ostern 1535. Das Original des Vertrages mit zwei anhängenden Siegeln im L. A. Für den Kriegsfall leistet Lüneburg Hildesheim eine Hülfe von 325 guten Kriegsleuten (oder 4 Gulden pro Mann monatlich); Hildesheim 300 Mann (oder 3 Gulden monatlich pro Mann).

4) Havemann a. a. O. p. 142

5) Instruction der herzoglichen Räte für die Verhandlung mit Lüneburg. Judica (2. April) 1536.

angehalten werden. Die Hälfte des Einkommens von Abt und Convent soll zur Erhaltung der Klosterherren, die andere zur Erziehung und zum Unterhalt der herzoglichen Kinder verwandt werden; ausserdem sollen sechs vom Adel und drei Bürgerskinder (davon zwei aus Lüneburg) mit Stipendien unterstützt werden. Von Seiten des Herzogs und der Landschaft soll ein Verwalter des Klosters eingesetzt, die Kleinode u. s. w. sollen vom Fürsten, den Räten und der Landschaft verwahrt werden, bis ein christliches Concil über ihre Verwendung bestimmt. Dann sollen sie verkauft und zur Tilgung der Landesschulden verwandt werden. Nach dem Tode oder dem Abfinden der Mönche sollen die Gebäude des Klosters gegen eine Zahlung an den Herzog der Stadt verbleiben[1]. Da der Rat stets sage, Bardowik und Ramelsloh gehe ihn nichts an, so soll er auch nicht hindern, dass die von dem Herzoge mit Präbenden dieser Stifter Belehnten ihre Renten einzögen[2]. Die innerhalb der Mauern gelegenen Güter des Klosters Heiligenthal und ein Holz desselben wollte der Herzog der Stadt überlassen, das andere wollte er für sich behalten.

Die Änderung in den Plänen des Herzogs in betreff des Klosters St. Michaelis war wohl veranlasst durch die Forderungen des Adels, welche freilich noch weiter gingen. Man bat, wie es scheint, schon ziemlich früh darum, das Kloster für den Adel zu erhalten und es in eine Schule umzugestalten, in welcher die Söhne von Adligen und des Herzogs erzogen würden[3]. Dieselbe Forderung wurde auch im Jahre 1541 auf einem Landtage zu Uelzen wiederholt und hier nicht bloss für das Kloster St. Michaelis, sondern auch für die Frauenklöster.

Vorläufig kam es aber nicht zu einer derartigen Umwandlung des Klosters. Weder die Vermittlung Wildefürs noch auch die Verhandlung der streitigen Fragen vor den Hansestädten, die man bereits öfter versucht hatte[4], führten zu einer Versöhnung.

Im Jahre 1538 war die Stimmung in Lüneburg sehr erregt. Die Kanzler

---

1) Die Stadt soll dem Herzoge 8000 Gulden dafür geben; auf die Güter der ausländischen Geistlichen 25000 Gulden. Der Rat geht in der mündlichen Verhandlung darauf nicht weiter ein.

2) Darunter war auch der herzogliche Hofprediger Wilhelm von Cleve, welcher sich 1534 und 1539 beschwerte, dass ihm der Rat seine Renten nicht ausfolgen lassen wolle.

3) Die verordneten Räte und die von der Landschaft zu Lüne, versammelt am Montag (weiteres Datum fehlt), an den Herzog. Das Schriftstück scheint nach andern Anzeichen bereits in das Jahr 1533 oder 1534 zu gehören.

4) Vgl. Hämmenstädt zu den Jahren 1535 und 1538.

Förster und Klammer verhandelten (vom 17. Januar an, etwa 14 Tage lang) mit Wildefür in der Stadt selbst[1]).

Es waren natürlich die alten Streitpunkte, über die man hin und her redete, nur finden wir jetzt bei dem Herzoge eine ihm sonst nicht eigene Schroffheit. Die alte Forderung, dass die Briefe und Siegel von Bardowik in Uelzen verwahrt werden sollten, tritt wieder hervor. Der Herzog besteht auf der Leistung der Hülfe, auf seinen Absichten in betreff des Klosters St. Michaelis und wirft Drohungen hin, falls der Rat sich nicht willfährig erzeige. Das rief eine ungeheuere Aufregung in der Stadt hervor; man war auf die Kanzler sehr erbittert, sie waren kaum vor Mishandlungen sicher. Spottverse gegen sie und den Herzog wurden am Thore angeschlagen. Einer derselben lautete:

„Das den Gott schende, der alle ding anfenget beim unrechten ende
„Und so alle recht vorkeret und doch gut vor ogen gebereth!
„Hoh püthen und stive kratzen konnen wol unsere leven katzen"[2]).

Der Herzog beklagt sich bitter, dass die Lüneburger mit ihren Kniffen

---

1) Es beziehen sich darauf die Schriften des Herzogs vom Dienstag nach Fabian und Sebast. (22. Jan.) 1538 und Sonnabend nach Ancherii 1538. Der Bericht Försters ist vom Mittwoch und Donnerstag nach Sebastiani.

2) H. St. A. Des. 55, 15. Dort findet sich noch ein anderes Spottgedicht, welches am Montag nach Conversionis Pauli (28. Jan.) 1538 an das Thor geschlagen worden war, unter der Überschrift: „Lies und lache nicht". Es lautet:

Herzog: Alles, was nur die pfaffen, münch und nunnen mag sein,
Nehme ich alles unter einem guten evangelischen schein.

Narr: Ja, welcher teufel hat dir die gewalt verlehnt,
Zu rauben, das alleine zu gottes ehren und gebrauch gewent.

Kanzler: Das thut m. g. h. behuf seiner land und leute,
Damit er kome aus schulden, auch derselbigen schaden verhüten.

Narr: Ja, wer sieht nicht grosse besserung dar van;
Man schindet und schabet doch gleichwol jedermann.

Edelmann: Ich wolt, das m. g. h. were aus schulden,
Das der paur mich auch konte zalen meine gulden.

Narr: Ja ihr herren habt ihn mit eurem wucher darnach zugebracht
Und zum dickern darüber in die faust gelacht.

Bürger: Ach herre gott, wie leuft diese sachen doch gar arglistig finanzisch und geschwinde vor,
Das man alte privilegien, lobliche herkumpt alleine mit stolz reden plützlich vorleggen däre.

Narr: Ja, das sein wol schlechte sachen, Man wolte sie gern was nidriger machen.

Paur: Barmherziger gott, wo dieser plage nicht wird ein ende zu hand,
So muss ich verlaufen aus dem land.

Narr: Eia, wohin wiltu laufen oder gehn, Weistu es nicht zu sein der letzen zeichen ein,
Muss den der narre stets der deuter sein?

stets etwas von seinen Forderungen „abfeilen" wollten. Das könne er sich nur so erklären: „dass sie sich zu vertragen nicht geneigt und uns abermals mit vergeblicher Handlung umführen und ihren Bürgern das Maul aufsperren, als wollten sie gern vertragen sein und doch ihr Herz anders gericht und ihre That und Handlung das Gegenteil bezeugen, so müssen wir es abermals geschehen lassen und den Schimpf zu andern, so uns von ihnen vielfältig ist begegnet, kommen lassen", so schreibt der Herzog an seinen Kanzler am Sonnabend nach Ancherii 1538. Die Verhandlungen wurden abgebrochen.

Schon seit etwa acht Jahren hatte man die Stadt nicht mehr zu den Landtagen herangezogen. Die Beschlüsse wurden stets ausdrücklich nicht auf Lüneburg ausgedehnt[1]). Als aber im Jahre 1540 im August ein Landtag abgehalten wurde, forderte der Herzog auch die Stadt zur Teilnahme auf.

Es hatten sich Streitigkeiten zwischen Herzog Ernst und seinem jüngeren Bruder Franz erhoben. Seit dem Ende des Jahres 1536 war dieser in die Regierung aufgenommen, aber bereits im October 1539 mit dem Amte Gifhorn und Isenhagen abgefunden. Dies war damals ohne Genehmigung der Landschaft geschehen; Franz war später nicht damit zufrieden und brachte die Sache vor die Stände des Fürstentums. Aber diese standen auf seiten Ernsts; erst später, Anfang December 1540, wurde der Streit durch den Kurfürsten von Sachsen geschlichtet[2]).

Das war dem Herzoge eine Gelegenheit auch die Verhandlungen mit Lüneburg, welche seit dem Jahre 1538 geruht hatten, wieder aufzunehmen. Man war misstrauisch gegen ihn: die beiden Bürgermeister ritten unter starker Bedeckung nach Uelzen. Aber sowohl jetzt, als auch im October desselben Jahres, als er in Medingen den Gesandten des Rates Audienz erteilte, bezeigte sich der Herzog sehr gnädig und freundlich gegen die Abgeordneten der Stadt und gab seinem Wunsche nach Frieden offen Ausdruck[3]).

So wurden im folgenden Jahre die Verhandlungen wieder aufgenommen. Ein Landtag zu Uelzen beschäftigte sich mit der Lüneburger Frage. Hier war es, wo der Adel jene oben erwähnten Forderungen in betreff des Klosters St. Michaelis und der Frauenklöster wiederholte. Denn die Ritterschaft mochte

---

1) Vgl. Jacobi, Landtagsabschiede I, 163.
2) Vgl. Schomaker a. a. O. zu diesem Jahre.
3) Schomaker a. a. O.

wohl fürchten, dass bei einem Vertrage des Herzogs mit der Stadt das Kloster St. Michaelis zwischen den beiden streitenden Mächten geteilt werden möchte. Wenn der Herzog ihre Bitte gewähren würde, so versprach man treulich auf Seiten des Fürsten zu stehen, „wenn die Stadt auf ihrem Mutwillen beharre"[1].

Es ist sehr deutlich zu bemerken — das mag gleich hier ausgesprochen werden — wie sehr durch die vollzogene Reformation die Macht des Fürsten sich gesteigert hat. Ernst war dem Absolutismus, zu dem ja seine ganze Persönlichkeit hinneigte, bedeutend näher gekommen, auch trotz der noch immer gesteigerten Finanznot, trotzdem noch immer neue Steuern von der Landschaft bewilligt werden mussten. Es zeigt sich das schon in der Umwandlung des von Heinrich dem Mittleren eingesetzten Landgerichts zu Uelzen in ein Hofgericht, welche im Jahre 1535 vorgenommen wurde; es zeigt sich das auch in den Klagen des Adels, die auf jenem Landtage zu Uelzen vorgebracht wurden. Der Herzog nahm alle Rechte der säcularisierten Klöster und Propsteien für sich in Anspruch. Dadurch wurden oft die alten Gewohnheiten der Ritterschaft beschränkt oder aufgehoben; Holzrecht, Jagd und Fischerei des Adels wurden eingeschränkt.

Characteristisch sind auch die Klagen der kleineren Städte. Sie beschweren sich in Uelzen über eine Emancipation der Dörfer. Man fände jetzt in den Dörfern eigne Kaufmannschaften, eigne Waagen, Krüge und Brauereien; ausländische Städte kauften auf dem Lande Flachs und andere Erzeugnisse des Ackerbaus und der Viehzucht auf; wovon man sich denn nähren solle, wenn dies alles verloren ginge? Auch dies ist bezeichnend für den Herzog. Ernst wollte den Bauernstand heben und ihn soviel als möglich von den Lasten befreien, da er durch immerwährende Leistungen sehr heruntergekommen war.

Trotz jener absolutistischen Neigungen hatte sich der Adel im Laufe der Jahre enger an den Herzog angeschlossen. Man erkannte die Verdienste des Fürsten um das Land an, und Ernst that ja auch soviel er konnte, um die Last des Landes zu erleichtern. Seine eigne Hofhaltung schränkte er möglichst ein und zeigte sich auch hier als ein ernster und strenger Hausvater, der auf gute Zucht und Ordnung in seinem Hause sieht[2].

---

1) Gemeiner Landschaft Beschwerung auf dem Landtage zu Uelzen übergeben, 1541 Mittwoch nach Dionysii (12. Octob.) (Des. 47, 2.)

2) Vgl. die Hofordnung Ernsts bei Heimbürger a. a. O. p. 184 ff.

Dass seine Macht gewachsen war, zeigte sich auch in seinem schrofferen Auftreten gegen die Stadt Lüneburg. Als im December 1541 abermals Verhandlungen mit der Stadt begannen, da stellte der Herzog, wie uns Schomaker berichtet, Forderungen, „die sich dahin streckten, dass der Rat ohne des Fürsten Bewilligung keine Macht hätte". Soweit war der Fürst bislang noch nicht gegangen.

Es gelang dem Herzoge nicht einen Vergleich zustande zu bringen, obwohl es an Versuchen dazu auch in den folgenden Jahren nicht gefehlt hat, und eine ganze Reihe von Streitpunkten durch die Verträge mit Bardowik und Ramelsloh, sowie durch das allmähliche Aussterben der katholischen Geistlichen in Norddeutschland von selbst eine Erledigung gefunden hatte.

Mit dem Kloster St. Michaelis kam der Herzog ebenfalls nicht weiter. Das Kloster hatte sich völlig an die Stadt angeschlossen und betrachtete sich als Glied derselben. Die Verhandlungen führte ja auch, wie wir gesehen haben, seit dem Jahre 1533 nicht der Abt, sondern der Rat. Als im Jahre 1542 im Fürstentume Lüneburg die Türkensteuer erhoben wurde, sollte alles in Uelzen bezahlt werden. Allein die Stadt Lüneburg stellte für ihre Bürger eine Kiste auf dem Rathause auf und schickte ihren Beitrag dann direkt nach Braunschweig[1]). Auch das Kloster St. Michaelis schickte seinen Beitrag in die Kiste auf dem Rathause, obwohl der Herzog das ausdrücklich verboten hatte[2]). Daraus ersieht man, wie eng die Verbindung zwischen der Stadt und dem Kloster war.

Durch diesen Anschluss an die Stadt entging das Kloster der Säcularisation oder wenigstens der Umwandlung in ein gemeinnütziges Institut durch den Herzog, denn in etwas hätte Ernst doch wohl den Wünschen des Adels Rechnung tragen müssen.

Aber eine andere Gefahr lag jetzt nahe: das Kloster drohte völlig an die Stadt überzugehen. Bereits im Jahre 1543 hatte sich der Rat für den Fall des Aussterbens des Klosters vom Bischofe von Verden zum beständigen Administrator desselben ernennen lassen, und dies war auch vom Kaiser im Jahre 1544 bestätigt worden[3]). Die Klugheit des Abtes Herbord von Holle fand

---

1) Die Stadt hatte sich zunächst als Hansestadt überhaupt geweigert die Steuer zu zahlen, wurde aber später dazu durch ein kaiserliches Mandat, welches Herzog Ernst (1545) auswirkte, gezwungen.
2) Schomaker a. a. O.
3) Vgl. v. Weihe-Eimke p. 149 f.

einen Ausweg in dieser schwierigen Lage. Zwei Jahre nach dem Tode Herzog Ernsts, im Jahre 1548, schloss er mit den die vormundschaftliche Regierung führenden Räten einen Vertrag, wodurch das Kloster wieder in den vollen Besitz seiner Güter und seiner früheren Rechte gelangte. Dasselbe musste jedoch einen Teil der Güter, den der Herzog verpfändet hatte, selbst wieder einlösen und einen Beitrag zu der Erziehung der „jungen Herrschaft" leisten[1]).

Der endliche Ausgleich des Herzogs mit der Stadt Lüneburg erfolgte erst viel später. Erst im Jahre 1563 gelang es den Bemühungen Klammers und des Abtes von St. Michaelis, Eberhard von Holle (Herbord war im Jahre 1555 gestorben), den Streit, welcher nun fast 40 Jahre lang gedauert hatte, zu schlichten. In dem Vertrage wurde in betreff der Kirchengüter im ganzen der status quo bestätigt. So behält der Herzog die eingezogenen Güter von Heiligenthal ausserhalb, der Rat die innerhalb der Stadt. Die anderen Vertragspunkte gehören dem Gegenstande unserer Darstellung nicht an[2]).

Das Fürstentum und die Klöster seit der Ankunft des Urbanus Rhegius.

Es bleibt uns noch übrig einen Blick auf die weitere Entwicklung der religiösen Verhältnisse des Fürstentums seit der Ankunft des Urbanus Rhegius zu werfen[3]).

Früher haben wir bereits erwähnt, dass der Herzog in der Mitte des Jahres 1531 an die Domherren von Bardowik die Forderung stellte, ihre Kirchengeräte bis auf vier Kelche abzugeben. Dieselbe ist keine vereinzelte. Bei allen Kirchen, über welche der Herzog das Patronat von vornherein besass oder an sich genommen hatte, liess er im Jahre 1531 die Kleinodien aufschreiben und einziehen, nur die zum Gebrauche nötigen liess man denselben[4]). An der Spitze der Commission, welche durch den Herzog beauftragt war, dies vorzunehmen, stand

---

1) Vgl. Havemann a. a. O. p. 464.
2) Vgl. Havemann p. 473 f.
3) Für diese Verhältnisse wurden besonders folgende Aktenfascikeln des H. St. A. benutzt: Des. 49, Reformation der Stifte und Klöster 1; Des. 49, 3; Des. 49, Ebstorf 2; Des. 48, 6; Des. 48, Kirchen- und Pfarrsachen 2. Die Schriftstücke waren meist im Original oder im Concept vorhanden.
4) Betreffs Schwarmstädt findet sich die Bitte: der Herzog möge gestatten, aus mehreren Kelchen einen zu machen, da einer für das viele Volk nicht genüge.

der fürstliche Rentmeister Simon Hoppener; ausser ihm waren noch vier Männer thätig, deren jeder einen bestimmten Bezirk unter sich hatte.

Dass bei dieser Massregel eine Anregung des Urbanus Rhegius anzunehmen ist, möchte ich sehr bezweifeln; viel mehr, so scheint es mir, sind dabei finanzielle Gesichtspunkte als religiöse massgebend gewesen. Nur ein Nebenzweck war es, alles zu beseitigen, was noch an das Papsttum erinnern konnte; der Hauptzweck war jedenfalls der, Geld durch diese Massregel zu erlangen. Der Wert der Geräte wird manchmal, namentlich in den Klosterkirchen, denn auch diesen wurden die Kleinode genommen[1]), nicht gering gewesen sein. Zahlte doch im Jahre 1532 der Rat von Lüneburg, der dem Vorgehen des Herzogs nachgefolgt zu sein scheint, für 10 Kleinode: Crucifixe, Monstranzen u. dgl. 5750 Mark[2]). Dass es gerade auf den Metallwert der Kostbarkeiten den herzoglichen Beamten ankam, zeigen einzelne Zusätze in den Registern. In den kleineren Städten, wie z. B. in Uelzen, behielt der Rat nur ein beschränktes Verfügungsrecht über die Kirchenkleinode: nicht ohne Genehmigung des Herzogs durften dieselben verkauft werden. Schon früher, im Jahre 1527, als Uelzen zum 16. Pfennig 400 Gulden beisteuern sollte, hatte der Rat mit herzoglicher Bewilligung zwei silberne Bilder (Maria und Johannes), die eine Elle hoch waren, nebst Monstranzen, Ampullen u. dgl. zu Gelde gemacht, um die Steuer zahlen zu können[3]), und der „Viehschatz" von 1535 wurde zum grössten Teil vom Rate zu Uelzen mit den Kleinodien der dortigen Kirche bezahlt[4]).

Es entsprach ganz den Ansichten des Herzogs, wenn er jetzt auch eine fortlaufende Rechnungsablage über das Kirchenvermögen in seinen Kirchen forderte. Dieselbe geschah, wie die vorhandenen Rechnungen beweisen, von 1531 an alle drei Jahre. Die Juraten oder Kirchengeschworenen, welche die Rechnung zu führen hatten, mussten vor dem herzoglichen Rentmeister in Celle Rechenschaft ablegen; für ihre Bemühungen erhielten sie gewöhnlich je einen Gulden; den Überschuss zog der Rentmeister ein. Man scheint dabei stets mit

---

1) Walsrode gab Palmarum 1532 folgende Gegenstände an den herzoglichen Rentmeister ab: 1 grosses vergoldetes Kreuz, 1 vergoldetes Sacramentshaus, 2 silberne Ampullen, 2 kleine silberne Kreuze, 5 Kelche nebst Patenen u. a. Vgl. Urkundenbuch von Walsrode Nr. 375.
2) Uhlhorn a. a. O. p. 192.
3) Schilling, historischer Grundriss der Stadt Uelsen p. 68.
4) Schreiben von Bürgermeister und Rat von Uelzen an die Statthalter und Räte zu Celle, Dienstag nach Assumptionis Mariae 1548. (Des. 47, 2). Hämmenstädt berichtet zum Jahre 1528, dass der Herzog viele Kleinodien bekommen hätte, womit sonst nichts anzufangen gewesen sei.

Milde vorgegangen zu sein; wo gerade die Not der Kirche es erforderte, da wurde ein Zuschuss und eine Unterstützung gewährt[1]).

Mag man es bedauern, dass so manches alte Stück von vielleicht künstlerischem Werte in jener Zeit seinen Weg in die Münze gefunden hat, so kann man die Massregel selbst, bei der schweren Not des Fürstentums, als eine durchaus richtige und gute bezeichnen. Das Land wurde von dieser Einziehung der Kleinode nicht bedrückt, und einer augenblicklichen Not des Fürstentums wurde gesteuert. Allerdings hätte ja wohl rechtlich der Ertrag aus dem Verkauf dieser Schätze den betreffenden Kirchen verbleiben müssen. Dass der Herzog denselben für sich in Anspruch nahm, zeigt eben, dass hauptsächlich finanzielle Momente bei der ganzen Angelegenheit in Betracht kamen. Dass diese Gegenstände, welche durch die inzwischen völlig durchgeführte Reformation und die Umgestaltung des Gottesdienstes unbrauchbar geworden waren, überhaupt verkauft wurden, das war jedenfalls auch aus anderem Grunde sehr vernünftig. Denn dieselben konnten höchstens dazu dienen, im Volke abergläubische Gedanken zu nähren. Dem Aberglauben neigte ja das Landvolk in jener Zeit stark zu; muss es doch fast in allen Kirchenordnungen strenge geboten werden, das Taufwasser sofort nach der Taufe wegzuschütten, damit man es nicht zu irgend welchen abergläubischen Handlungen verwende.

Als Rhegius Ende Juni 1531 von Lüneburg nach Celle zurückkehrte und dort das Amt eines Landessuperintendenten übernahm, war die Reformation im Lande selbst durchgeführt. Nur die Klöster, mit Ausnahme von Oldenstadt und Scharnebeck, widerstrebten noch.

In den beiden letzteren Klöstern waren, wie gesagt, die Mönche zum grossen Teil zurückgeblieben, jetzt gelang es — vielleicht dem Einflusse des Rhegius[2]) — die meisten von ihnen zu bewegen, dem Klosterleben völlig zu entsagen.

Es wird uns von katholischer Seite berichtet, der herzogliche Verwalter habe die zurückgebliebenen Mönche in Oldenstadt hart behandelt, ihnen das ihnen zukommende Bier entzogen und am Brennholz zu sparen gesucht[3]).

---

1) Die Register und Rechnungen befinden sich im H. St. A.
2) Gerade in diese Zeit, in welcher die Klöster völlig aufgelöst wurden, fällt auch eine Visitation der Frauenklöster durch Rhegius, so dass man dies damit vielleicht in Verbindung bringen könnte.
3) Chronicon Bothonis bei Leibniz, Ss. rer. Brunswic. II, 365.

Aber nicht das wird der Grund gewesen sein, weshalb die Mönche das Kloster verliessen. Je mehr sich dieselben von dem Katholicismus abwandten, um so mehr mussten sie auch erkennen, dass nicht das Klosterleben das Richtige sei. Im October 1531 wiederholten Abt und Convent des Klosters Oldenstadt (es sind im ganzen noch neun Personen) ihren früheren Verzicht auf die Güter des Klosters und erklärten alle ihre früheren Privilegien, sowie die Urkunden, welche Tzarstede dem Kloster entfremdet hatte, für erloschen. Der Herzog bestätigt ebenfalls seine früheren Verfügungen, wonach er dem Abte und Convente lebenslänglichen Unterhalt versprochen hatte[1]).

Auch in Scharnebeck waren die meisten der Conventualen zurückgeblieben, der Abt Ratbrock dagegen hatte sich, wie bemerkt, nach Lüneburg begeben. Für die Mönche wurden jetzt die früheren Versprechungen des Herzogs wiederholt, und genauer die Lieferungen präcisiert. welche der herzogliche Verwalter ihnen zu geben hatte[2]); aber die Mönche, welche jetzt noch im Kloster zurückblieben, sind von nun an nur noch Privatleute, sie haben keinerlei Ansprüche weiter an das Kloster zu machen. Mehrere, welche sich dazu eigneten, wurden von dem Herzoge nach Bardowik geschickt und dort in die gerade erledigten Präbenden und Vicarien eingesetzt. Damit erlosch ganz oder teilweise die Verpflichtung des herzoglichen Klosterverwalters, sie noch fernerhin zu versorgen. Sie werden jedoch, um einen Haushalt beginnen zu können, vom Herzoge noch ganz besonders ausgestattet, sie erhalten zwei Schweine, zwei Kühe, Roggen und 10 Mark bares Geld. Allen denen, die in den Dienst des Herzogs traten, sei es als Pfarrer, oder als Verwalter von Klosterhöfen, als Küster u. dgl., wurden in besonderen Urkunden diese Zusicherungen wiederholt[3]). Von den 20 Klosterpersonen, welche im Jahre 1529 (den Abt mitgerechnet) im Kloster gewesen

---

1) Drei Urkunden vom Sonnabend nach Dionysii (14. Octob.) 1531. In der einen wiederholt und erweitert der Herzog die Lieferungen für den Abt. Dem Convente wird nur ganz allgemein Unterhalt für Lebenszeit versprochen. Von demselben Datum ist auch die Urkunde, welche Abt und Convent dem Herzoge ausstellten.

2) Sie erhalten Kleidung, Kost, Wohnung im Kloster und jährlich 4 Gulden. Urkunde Ernsts, Scharnebeck, Dienstag (s. d.). Dass diese Urkunde nicht bereits in das Jahr 1529 zu setzen ist, ergiebt sich unzweifelhaft aus einigen Bemerkungen derselben.

3) Es sind etwa 8 Urkunden in Copien vom Montag nach Undecim milia Virginum (23. October) 1531. Die Namen der Conventualen giebt ein bei den Akten liegender Zettel. Einer der Conventualen wird Pfarrer zu Handorf, ein anderer bleibt noch auf drei Jahre Verwalter des Klosterhofes zu Benderstedt, ein dritter Küster zu Handorf.

waren, blieben jetzt noch neun dort zurück, und auch von diesen verliessen einige dasselbe in den nächsten Jahren, um in den Dienst des Herzogs zu treten[1]). Im Jahre 1535 trat eine Änderung in der Verwaltung des Klosters ein: es wurde verpachtet oder verpfändet, und daher wurden die wenigen alten Leute, welche dort noch wohnten, von dem Herzoge anderweitig versorgt. Sie erhielten ihre Lieferungen von jetzt an aus den Einkünften des Klosters Lüne, und von dort aus sollen auch die 14 Prövener und armen Leute des Klosters Scharnebeck unterhalten werden[2]). Auch dem ehemaligen Abte wurde jetzt eine neue Urkunde ausgestellt, in welcher festgesetzt wurde, dass seine Pension von jetzt an durch den Verwalter von Lüne ihm ausgezahlt werden solle[3]).

Die austretenden Mönche von Oldenstadt wird der Herzog in ähnlicher Weise versorgt haben. Der Abt blieb Zeit seines Lebens im Kloster und wohnte in dem ehemaligen Krankenhause, auch einige Ordensleute blieben für immer in Oldenstadt[4]. Im Jahre 1535, so scheint es, wurde hier ebenfalls eine Veränderung vorgenommen. Zwar finden wir nur eine Urkunde aus dem Jahre 1535, in welcher der Herzog einen früheren Angehörigen des Klosters versorgt[5]), aber es wurde in diesem Jahre der grösste Teil der Klosterbibliothek nach Uelzen geschafft und dem Propste dort zur Verwahrung übergeben. Das Verzeichnis derselben ist uns erhalten. Der Abt durfte nach seinem Belieben für seinen Gebrauch Bücher zurückbehalten. Er hatte eine Vorliebe für historische Werke; unter seinen Büchern finden wir Sallust, Sueton, Caesar und Plutarch; Eusebius, Einhard, Sigeberts Chronik, Otto von Freising, Schriften des Aeneas Silvius, des Johann Trithemius, Gersons Werke, die Orationes Ulrichs von

---

1) Am Tage Simonis und Judae 1532 wird Johann Rademaker Küster in Netze, und am Tage Antonii 1533 der ehemalige Portarius des Klosters Prädicant zu Scharnebeck.
2) Die hierauf bezüglichen Urkunden des Herzogs sind vom Sonntage Palmarum 1535. Jeder der Prövener des Klosters erhält vom Herzoge 14 Mark und 1½ Wichhimpten Roggen jährlich, ausserdem Kleider und Schuhe; ihr Haus nebst Garten behalten sie, mit Holz soll sie der neue Herr des Klosters, Dietrich von Elten, versorgen. Von demselben Datum sind auch die Urkunden des Herzogs für die letzten im Kloster sich noch aufhaltenden Mönche. Schon am Freitag nach Oculi hatten dieselben noch einmal auf alle Ansprüche an das Kloster verzichtet.
3) Die Urkunde des Herzogs für Heinrich Ratbrock ist undatiert, aber auch wohl vom Sonntage Palmarum 1535.
4) Abbas mansit in suo claustro degens in infirmatorio cum una famula eum procurante usque ad mortem. Aliqui de monachis manserunt ibidem induti laicis vestibus, et aliqui abierunt retro et post sathanum. (Tagebuch von Lüne bei dem Bericht von 1629.)
5) Urkunde des Herzogs, Freitag nach Trium Regum 1535, für Hermann Lucmann. Aus derselben geht hervor, dass sich noch etliche der früheren Mönche im Kloster befanden.

Hutten u. dgl. Er verbrachte seine letzten Lebensjahre in stiller Beschaulichkeit. Der Herzog hatte ihm mehr gegeben, als er brauchte, er konnte von seinem Überflusse noch den Armen Wohlthaten erweisen. Bei seinem Tode hinterliess er, so wird uns berichtet, kaum 24 Thaler, alles übrige hatte er den Armen gegeben; niemanden, der hülflos und hülfsbedürftig war, liess er ohne Gabe von sich ziehen. Er starb am 9. November 1541, hochbetagt, betrauert von allen, die ihn gekannt hatten. Ein Mann wie wenige rein und edel, schlicht und fromm. — Im Jahre 1545 wurde der Rest der Bücher des Abtes und der andern Brüder, sowie auch die Chorbücher nach Uelzen gebracht. Es scheint damals keiner der früheren Mönche mehr im Kloster gewesen zu sein[1].

Der völlige Ausgleich mit diesen beiden Klöstern hatte dem Herzoge keine grosse Schwierigkeiten gemacht; schwerer und heftiger war der Kampf, den er mit den Frauenklöstern zu führen hatte.

Alle Befehle und Ermahnungen hatten nichts genützt, man verwarf die Annahme des „Ratschlages zu Notdurft der Klöster", welcher, wie wir sahen, im Anfange des Jahres 1530 den Conventen der Frauenklöster zugesandt worden war.

Als nun Rhegius Superintendent des Fürstentums geworden war, da unternahm er im Auftrage des Herzogs eine Visitation der Frauenklöster und richtete dabei sein Augenmerk besonders auf die Beichtväter der Nonnen, wie das der Ratschlag ja auch forderte. Die Prüfungen derselben fanden zum Teil in Gegenwart des Herzogs statt. — Auch der Beichtvater der Nonnen von Lüne war auf den 9. September 1531 zur Prüfung nach Ebstorf beschieden, die Nonnen beteten inzwischen für ihn sieben Paternoster. Der Kanzler und Rhegius prüften denselben. Man fragte ihn nach der Absolutionsformel und nach der Regel. Als dann Herr Dietmarus Spitzbart, so erzählt eine Lüner Nonne, antwortete, die Regel sei auf dem Evangelium gegründet, da nahm man dies Wort zum Vorwand und befahl ihm, binnen drei Tagen den Klosterhof zu verlassen. Die Lüner Nonnen versorgten ihn; sie gestatteten ihm in ihrem Hause in Lüneburg zu wohnen und traktierten ihn auch, wenn er gelegentlich einmal wieder in das Kloster kam, mit einem Glase Malvasier[2].

---

[1] Die Nachrichten finden sich in dem Verzeichnis der Bücher von Oldenstadt (abgedruckt in der Zts. des hist. Vereins für Niedersachsen 1856, p. 122 ff.), sie sind von dem Propste Wemaring in Uelzen.

[2] Vgl. die Berichte über die Reformation in Lüne von 1629 und Hannov. Magazin 1821, p. 410 f.

Das traurige Ergebnis dieser Visitation veranlasste Rhegius noch im October 1531 zu der Schrift: „Eine wunderbarliche, ungeheure Absolution der Klosterfrauen im Fürstentume Lüneburg"[1]).

Keiner der Beichtväter, von denen zwei über 70 Jahre alt waren, kannte, so berichtet uns Rhegius, die Absolutionsformel, keiner wusste, was claves ecclesiae wären. Endlich hatten sie eine Absolutionsformel zusammengeflickt: „Das Leiden unsers Herren Jesu Christi, das Verdienst der herrlichen Jungfrau Maria und das Verdienst aller Heiligen, die Demütigkeit eurer Beichte, die Härtigkeit und Gehorsam eurer Regel, die guten Werke, die ihr gethan, und die Übel und Widerwärtigkeiten, die ihr erlitten habt, erledigen euch von der Sünde". Das war die Absolutionsformel, welche die Klosterfrauen ihren Beichtvätern vorschrieben. Alle diese sieben einzelnen Punkte werden von Rhegius in seiner Schrift besprochen, und der geistige Hochmut der Nonnen, die sich auf die Demütigkeit ihrer Beichte absolvieren lassen, scharf gegeisselt. Warum absolviert man nicht auch Reiter und Landsknechte auf ihren harten Orden? so fragt Rhegius. Und was die Widerwärtigkeiten anbetrifft, die sie erduldet haben, so verweist er auf jenen Cardinal, der einmal gute Fische habe essen wollen und, als man ihm dann nur Salm vorsetzte, wehmütig ausrief: „O, quanta patimur pro regno dei!" Sündenhäuser müsse man die Klöster nennen, denn vom Keller bis ans Dach steckten sie voll Sünde und Ungerechtigkeit. Dann setzt er ihnen auseinander, was rechte christliche Busse sei und zeigt ihnen, dass sie nur durch Christum die Seligkeit erlangen könnten.

Aber diese Schrift half wenig; der Widerstand der Klöster, selbst gegen das Anhören der Predigt, dauerte fort. Dies wenigstens zu fordern, dazu hielt sich der Herzog für berechtigt und auch für verpflichtet; wir kennen seine Ansichten über diesen Punkt bereits, und Rhegius stimmte auch hierin, wie in so vielen Punkten, mit seinem Fürsten völlig überein.

Besonders waren es, wie wir das schon hervorhoben, die drei Klöster der Verdener Diöcese: Lüne, Medingen und Ebstorf, welche den Widerstand am längsten und hartnäckigsten durchgeführt haben. Auch die anderen Frauenklöster widerstrebten heftig, und es ist z. B. eine ganz falsche Ansicht, dass Walsrode schon etwa im Jahre 1530 die Reformation angenommen habe. Aber der

---

1) Deutsche Schriften IV, 33, gewidmet den Predigern in Celle, Valentin Tham und Johann Matthaei, datiert Celle, Simonis und Judae (28. October) 1531.

Widerstand der Klöster der Hildesheimer und Mindener Diöcese ist nicht so gut organisiert, als der in der Verdener Diöcese gelegenen, welche durch den Erzbischof Christoph oder durch Augustin von Getelen Belehrung und Ermutigung erhielten.

Im Februar und März des Jahres 1533 besuchte Herzog Ernst abermals verschiedene Klöster des Fürstentums; am 15. Februar war er in Lüne, wo er jedoch nichts ausrichtete. Die Nonnen verweigerten die Annahme der lutherischen Schriften, welche der Herzog ihnen mitgebracht hatte[1]).

In Isenhagen dagegen, wo wir ihn am 9. März finden, hatte seine Anwesenheit besseren Erfolg. In Gegenwart seines Prädicanten, den er mitgebracht hatte, fragte der Herzog, ob es wahr sei, dass etliche im Kloster das Abendmahl auf lutherische Weise zu feiern wünschten. Da trat „kindlich und dreist, ungefordert und ohne Erlaubnis" die jugendliche Anna von Knesebeck vor und bekannte, „dass sie solches von Herzen zu thun begehrte". Ihrem Beispiele folgten noch fünf andere Bewohnerinnen des Klosters, drei Puellen und zwei Conversen. Der Fürst war hocherfreut über diese erste lutherische Regung in dem Kloster und gab dem Convente den strengen Befehl, diese lutherisch Gesinnten in keiner Weise zu hindern und zu schädigen[2]). — Das war aber nur eine einzig dastehende Erscheinung, und der Convent blieb bei seinem Widerstande. Noch immer stand derselbe in steter Verbindung mit dem abgesetzten Propste Burdian in Braunschweig, welcher die Nonnen wohl in ihrer Trübsal getröstet und sie zum freudigen Ausharren in der allein seligmachenden Religion gestärkt haben wird. Augenblicklich arbeitete man daran, mit möglichster Schnelligkeit dem Propste eine dem Kloster zuständige Vicarie in Steimke zu übertragen, damit dieselbe nicht „wegen der lutherischen Sekte vernichtet werde".

Verschiedene Schreiben ergingen an Lüne und die anderen Klöster, in denen der Herzog sie zur Abschaffung der Misbräuche aufforderte und ihnen nochmals befahl, sich nach der ihnen übersandten Ordnung zu halten und das Sacrament unter beiderlei Gestalt zu feiern[3]). Die katholischen Beichtväter

---

1) Hannoversches Magazin 1821, p. 412.
2) Memoriale des Klosters Isenhagen (abgedruckt in der Zts. des hist. Ver. für Niedersachsen, 1867), verfasst von einer damals lebenden Nonne.
3) Zwei undatierte Schreiben des Herzogs an Lüne (Des. 49, 1 und Verz. d. Manuscripte J. 76). Auf das letztere derselben bezieht sich wohl die Bemerkung im Hannov. Magaz. (p. 410), dass 1532 ein Schreiben an das Kloster, von Urbanus Rhegius verfasst, ergangen sei.

waren, wie es scheint, schon nach jener Visitation durch Rhegius den Klöstern genommen.

Auch an Ebstorf schrieb der Herzog und übersandte den Nonnen zugleich noch einmal den „Ratschlag". Er könne nicht länger mehr zulassen, dass sie ohne alle christliche Religion mit Verachtung des göttlichen Wortes und der Predigt des Evangelii zur Beschwerung der Seligkeit und dem Nächsten ein Ärgernis, wie das nun jetzt seit etlichen Jahren der Fall sei, in ihrer Herzens Härtigkeit beharrten. Darum sei seine ernstliche Meinung gewesen, dass sie wöchentlich dreimal den Prediger anhören sollten. Aber sie hätten nicht einmal den „Ratschlag" angenommen, viel weniger sich daran gehalten, sondern alles in den Wind geschlagen. Jetzt wolle er ihnen abermals einen Prediger schicken, der dreimal wöchentlich in ihrer aller Gegenwart auf dem Chore predigen solle. Würden sie seinem Befehle nicht folgen, Gottes Wort nicht hören und das Sacrament nicht richtig feiern, so sollten sie spüren, dass ihm, dem Herzoge, Gottes Wort und seine Seligkeit mehr am Herzen lägen, als die Rücksicht auf sie. Nicht länger werde er sie bei ihrem unchristlichen und unleidlichen Vorhaben und ihrer Verachtung alles christlichen Verstandes dulden[1]. — Als keine Antwort erfolgte, wiederholte der Herzog seinen Befehl noch einmal kurz und drohend[2].

Auch den andern Klöstern müssen ähnliche Schreiben zugegangen sein. Von Ebstorf lief eine Antwort ein, die, wie Rhegius gewiss mit Recht meint, nicht in Ebstorf selbst entstanden war. Wenn sie gemerkt hätten, so schreiben die Nonnen, dass in den zugeschickten Artikeln nur göttliche Lehre enthalten sei, so würden sie sich nicht geweigert haben, dieselben anzunehmen. Nun aber wüssten sie, dass ausserhalb der Kirche kein Heil sei; die Kirche aber sei die, welche von der Apostel Zeit bis heute gedauert habe und noch dauere. Von dieser sich zu trennen, dafür sei für sie gar kein Grund vorhanden, sie könnten es ihrer Seligkeit wegen nicht. Es wolle ihnen, als in solchen Sachen nicht gelehrten Frauensbildern, nicht geziemen, gegen den übersandten Druck zu kämpfen, das überliessen sie der Kirche und ihren Häuptern. Es sei aber nicht nur gegen die Sitte der Kirche, sondern auch gegen die jung-

---

[1] Herzog Ernst an Ebstorf, Celle, am Sonnabend nach Jacobi (26. Juli) 1533. (Concept.)

[2] Herzog Ernst an Ebstorf, Celle, Freitags Assumpt. Mariae (15. August) 1533.

fräuliche Klosterzucht, dass der Herzog einen gottseligen, gelehrten Prädicanten schicken wolle; daraus werde manche Unbequemlichkeit und Verführung der Seelen entspringen, und sie hofften, der Herzog werde sich noch anders besinnen. Der Prädicant solle Gottes Wort rein und ohne Zusatz predigen, aber man kenne das aus eigner und anderer Erfahrung. Diese Art Leute hielten weder auf jungfräuliche Ehre, Zucht und Redlichkeit, noch trügen sie derselben Rechnung. Vor ihnen, den unschuldigen Kindern, breiteten sie manches aus, was besser ungesagt bliebe. Was man denn von Männern erwarten solle, welche die höchste Obrigkeit lästerten und darauf hinarbeiteten, den Stand der Klosterjungfrauen ganz zu vernichten, der doch in der Schrift und der Väter Lehre gut begründet sei. Darum möge man sie sowohl mit dem Prädicanten, als auch mit allem andern verschonen[1]).

Diese Antwort wurde an Rhegius nach Lüneburg gesandt, sie hatte den Herzog heftig erregt. Er merke wohl, erwiderte Rhegius dem Kanzler, dass die Nonnen im Fürstentume sich verbänden, dem Evangelio keine Statt zu geben. „Eine geschwinde Vorbedeutung" sei es, dass die von Ebstorf und nicht die von Lüne geantwortet hätten, das sei geschehen, damit man den heimlichen Anschlag weniger merke. Unmöglich könnten die Nonnen etwas derartiges selbst verfasst haben, denn der Schreiber habe viele Ränke und heimliche Griffe und Stiche gebraucht. Auch die Mönche von St. Michaelis beriefen sich zur Bestätigung des Klosterlebens auf die Gelehrten, er vermute, es werde „vielleicht ein Dichter sein (doch ohne Geist) bei der Verantwortung der Mönche und Nonnen". Die Nonnen widerriefen alle ihre Lehre und Regel und eigne Absolution, wenn sie sagten, dass sie allein durch Christus selig zu werden hofften. Ihre Antwort stelle den Fürsten ausserhalb der Kirche, als einen Ketzer hin, die Ehre der Prädicanten werde angegriffen, diese mögen sich verteidigen. Zwei Entgegnungen möge man auf den Brief der Nonnen verfertigen; wer aber antwortet, der muss vorsichtig sein und dem bösen Geiste auf alle heimlichen Griffe klare Antwort geben: 1) Der Herzog soll den Nonnen eine kurze Erwiderung zukommen lassen, dass solche spitzige Antwort, die weit von der Wahrheit abwiche, ihnen nicht gezieme, er brauche nicht von Priorinnen und Äbtissinnen belehrt zu werden. 2) Die Prä-

---

1) Elisabeth Priorissa und Convent von martyris (18. August) 1533. Ebstorf an Herzog Ernst, am Tage Agapeti

dicanten sollen aus der Schrift, den Historien und alten Lehrern die Behauptungen der Nonnen widerlegen, dazu will auch Rhegius sein Bestes thun[1]).

Für die Antwort des Fürsten gab Rhegius ausserdem eine Reihe von Gesichtspunkten und Bemerkungen, welche Förster, der die Entgegnung verfasst hat, zum Teil wörtlich in dieselbe aufgenommen hat[2]).

Er geht darin auf die Einwände der Nonnen ein. Auch der Herzog kenne nur eine Kirche, welche von den Aposteln auf Christum gegründet worden sei; aber die Lehre derselben sei verderbt gewesen. Freilich lobe Paulus den jungfräulichen Stand, aber es solle kein Zwang dabei herrschen, auch könne das Klosterleben nicht aus den alten Lehrern bewiesen werden. Man habe die Irrtümer erkannt und wolle ihnen das Evangelium in apostolischem Sinne predigen lassen, rechtschaffen und Gott angenehm und nicht gegen Zucht und gute Sitte; dagegen hätten sie sich gesträubt. Weil aber der Fürst durch kaiserliches und göttliches Recht Macht und Gewalt habe, sie zum Anhören des Wortes Gottes zu zwingen. so ermahne er sie nochmals sich zu fügen, damit er nicht schärfer gegen sie vorzugehen brauche. Dem Prediger habe er befohlen, alles in seiner Predigt zu meiden, was Anstoss erregen könne; thue er das nicht, so solle er bestraft werden.

Die Prädicanten hatten inzwischen eine längere Schrift verfasst, welche Rhegius vorgelegt und von diesem noch verbessert wurde. Es ist das die „Warnung des hochgeborenen Fürsten und Herrn Ernsts, Herzogs zu Braunschweig und Lüneburg an alle Frauenklöster seines Fürstentums, dass sie das heilige Evangelium zu hören sich nicht weigern"[3]).

Bislang — so lassen die Prädicanten den Herzog schreiben — hätten ihm die Klöster in seinem Vorhaben widerstrebt, er glaube aber seinem Amte schuldig zu sein, alles, was möglich sei, zu versuchen. Darum wolle er ihnen und ihren Glaubens- und Blutsverwandten jetzt gründliche Rechenschaft geben, damit sie

---

1) Rhegius an Förster, Lüneburg, am 27. August 1533. Dabei liegt ein Zettel, welcher die Vorschläge in betreff der beiden Antworten enthält.

2) Mir lag nur das undatierte Concept der Antwort in der Handschrift Försters vor.

3) Ich halte diese Schrift um so mehr für die von Rhegius geforderte Antwort der Prädicanten, als mir ein Exemplar derselben vorlag, welches mit eigenhändigen Correcturen von Urbanus Rhegius versehen worden war. Die Schrift ist undatiert. Uhlhorn setzt sie in das Jahr 1533, aber etwa Ende Juli, vor jenen Brief der Nonnen von Ebstorf vom 18. August; während ich dieselbe, da sie erst auf Anregung des Briefes von Urbanus Rhegius (am 27. August 1533) entstanden ist, frühestens Anfang September ansetzen kann.

klar sähen, dass er nur das fordere, wozu er Fug und Recht habe, und worin ihn daher niemand hindern dürfe.

Als die seligmachende Wahrheit des Evangeliums so klar erschienen sei, dass man habe erkennen können, in welcher Finsternis man bisher gewandelt, da habe er geglaubt, nicht bloss selbst in der Gnade verharren, sondern auch die ihm Befohlenen dazu führen zu müssen. Zur christlichen Wahrheit aber könne man nur durch das göttliche Wort kommen: darum sei vor allen Dingen nötig, dass man das Evangelium höre, lauter, rein und einfältig, wie Christus und die Apostel dasselbe gepredigt hätten, und wie es jetzt zum Preise Gottes im ganzen Fürstentume gepredigt werde. Wenn aber jemand aus Verstocktheit und Frevel seine Seligkeit verscherzen will, so darf der Fürst ihn wenigstens zum Anhören des Evangeliums zwingen. Die weltliche Obrigkeit kann keinen Glaubensartikel machen, die Leute aber zum wahren Glauben zu führen und die Verächter zu strafen — das erlauben die göttliche Schrift, das kaiserliche Recht und selbst die „guten" Canones des geistlichen Rechts. Wenn jemand spricht, man solle keinen zum Glauben zwingen und nicht „fictos catholicos", Heuchler, machen, so muss man demselben antworten: Zum Glauben kann man allerdings niemanden zwingen, denn der Glaube ist ein freies Werk. Der heilige Geist giebt ihn **durch das Anhören des göttlichen Wortes**. Ein Vater kann seine Kinder züchtigen, warum soll der Fürst, der pater patriae, seine Unterthanen nicht wenigstens zwingen die reine Lehre anzuhören? Dass selbst das gezwungene Hören des göttlichen Wortes eine grosse Frucht bringe, das hat schon Augustin in seiner Schrift gegen die Donatisten bewiesen. Der Fürst handelt, wie er es verantworten kann, ohne Ansehen der Person. Er darf nicht dulden, dass die, welche aus Unwissenheit gegen Gottes Wort sich sträuben, in derselben gelassen werden. Dies mögen sich die Klosterpersonen zur Warnung gesagt sein lassen. Reich ausgestattet ist die Schrift mit Citaten aus der Bibel, aus Augustin und Gregorius Magnus. Die Edicte der Kaiser Marcian, Valentinian, Gratian und Constantin werden angeführt, so dass die Schrift einen durchaus gelehrten Charakter trägt und auch darin der Forderung des Rhegius völlig entspricht.

Das Rundschreiben wurde den Klöstern zugeschickt, allein es half gar nichts. Sämtliche Klöster beharrten in ihrem Widerstande, und selbst persönliche Verhandlungen mit den herzoglichen Räten, die uns z. B. für Lüne bezeugt sind, führten zu keinem besseren Resultate. Da glaubte der Herzog endlich zu schärferen Mitteln greifen zu müssen, seine Geduld war erschöpft. Er gab deshalb Ende des Jahres 1533 seinen Verwaltern zu Ebstorf, Lüne, Medingen, Isenhagen, Wienhausen und Walsrode den Befehl, noch einmal die Convente aufzufordern, den Prädicanten wöchentlich vier Mal auf dem Chore predigen zu hören. Geschehe dies nicht, so sollen die Stricke von den Glocken abgeschnitten und die Klöppel aus denselben genommen werden. Sobald der Herzog andere Geschäfte erledigt habe, werde er Ernst damit machen und die Nonnen zum Anhören der Predigt zwingen[1]).

In Medingen forderte der Hauptmann Thomas von Görden von den Nonnen, den lutherischen Prädicanten entweder auf dem Chore predigen zu lassen, oder ihm eine Kanzel zu bauen, die so hoch sei, dass er den Jungfrauenchor übersehen könne. Dessen weigerte man sich entschieden, und so kam der Befehl des Herzogs in betreff der Glocken zur Ausführung; derselbe wurde auch nicht aufgehoben, als der Convent sich deshalb an den Herzog wandte und demütig bat, sie bei ihrem Glauben und Stande zu lassen und sie nicht irre zu führen. Sie versprachen sogar den Prediger anzuhören und niemanden zu hindern dies zu thun, nur sollte derselbe an seiner bisherigen Stelle bleiben[2]).

Die Antwort des Herzogs, die wohl zum Teil aus der Feder des Rhegius geflossen ist, zeigt nochmals scharf den Standpunkt des Fürsten. Zur Anhörung des Wortes Gottes werde er sie zwingen, aber nur dies und die Feier des Abendmahls unter beiderlei Gestalt fordere er von ihnen, er wolle sie dagegen bei ihren Statuten, ihrer Regel und ihrem Orden lassen, obwohl sich auch dagegen vieles anführen liesse[3]).

Das Schreiben ist im wesentlichen theologisch gehalten und geht noch besonders auf die Klage der Nonnen ein, dass sie der Messe beraubt seien. Sie sollten das Sacrament recht feiern, dann würde ihnen weder jetzt noch jemals die Messe fehlen.

Der Widerstand der Nonnen wurde dadurch nicht gebrochen; sie wurden

---

1) Das Schreiben ist gedruckt bei Lyssmann a. a. O. p. 142, d. d. Celle, Donnerstag nach Luciae (18. December) 1533; dass es an alle Frauenklöster gerichtet wurde, beweist die Adresse des im H. St. A. vorhandenen Concepts.

2) Der Convent von Medingen an den Herzog, am Tage Silvestri 1534 (31. December 1533).

3) Der Herzog an Medingen, Celle am Montage nach Reminiscare (2. März) 1534.

um so hartnäckiger, je mehr sie sich als Märtyrer ihres Glaubens fühlten. Mit Gewalt ging der herzogliche Hauptmann in Medingen gegen sie vor: am Klosterhofe liess er Thore und Pforten zerschlagen, in die Mauer des Jungfrauenchors liess er ein grosses Loch brechen, durch welches der Prädicant predigen musste[1]). Dafür machte man ihm aber auch das Leben so sauer, dass er schon 1535 seinen Abschied nahm.

Isenhagen nimmt durch den erwähnten Übertritt mehrerer Nonnen zum Luthertume eine Ausnahmestellung unter den Klöstern ein. Ernst beschäftigt sich mit diesem Kloster ganz besonders, seine Strenge gegen den Convent ist grösser als in anderen Klöstern, welche noch vollständig katholisch waren. Als er nach Ostern 1533 vom Convente in Isenhagen eine Summe von 700 Gulden forderte, und man sich weigerte dieselbe zu geben, „da untersagte er", wie uns eine Nonne berichtet, „Brot und Trank, Milch und Butter, Käse, Holz und alles, was uns von unserer Propstei zu Fuhrwerk gehört, so dass wir unsere Conversen müssen aussenden und lassen bitten Freunde und Fremde zu Uelzen und Lüneburg um Brot und Trank. Das Holz müssen wir uns selbst durch Pfütze und Dreck zusammentragen, waten und fällen auf unsern eignen Schaden. Sothane Gewalt und unerhört unchristlich Leidwesen trugen wir zehn Wochen; unsere Dienste waren uns ja so ungnädig als der Fürst samt der Bauerschaft"[2]).

Es musste ja jetzt durch die Verschiedenheit der Religion im Kloster notwendig eine Lockerung der Klosterzucht herbeigeführt werden. Lutherische Schriften kamen in Menge nach dort, und die lutherischen Klosterpersonen kehrten sich nur noch wenig an die Befehle der Domina. Man benutzte sie gegen die andern, fragte sie fleissig, ob sie auch bedrückt würden und Not leiden müssten. Der Schreiber des Klosters, Heinrich Krege, war als Verwalter in den Dienst des Herzogs getreten, und auch über ihn wird wehklagend das Urteil gefällt: „O, du ungetreuer Knecht".

Der Befehl in betreff der Glocken erging auch wegen fortdauernden Widerstandes an Isenhagen. Als Krege in Gegenwart des Prädicanten dem Convente denselben mitteilte, antwortete man zunächst mit Scheltworten. Aber

---

1) Lyssmann a. a. O. p. 142.
2) Zeitschrift des hist. Vereins für Niedersachsen, 1867, p. 147.

am folgenden Tage erklärte man sich doch — wie in Medingen — zum Anhören der Predigt bereit, nur solle der Prädicant nicht auf dem Chore predigen. Die Stricke von den Glocken abzuschneiden, war nicht möglich, da man nur vom Kloster aus in den Turm gelangen konnte, und die Nonnen alles stets sehr sorgfältig verschlossen.

Der Herzog war sehr wenig mit der Antwort der Nonnen, welche Krege ihm mitteilte, zufrieden. Er drohte, aber das half nichts[1]). Die lutherisch Gesinnten klagten über schlechte Behandlung von Seiten des Convents. Daher sandte Herzog Ernst am 21. April 1534 seinen Bruder Franz in Begleitung des Licentiaten Klammer an den Convent, und liess durch sie die Forderung stellen: den lutherischen Klosterpersonen zu gestatten, so oft sie wollten, das Abendmahl unter beiderlei Gestalt in der Klosterkirche zu feiern. Aber zu einer solchen Entweihung wollte man seine Einwilligung nicht geben. „Da sprach", so berichtet unsere Nonne, „der Licentiat Klammer: er verstände es wohl in unsern Reden, wir wollten uns halten als die Papisten und nicht an die Wahrheit, derohalben hätten wir Conscientiam Pharaonis". Im Zorne schied man von einander.

Eine Zeit lang ruhten die Verhandlungen mit den Klöstern.

Urbanus Rhegius hatte sich inzwischen des Landes eifrig angenommen. Er hatte dem Herzoge jetzt versprochen, Zeit seines Lebens bei ihm zu bleiben und hatte daher verschiedene günstige Anerbietungen, welche ihm von anderen Seiten gemacht worden waren, zurückgewiesen.

Zu dem Herzoge und seinem ganzen Hause stand er in einem sehr engen Verhältnisse. 1535 widmete er den drei herzoglichen Brüdern das „Handbüchlein eines christlichen Fürsten", in welchem alle jene Sätze von dem christlichen Berufe eines Fürsten, der das Recht und die Pflicht hat, seine Unterthanen zum Worte Gottes zu führen, noch einmal auseinandergesetzt werden. Wir haben sie ja schon längst als Ernsts innerste Überzeugung kennen gelernt. Der Schwester des Herzogs, jener Apollonia, die Ernst 1527 ziemlich gewaltsam aus dem

---

[1]) Vgl. folgende Schreiben: Krege an den Herzog, Dienstag nach Thomae apostoli (23. December) 1534 (das Jahr ist jedenfalls verschrieben, das Schreiben gehört, wie die Antwort des Herzogs zeigt, noch in das Jahr 1533). Der Herzog an Krege, Montag nach Trium Regum (12. Januar) 1534. Krege an den Herzog, Donnerstag nach Hilarii (15. Januar) 1534.

Kloster Wienhausen fortgenommen hatte, widmete Rhegius eine seiner schönsten Schriften, den Dialog Christi mit den Jüngern von Emaus.

Als Superintendent des Fürstentums hatte Rhegius die Prüfung und Ordination der Geistlichen. Viele Pfarrstellen des Landes waren noch unbesetzt[1]); gute Prediger zu bekommen, darauf musste sein Hauptaugenmerk gerichtet sein. Der Entwurf einer Prüfung der Geistlichen ist uns erhalten und zeigt, dass es Rhegius sehr ernst damit nahm. Reinheit der Lehre und des Lebens fordert er vor allem; aber der Prediger muss auch geschickt sein zu lehren. Seine Lehre ist das Evangelium, daraus soll er zweierlei predigen: Busse und Vergebung der Sünden. So soll er auch über diese beiden Punkte besonders geprüft werden, den Schluss soll dann eine Prüfung über die Sacramente bilden. Wird der Geprüfte durch den Superintendenten zum kirchlichen Amte zugelassen, so soll er zunächst noch eine Probe bestehen und dann dem „Senate" präsentiert werden, welchem die Wahl der Geistlichen zusteht[2]). Dieser „Senatus ecclesiasticus", der auch sonst noch erwähnt wird[3]), und welchem u. a. die Entscheidung in Ehesachen zustand, bezeichnet den ersten Ansatz zu dem späteren Consistorium. Über die Zusammensetzung desselben wissen wir nichts, über seine Competenzen nur das Wenige, was soeben angegeben worden ist.

Eine ähnliche Stellung, wie jene Instruction des Herzogs für seine Prediger, nimmt eine Schrift des Rhegius ein, welche noch auf lange hinaus grossen Einfluss geübt und die Instruction völlig verdrängt hat. Es sind das die „Formulae quaedam caute et citra scandalum loquendi". Man kann sie als eine Erweiterung jener früher erwähnten herzoglichen Instruction bezeichnen, dieselben Gedanken kehren in beiden wieder. Rhegius geht auf die einzelnen wichtigen Punkte der kirchlichen Lehre ein und giebt dann gewöhnlich am Schlusse eines solchen Abschnittes eine kurze deutsche Zusammenfassung (während die Schrift sonst lateinisch geschrieben ist), wie man über den betreffenden Gegenstand in richtiger Weise, ohne Anstoss zu erregen, reden soll. Auch diese Schrift ist ganz in dem Geiste des Herzogs geschrieben und geht völlig auf die Gedanken

---

1) Vgl. Uhlhorn p. 362 Anm. 6.
2) Vgl. Examen episcopi in ducatu Lüneburg. Opp. latt. II, 46 ff.
3) Vgl. Unschuldige Nachrichten, 1706, p. 362.

desselben ein; auch sie ist schonend und milde, conservativ, so weit als möglich: jede Übertreibung nach der einen oder anderen Seite wird vermieden[1].

Es ist hier nicht der Ort, auf die schriftstellerische Thätigkeit des Urbanus Rhegius überhaupt einzugehen, erwähnen wollen wir nur, dass derselbe bei seiner Sorge für die Pfarren auch die Sorge für die Schulen nicht vernachlässigte. Er schrieb mehrere Katechismen, von denen er den einen den Söhnen Ernsts, Franz, Otto und Friedrich widmete. Dieselben sind mehr für die höheren Schulen als für das Volk bestimmt.

Doch wir kehren zu den Bemühungen Ernsts um die Reformation der Klöster zurück.

Von Urbanus Rhegius, Martin Undermark und seinen weltlichen Räten begleitet finden wir den Herzog Mitte Juli 1535 abermals in Isenhagen. „Die Theologen thaten", so heisst es in jenem erwähnten Tagebuche, „in einem halben Tage drei Sermonen, Martinus zwei, Urbanus eine in die dritte Stunde, der Kanzler auch eine Stunde, der Fürst selbst auch in grosser und harter Bedräuung Leibes, Lebens und Gutes; denn er war ein gewaltig Mann und auch gewandt neues zu beweisen, und uns strafen konnte".

Damit schliesst der eigentliche Bericht, und wir irren wohl nicht, wenn wir annehmen, dass auch die anfangs papistische Klosterjungfrau sich dem Neuen angeschlossen hat. Sich selbst anklagend und entschuldigend schliesst sie ihr Tagebuch über die erduldeten Leiden. Die Mehrheit der Klosterbewohnerinnen scheint zum Luthertume übergetreten zu sein; noch nicht freilich die Äbtissin. Als im Jahre 1539 Herzog Franz mit Gifhorn auch Isenhagen bekam, liess er durch den von ihm eingesetzten neuen Hauptmann schärfere Massregeln gegen den Rest der noch katholischen Nonnen ergreifen. Das veranlasste im Jahre 1540 die Äbtissin Margarethe von Boldessen, unter Mitnahme der wertvollsten Papiere nach Halberstadt in das Burchardskloster zu fliehen, mit ihr verliessen die Priorin Lucke von Gilten und Sillien von Mahrenholz das Kloster. An ihrer Stelle wurde die bereits gut lutherische Judith von Bülow Äbtissin, und die Reformation des Klosters war damit vollendet. Als die besser geordneten Verhältnisse ihr Duldung versprachen, kehrte auch Margaretha von Boldessen im Jahre

---

1) Die erste Ausgabe erschien Wittenberg 1535. Gedruckt Opp. latt. I, 76 ff.

1554 nach Isenhagen zurück; sie starb dort dem katholischen Glauben treu bis zu ihrem Tode[1]).

Im Jahre 1537 oder 1538 gelang es dem Herzoge auch mit Walsrode einen Ausgleich herbeizuführen. Die bisherige katholische Domina Anna Behr legte ihr Amt nieder, und an ihre Stelle trat eine der bereits lutherischen Conventualinnen, Anna von Weige. Die Briefe und Siegel, welche man aus Furcht vor dem Herzoge ins Ausland gebracht hatte, sollen baldigst zurückgeholt und im Kloster in einer Kiste mit drei Schlössern verwahrt werden, zu welchen die alte Domina, die neue und die Küchenmeisterin je einen Schlüssel haben soll. Verschiedene Bestimmungen werden getroffen, ähnlich denen, welche wir früher in den Männer-Klöstern kennen lernten, nur weniger umfangreich, durch welche der Herzog die in den Ruhestand tretende Äbtissin auf Lebenszeit versorgte[2]).

Mit dem Kloster Lüne stand man eigentlich fortwährend in Verbindung. Immer aufs neue bemühte man sich, die Nonnen dem Luthertume zu gewinnen, aber immer erhielten der Herzog oder seine Räte dieselbe Antwort: es sei gegen ihr Gewissen, den Forderungen nachzugeben. 1535 starb die Äbtissin Mathilde Wilden; am folgenden Tage kam der Kanzler ins Kloster, auch der Fürst wurde erwartet. Man schwebte in grosser Angst, dass die Neuwahl beeinflusst werden würde und wählte daher auf den Rat etlicher guter Freunde aus Lüneburg so schnell als möglich die streng katholische Elisabeth Schneverding wieder. Ohne Priester, in aller Stille wurde die Beerdigung der alten Domina vorgenommen.

Ähnlich wie in Isenhagen versuchte der Herzog auch hier im Jahre 1537 zum Ziele zu kommen. Er kam im Juli in Begleitung seines Bruders Franz, des Urbanus Rhegius, Ginderichs und seiner weltlichen Räte in das Kloster und forderte: Die Nonnen sollen die Predigt anhören, das Abendmahl unter beiderlei Gestalt feiern und nicht mehr den Gesang Salve regina singen. Der Fürst

---

1) Vgl. die „Ertzelung und Beschreibung des Closters Isenhagen". Zts. d. hist. Vereins f. Niedersachsen, 1867, p. 150. Hier ist irrig als Ort der Flucht Hildesheim angegeben. Vgl. darüber Urkundenbuch von Isenhagen p. VIII, Anm. 5.

2) Die Urkunde (vom Montag nach Kiliani) findet sich im Concept (anscheinend in der Handschrift Klammers) im H. St. A. (Des. 49, 1). Ein Auszug aus derselben ist gedruckt in dem Urkundenbuche von Walsrode Nr. 372. Die Urkunde ist ohne Jahr, aber sie ist ausgestellt von Ernst und Franz, sie gehört daher in die Zeit, in welcher Franz wirklich Mitregent gewesen ist (December 1536 — October 1539).

selbst, Rhegius, der Kanzler redeten auf den Convent ein, mehrere Tage blieb man im Kloster, und es gelang endlich, die Nonnen zu dem Versprechen zu bewegen, den Prediger anhören zu wollen. Durch die Mauer des Jungfrauenchores wurde ein Loch gebrochen, so dass der Prediger in der Kirche dort verständlich war und sehen konnte, ob niemand von den Nonnen die Predigt versäumte. Dann wurde dem Convente eine Reihe von Gesängen namhaft gemacht, welche nicht mehr öffentlich gesungen werden durften. Mehr hat man dann bis zum völligen Übertritt aller Nonnen zum Luthertume, der erst im Jahre 1573 erfolgte, nicht erreichen können[1].

In Medingen war seit dem Jahre 1535 Cord Küsel Verwalter geworden; derselbe ging gegen den widerstrebenden Convent sehr scharf vor. 1536 kam Herzog Ernst mit Rhegius auch nach Medingen und blieb dort einige Zeit; täglich predigte und katechesierte Rhegius in Gegenwart der Nonnen, aber er richtete nichts aus. Da wurde zu härteren Massregeln gegriffen. 1539 liess der Herzog eine Kapelle und sieben Altäre abbrechen und die Glocken bis auf eine aus dem Kloster entfernen. Im folgenden Jahre wurde etwa der dritte Teil der Klostergebäude, das Capitel- und Schlafhaus, 1541 ein Teil der Propstei und der Glockenturm auf dem Kirchhofe abgerissen und das Baumaterial nach Celle geschafft, wo es zum Bau eines Herrenhauses verwandt werden sollte.

Die Äbtissin wurde nach Celle gefordert, sie zog es aber vor, sich in das Magdalenenkloster nach Hildesheim zu begeben und trotz oft wiederholter Aufforderung kehrte sie nicht zurück. Auch ein Teil der Conventualinnen hatte das Kloster verlassen, und eine völlige Auflösung desselben schien bevorzustehen[2]. Es zeigt sich gerade hier sehr deutlich, dass der Herzog nicht die Aufhebung der Frauenklöster beabsichtigte, denn gerade bei Medingen hätte er dieselbe jetzt mit leichter Mühe durchsetzen können.

Eine besondere Stellung nimmt das zur Hildesheimer Diöcese gehörige Kloster Wienhausen ein. Dort hatte ja der Propst Heinrich von Kramm schon sehr früh dem Herzoge die Propstei übergeben, und schon früh scheint man energisch gegen das Kloster vorgegangen zu sein. 1531 wurden die Propstei-

---

[1] Vgl. über die Vorgänge in Lüne: Hannoversches Magazin, 1821 p. 414 und den Kalender von Lüne im H. St. A. (Verz. der Manuscripte J. 87).

[2] Vgl. über Medingen: Lyssmann a. a. O.

gebäude abgebrochen¹), und in demselben Jahre (am 27. Mai) floh die Äbtissin Katharina Remstedt in das Magdalenenkloster nach Hildesheim²). Dies hatte aber auf die Stellung des Conventes zur Reformation gar keinen Einfluss. Die Nachrichten über das Kloster sind nur spärlich, aber sie lassen erkennen, dass der Widerstand hier nicht weniger heftig gewesen ist als in den Klöstern der Verdener Diöcese³). Noch im Jahre 1537 fühlte sich Rhegius veranlasst, seinen „Sendbrief an das gantz Convent des Jungfrauen Closters Wynhusen wider das unchristlich gesang Salve Regina" zu schreiben. Er hält in demselben den Nonnen das Verwerfliche derartiger Gesänge vor und zeigt ihnen, dass sie gegen Gottes Gebote handeln, indem sie Maria und andern Heiligen eine Ehre geben, die nur Christus gebührt, denn er allein soll unser Fürsprecher sein im Himmel⁴). Die Rückkehr der Äbtissin Katharina Remstedt im April 1539 besserte und änderte nichts.

Rhegius hat es nicht mehr erlebt, die Klöster dem Luthertume gewonnen zu sehen. Am 23. Mai 1541 machte ein Schlagfluss seinem Leben ein Ende. Sein Nachfolger Martin Undermark hat in seinem Geiste das Werk weiter geführt.

Der Widerstand der Klöster wurde, wie wir bereits früher erwähnt haben, durch die stetige Verbindung mit auswärtigen Freunden, wie dem Bischofe von Verden und Augustin von Getelen genährt. Gerade jetzt, im Anfang des Jahres 1542, hatte Christoph an Medingen, Lüne und Ebstorf ein Rundschreiben ergehen lassen, in dem er sie zum treuen Ausharren und zur Beständigkeit im Glauben ermahnte⁵). Das war der Grund, weshalb der Herzog in der Mitte des Jahres 1542 seinen Klosterverwaltern in Medingen, Lüne und Ebstorf (und wahrscheinlich auch in Wienhausen) den Befehl erteilte, den Nonnen jeden Verkehr mit der Aussenwelt abzuschneiden. Die Thore sollten geschlossen werden, und Briefe sollten die Bewohnerinnen nur durch die Hand des Prädicanten erhalten⁶).

---

1) Vgl. Leukfeld Antiquitates Winhusanae, p. 123.
2) Vgl. Zeitschrift des hist. Vereins f. Niedersachsen, 1855, p. 255.
3) Vgl. Leukfeld, Antiquitates Winhusanae, p. 119 ff.
4) Deutsche Schriften IV, 33 ff.
5) Lyssmann a. a. O. p. 145, d. d. 6. Februar 1542.
6) Herzog Ernst an Cord Küsel, Befehlshaber von Medingen, am Tage Laurentii (10. August) 1542. Dass diese Massregel auch

Im Jahre 1543 wurde eine allgemeine Kirchenvisitation gehalten, und in Folge derselben erliess der Herzog eine Ordnung, durch welche einige Misstände im Lande abgestellt werden sollten. Die Gebühren des kirchlichen Amtes werden geordnet; es wird verboten, dass an Sonn- und Festtagen vor Schluss der Predigt der Kram geöffnet oder Bier verkauft werde. In betreff der Eheschliessung werden bestimmte Normen festgestellt (so lässt man — das zeigt, wie conservativ der Herzog war — die Pathenschaft auch fernerhin als Ehehindernis gelten)[1].

Bei Gelegenheit dieser Visitation wurden auch die Klöster noch einmal vom Herzoge besucht, kurz vor Fronleichnam war er in Wienhausen und bald darauf in Lüne, aber, wie zu erwarten war, richtete er nichts aus. An Medingen erging sogar damals — wenn uns recht berichtet wird — der Befehl zur Räumung des Klosters; da wandten sich die noch im Kloster befindlichen Mitglieder des Conventes an Erzbischof Christoph, übersandten ihm auf seine Forderung eine ganze Reihe von Beschwerden gegen den Herzog, und er säumte denn auch nicht, seine Klage sowohl beim Kaiser als auch beim Kammergerichte anhängig zu machen. 1544, am 29. Februar, erwirkte er ein Pönalmandat gegen den Herzog und am 1. December 1544 einen kaiserlichen Schutzbrief für Lüne, Ebstorf und Medingen, den er im Anfang des Jahres 1545 mit einem Ermahnungsschreiben den Klöstern übersandte. Er nahm natürlich noch jetzt alle die Rechte, welche er früher gehabt hatte, in Anspruch, und die Klöster betrachteten sich auch noch immer in erster Linie als Unterthanen des Bischofs von Verden Auf den Rat Christophs kehrte jetzt auch Margaretha von Stöteroge nach Medingen zurück[2].

Ernst wollte jetzt wirklich zu schärferen Massregeln greifen, allein das verhinderte sein, wie es scheint, plötzlicher Tod. Als er im Anfang des Jahres (am 11. Januar) 1546 starb, standen die vier Klöster Lüne, Ebstorf, Medingen und Wienhausen noch auf demselben Standpunkte, auf dem sie im Jahre 1542 standen, und dabei blieben sie auch noch längere Zeit. Ebstorf unterhielt

---

gegen Lüne und Ebstorf im Jahre 1542 angewandt wurde, ergiebt sich aus dem Kalender von Lüne (H. St. A.: Verz. der Manuscripte J. 37) und einem Schreiben des Lambertus Germanus, des Predigers von Ebstorf, d. d. die Jovis post Matthaeum 1546.

1) Die Kirchenordnung, gedruckt bei Richter, Kirchenordnungen des 16. Jahrhunderts II, 54 ff., ist datiert vom Donnerstag nach Martini (15. November) 1543.
2) Die Urkunden sind gedruckt bei Lyssmann a. a. O. p. 146 ff.

im Jahre 1546 stetige Verbindung mit dem Propste Joachim Schütte zu Halberstadt, der das Kloster mit Berichten über den Schmalkaldischen Krieg versorgte[1]).

Der günstige Verlauf des Krieges mochte allerdings neue Hoffnungen bei den Nonnen erwecken, als aber die Jahre vergingen und keine Änderung eintrat, da trat ein Kloster nach dem andern zum Protestantismus über.

Zuerst Medingen, wo die Äbtissin Stöteroge durch ihren Bruder Nicolaus, der damals Bürgermeister von Lüneburg war, dem evangelischen Glauben gewonnen wurde. Im Juli 1554 feierte der Convent zum ersten Male das Abendmahl unter beiderlei Gestalt[2]).

In Lüne hatte man sich nach dem Tode Ernsts an die Räte des Fürstentums mit der Bitte um Erleichterung der Clausur gewandt. Man gewährte dieselbe und erneuerte zugleich die von Ernst gegebenen Versprechungen. Das trug wesentlich zur Versöhnung bei; das alte Geschlecht starb allmählich aus, aber erst im Jahre 1573 erfolgte, wie bemerkt, der völlige Übertritt des Conventes zum Luthertume[3]).

Von Ebstorf wissen wir nichts Genaueres, nur wenig auch von Wienhausen. Nach dem Tode von Katharina Remstedt (1549) wurde die streng katholische Dorothea Spörken zur Äbtissin gewählt, ihre Nachfolgerin Anna von Langelen war die letzte katholische Domina Wienhausens.

Wir stehen am Ende. Ohne Zweifel ist Herzog Ernst der eigentliche Mittelpunkt des ganzen Werkes gewesen, wenn er auch gewiss ohne die tüchtigen und kräftigen Männer, welche ihm als Theologen und Juristen zur Seite standen, es nicht so leicht hätte durchführen können. Unter dem Schutze des Fürsten schlug das Luthertum bis zum Jahre 1526 tiefe Wurzeln im Lande; unter seiner thätigen Hülfe wuchs es empor und breitete sich nach den Landtagen von 1527 schnell über das Fürstentum aus. Bis zum Jahre 1530 war das Schwerste gethan. Was später kam, diente allerdings der Befestigung und dem Ausbau des Begonnenen, aber es nimmt sich im ganzen mehr aus wie letzte weitausgesponnene Scenen eines Dramas, in welchem die Entscheidung schon gefallen ist; es zeigt gewiss einzelne interessante Entwicklungen, aber wenn man

---

1) Vgl. den Bericht des Predigers Lambertus Germanus im H. St. A.
2) Vgl. Lyssmann a. a. O. p. 159.
3) Vgl. den Kalender von Lüne im H. St. A. und Zts. d. hist. Vereins für Niedersachsen 1880, p. 103.

die Vorgänge mit einiger Vollständigkeit und Genauigkeit darlegen will, so muss man manche fruchtlose Verhandlung, nicht erfüllte Versprechung und nicht ausgeführte Drohung erwähnen, die kaum unser Interesse fesseln kann.

Politische Erwägungen haben keine unwichtige Rolle bei dem Vorgehen des Herzogs gespielt, und er hat nicht alles, wie das eine theologisierende Geschichtschreibung gern annimmt, nur zur Erhöhung der Ehre Gottes, ohne weltliche Rücksicht gethan. Aber niemand wird darum leugnen können, dass den besten Anteil an seinem Lebenswerke die religiösen Gedanken hatten, von welchen er ergriffen und erfüllt war. Ernst wollte sein Volk glücklich machen. „Aliis inserviendo consumor", war sein Wahlspruch. Durch die That hat er ihn bewährt. Sein Name wird stets mit Ehren unter den Fürsten Deutschlands genannt werden.